先生们

李辉 著

中原出版传媒集团
中原传媒股份公司
大象出版社
·郑州·

图书在版编目(CIP)数据

先生们 / 李辉著. — 郑州 : 大象出版社, 2020. 1 (2024. 4 重印)
ISBN 978-7-5711-0190-9

Ⅰ. ①先… Ⅱ. ①李… Ⅲ. ①文化-名人-生平事迹-中国-现代 Ⅳ. ①K825. 4

中国版本图书馆 CIP 数据核字(2019)第 097547 号

先生们

XIANSHENG MEN

李 辉 著

出版人 汪林中
责任编辑 杨 兰 司 雯
责任校对 张迎娟 牛志远 安德华
书籍设计 付锬锬

出版发行 大象出版社(郑州市郑东新区祥盛街 27 号 邮政编码 450016)
发行科 0371-63863551 总编室 0371-65597936
网 址 www.daxiang.cn
印 刷 郑州新海岸电脑彩色制印有限公司
经 销 各地新华书店经销
开 本 890 mm×1240 mm 1/32
印 张 15
字 数 360 千字
版 次 2020 年 1 月第 1 版 2024 年 4 月第 6 次印刷
定 价 69.00 元

目　录

巴　金

——《随想录》已成绝唱，巴金仍与我们同行

2016年10月底，又到上海。伫立在上海图书馆门前，一个巨幅招贴把我吸引——“讲真话——纪念《随想录》创作完成三十周年图片文献展”。

时间过得真快，巴金《随想录》的第一篇《谈〈望乡〉》写于1978年12月1日。1986年《随想录》五卷本完成，合集出版至2016年，整整三十年。对于我，这个时间，巧合得颇有些不可思议。我与陈思和两人合著的《巴金论稿》，1986年由人民文学出版社出版，这是我们出版的第一本书，时间至今正好也是三十年。

1978年年初，我走进复旦大学就读，大一下学期，现代文学史开始讲到巴金的“激流三部曲”等。清晰记得是在一个冬日，我与同窗陈思和一起闲谈，两人都对巴金作品感兴趣。聊到投机处，思和忽然建议：“要不我们一起研究巴金，好不好？”我不假思索，当即兴奋地应了一声：“好啊！”就这样，三十八年前的那个冬天，巴金成了我们两人合作研究的第一个对象。也正是此时，1978年11月25日，巴金迎来他七十四岁的生日。一个星期之后，巴金连续写下《随想录》的前两篇：《谈〈望乡〉》《再谈〈望乡〉》。这一年，思想解放掀起浪潮，改革开放拉开帷幕，被誉为“新的长征”的历史行程，蹒跚

《随想录》特装本封面

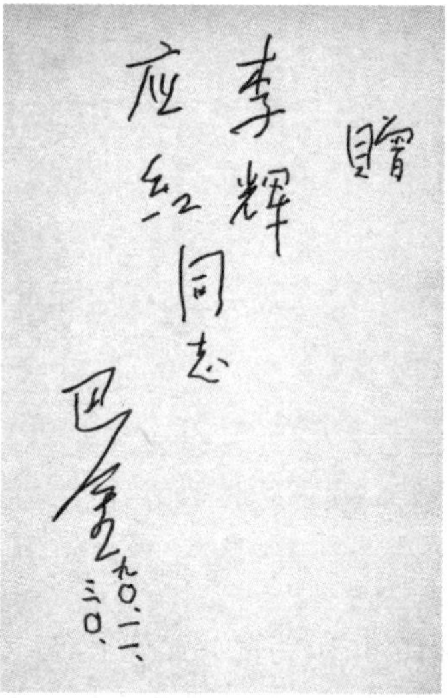

巴金题赠手迹

起步。巴金融进了这个新的时代，以围绕《望乡》是否应该公映的争论，开始发出自己独立思考的声音。从此，巴金晚年的创作，在痛定思痛之后，达到人生的最后一个高峰。

如今的年轻人，恐怕无法想象当年思想、文化起步的艰难。1978年，随着邓小平访问日本，中日关系开始进入友好时期。与之相配合，“日本电影周”于10月在全国开始展映。《追捕》与《望乡》轰动一时，高仓健、栗原小卷等日本影星，顿时成为我们心目中的偶像。不过，《望乡》却引发激烈争论。多年来，中国文艺一直倡导塑造“高、大、全”的英雄人物形象，甚至避讳在作品中正面描写爱情，电影《望乡》却是以现实主义风格描写二战期间日本妓女的生活，这就难怪在北京、上海等地公映后，招致诸多指责、非议，甚至有人呼吁停止上映。曹禺曾私下告诉巴金，为适合中国“国情”，《望乡》引进之前已先期做过删节，即便如此，有的批评者还是将其归为“黄色电影”，主张禁演，担忧电影对青年一代产生不良影响。一位当年服役的军人回忆说，当时他所在的连队竟然接到更改休息日的通知，内容是："本星期日更改到下星期一。"其目的是要避开影片《望乡》的放映日，不让士兵到地方电影院观看，避免"中毒"。

当《望乡》招致非议时，一位老人挺身而出为之辩护，这位老人是巴金。12月2日，他写下短文《谈〈望乡〉》，交由香港《大公报》副刊发表，这是他为新开专栏《随想录》所写的第一篇文章。乍一亮相，他便呈现出"干预生活"的姿态，就正引发议论的《望乡》发表自己的看法。他为电影《望乡》叫好，其实是为青年一代鼓与呼；为青年辩护，证明巴金自己回到了青春的起点。巴金此时的文字表述，虽然尚未摆脱流行的时代痕迹，但他态度明确地拉开了与其他"老年人"的距离，这预示着一个具有重大意义的人生转折——过去他曾说过自己是"五四运动的产儿"，时隔多年，他开始了向五四精神的回归。

为《望乡》辩护，正是巴金重新启程的契机。1987年他在《〈随想录〉合订本新记》中承认这一点：

> 要是没有《望乡》，我可能不会写出五卷《随想录》。……我最初替《望乡》讲话，只觉得理直气壮，一吐为快，并未想到我会给拴在这个专栏上一写就是八年。从无标题到有标题（头三十篇中除两篇外都没有标题），从无计划到有计划，从梦初醒到清醒，从随想到探索，脑子不再听别人指挥，独立思考在发挥作用。

曾经人云亦云、放弃独立思考的巴金，因《随想录》而得以改变，他在《随想录》中倡导的说真话、自我忏悔意识、历史反思精神等，在整个20世纪80年代成为文化界的精神标杆，他也因为这部作品，而被许多人称作"知识分子的良心"。

我与思和有幸，在开始研究巴金时便与陆续发表的《随想录》结伴同行。同样有幸，我们很快认识了贾植芳先生。贾先生因 1955 年被打成“胡风反革命分子”而入狱多年，出狱后在学校印刷厂当搬运工，我上学时他回到中文系，但尚未平反，不能执教，被安排在资料室当管理员。就是在资料室里，他为我们打开研究巴金的大门，之后，他负责带领老师们编选巴金资料集，并且邀请了我们参加。从此，我们更加深入地走进巴金的世界。

当年，香港的报纸不对学生开放阅读，因贾先生关注，我们才有阅读的机会。犹记得，我们几乎每个月都要找时间走进学校图书馆的内部阅览室，找出香港《大公报》翻看《随想录》，并做摘录。《怀念萧珊》《“遵命文学”》《把心交给读者》《说真话》《赵丹同志》《“文革”博物馆》……随着一篇篇文章，我看到巴金先生的真诚与忧思，我跟随他的笔，走进历史，走进他的内心。我很高兴，能够在大学期间与巴金先生的《随想录》相伴同行，以他倡导的“说真话”滋养自身。

同在上海，我和思和研究巴金三年，却一直没有去打扰先生，直到毕业前夕，1981 年的冬天，我们终于鼓起勇气，第一次走进武康路 113 号见巴金。这一年，巴金七十七岁，《随想录》整整写了三年。他不仅仅写《随想录》，从维熙、谌容、张洁、冯骥才、沙叶新、张一弓、张辛欣等不少在新时期走上文坛的作家，同样得到巴金的扶持、鼓励和保护。特别是每当有年轻作家受到不公正的批评时，巴金总是公开站出来发表文章，声援他们，为他们辩护。这就难怪当年的文坛将巴金视为一棵遮风挡雨的大树，就像当年鲁迅为胡风、巴金遮风挡雨一样。许多年里，从几代作家那里，我常常听到他们发自内心的对巴金的敬重与感激。

如同大树一般的巴金，其实个头矮小、体弱气虚，但思维敏捷、记忆准确。我没有想到，在作品中感情如激流奔泻、文字酣畅的巴金，言谈却不多。我们问一个问题，他很快说上几句便打住，几乎很少主

1986 年李辉与陈思和看望巴金

1990 年李辉与巴金谈沈从文

动说话。后来我发现，类似于巴金这样情形的有好几位先生，如沈从文、黄裳、金庸等，他们的文章读来无不酣畅跳跃，可是与之面对时，却言谈颇少。

第一次见面，印象颇为深刻，他与我们谈了不少话题，有的是我们研究所需要的细节，以及他与无政府主义的关系等。这次谈话，我做了笔录，这也成为我与巴金谈话的第一份难得的文献。之后，一直到 2005 年巴金去世，二十多年的时间里，我经常找机会前去看望先生，与他聊天。我们谈周扬，谈沈从文，谈萧乾，谈他经历的风风雨雨，在断断续续的言语中，感受他精神的忧郁与苦恼。尤其在重病之后，他再也无法动笔写作，失去与读者交流的可能，这才是他最大的痛苦。

与巴金先生的最后一次长谈，是在1997年初秋时节的杭州西子湖畔。93岁的巴金思路之敏捷、记忆之清晰仍然让人吃惊。试试他的手劲，左手明显强过写字的右手，用力紧握，居然让人还有一种痛感。不过，他说他气不足，说话困难，很痛苦。他思想，他回忆，苦于气力不足，无法把内心里的话说出来，无法毫无障碍地与人们交流。交谈时，看得出来他的思维敏捷，他能敏锐地抓住你所讲述的较为深入的问题，并很想表达出来。可是，只见他嘴唇颤动，想说的那句话却迟迟说不出来。对于一个一辈子愿意将心交给读者的作家来说，这恐怕是最无奈的痛苦。

那年我是在9月初在苏州大学参加第四届巴金国际学术讨论会后，来到杭州看望巴金的。苏州大学即过去的东吴大学，巴金的二哥李尧林曾在那里念过书。我告诉他，苏州大学将东吴大学的校园建筑保护得非常好，是一个秀美、安静、值得苏州为之骄傲的校园。他马上接过话说："我去过。"我问："住了多久？"他说："住了两天。"我又问："是什么时候？"他说是在去法国之前。他去法国是在1927年。1927年到1997年，整整七十年，但他却记得这样清楚，实在令人惊奇。

1998年春天，我再去上海华东医院看望巴金，他正在写《怀念曹禺》，答应完成后交给我发表在《人民日报》的《大地》副刊上。一篇千字文，他足足写了好几个月，而且只能用口述的方式。我又一次前往上海，走进医院，取走这篇真诚感人的文章，发表在《大地》副刊上。谁想到，巴金很快病重，再也无法与人交谈，《怀念曹禺》成了巴金一生最后的一篇文章。

时间又是一个巧合。巴金晚年的写作高峰，始于1978年，止于1998年，整整二十年。在《随想录》之后，90年代初，思和与我二

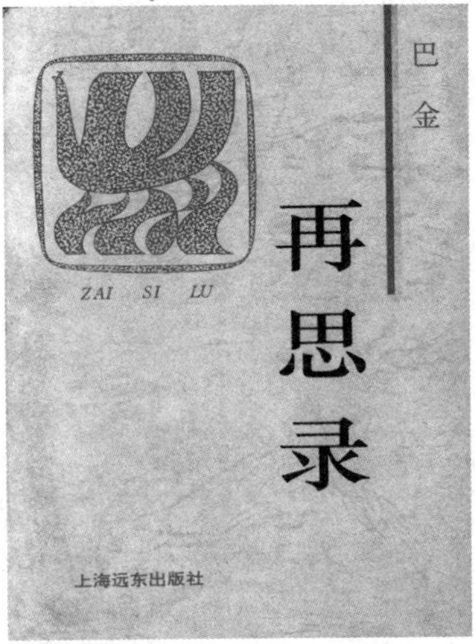

《再思录》封面

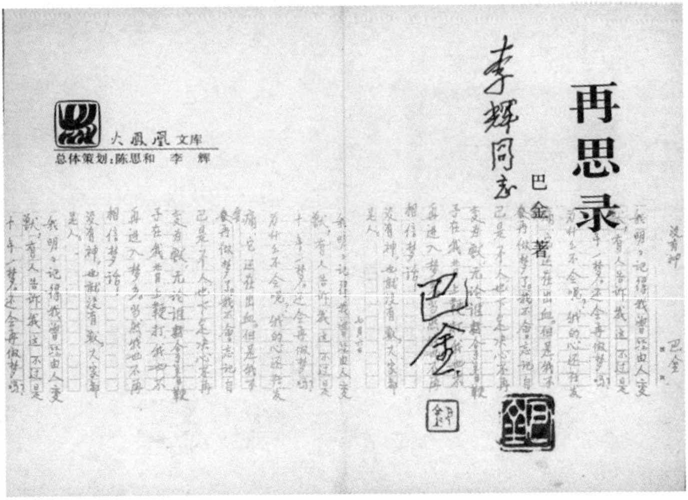

《再思录》题跋

人联袂主编的“火凤凰文库”，出版了巴金的《再思录》，实际上是《随想录》的延续。最后一篇《怀念曹禺》与《随想录》《再思录》里的作品，形成一个完美衔接。

历史延续，先生同在。

《随想录》已成绝唱，巴金精神仍与我们相伴前行。

完稿于 2016 年 11 月 26 日，北京

毕奂午

——在草地上，仰望星辰

那一代人的情感

第一次去看望毕先生是在 1980 年年初，介绍我去的是贾植芳先生。当时，我在上海复旦大学念书，每个假期回湖北家中都要途经武汉。那次，我带着贾先生新出版的《契诃夫手记》，走进珞伽山武大校园，毕先生住在位于山坡上的一幢建于 20 世纪二三十年代的老楼里。他告诉我，30 年代在武大任教的苏雪林、凌叔华，都在这里住过。

最后一次去看他，是在 1998 年。我又一次走到武汉大学珞伽山他的寓所。二十年了，他还住在那套陈旧的、破烂不堪的二区宿舍里。他和赵岚师母对生活是那样无所奢望，是那样甘于清贫，坚韧而朴素。

一年多之后，毕奂午先生走了。他于 2000 年 2 月 29 日逝世，享年九十一岁，也是高寿。

“鞋匠，以麻缕系其生命，摸索于人类之足底，向炎夏走去。”那个 30 年代感叹人生和描写“人市”的诗人走了。

“天一亮我将再随着牛群／走出去／为牛群找一块青青的草地／也为我自已／获得一点点短暂时刻的晨曦”。那个 80 年代吟诵《初出牛棚告白》的老人走了。

毕奂午、赵岚夫妇

十几年过去，灯光下，我又一次找出80年代以来他写给我的信，细细阅读。那种前辈文人对旧时文坛的怀念之情，那种对老北京诸般景象的娓娓叙说，那种对晚辈的谆谆教诲和殷切期望，又一次让我感动不已。每次去看望他的情景，贯串一起，大脑顿时活跃起来。一位慈祥、宽厚、热情的老人，分明还微笑着站在我的面前。

第一次拜访毕奂午夫妇，他们对我这个年轻的初访者非常热情。告别时，毕先生还执意陪我走上一大段路，爬上山坡，送我到公共汽车站，一直等我挤上汽车远去。回到复旦大学不久，我便收到了他的来信。信中这样说：

李辉同志：

那天送你走，看到挤车的情况，真令人放心不下。你回到学校，一路舟车，还顺利吗？顷有一点意外收获，即我早年一本小书《雨夕》，在北京友人处有一残本，但他不愿借出（他也是喜爱巴金著作的人），仅复制了封面与后记寄我两份，并寄一份给你，或可填补一点《巴金年谱》的资料。后记甚短但可看到一个大作家对他所接触的当年的年轻作者是多么热情。

植芳老师见到了吗？望代我致诚挚的问候。我中学时代就喜欢读都德的《小物件》，后来读到贾芝同志（贾芝同志是植芳的哥哥）译的《磨坊书简》。植芳老师译的《契诃夫手记》则使我对契诃夫著作增加了了解与体会。我敬重植芳，也惦念植芳。（植芳老师如需有关巴金那一点材料的复制页，可以转给贾老师，我的一份再寄你。）祝你好！

奂午

三月六日

由于我与贾先生的这一层关系，毕先生如果来信，总是少不了关心贾先生与贾师母。

李辉同志：

信接读，相片也收到。前些天收到植芳老师寄来全家合影。这样，就像都见到了。朝夕晤对，心中感到充实而快乐。然而，究竟还不能代替真实的会晤，我还是要到上海看望你们的。

……

武大学报，我寄给贾老师一份。你们有暇，如看后，请多批评。我放牛十载，连字都不会，哪里还谈写文章。学报催索，写几则札记交去。引起各地师友关切，这真是令我感激而又惭愧的事。我没有想到写什么，也尽量想对外不开放，因十载荒芜，自己希望多做些补课工作，温习一点旧书，也读一点新书。但总是不能办到。

专此　即颂

进步！

请问候植芳、任敏老师。

毕奂午

一九八一年十月十六

贾先生的身体，一直让毕先生牵挂。80 年代中期，贾先生在路上被人撞伤，我去信告诉毕先生，他收到信后，立即去拍电报问候。

李辉同志：

2 月 22 日信，今天接读。惊悉植芳遭自行车撞伤，立即打了电报去上海询问情况。春节接读巴金先生由病榻写来的信，想不到植芳先生也住医院了。

好久未得你的信，在晚报上也未见你的文章，在《文学评论》上却看到你写谈巴金与外国文学，这些情况加在一起，以为你可能调动了工作。今接信，得悉一切。赵岚（即师母）很关心地问，你到北京已两年，girlfriend 的情况怎样？来信时望告她。晚报副刊，短文如有可能，当写一点。春节前四川有一个何其芳研究单位，是专搞何其芳有关资料的，与美国、日本研究何其芳的人都有联系。近日他们的刊物登了一篇写我有关的文章，其中可以略见我与其芳当年的“憨态”，也可以看到一点三十年我们那一批人的思想情况。（今将复印的零页寄去一份），你编副刊，胜任是不成问题的，但也要认真地搞下去。

专上　即颂

撰安！

奂午

二月廿六日

这就是那一代人的情感。

巴金常在他心中

第一次见到毕奂午，主要话题，就是巴金。

毕奂午很长时间不为人所知，对于研究20世纪30年代文学的人来说，他的作品集《雨夕》《掘金记》中的某些诗文，当年颇获好评，一些现代文学选本中也少不了他的作品。我那时正与陈思和一起开始研究巴金，在贾先生的指导下参与收集巴金资料的工作。这样，巴金也就成了我们初次见面时的主要话题。

我强烈地感受到他对巴金的敬重、感激和怀念。毕先生30年代在天津南开中学任教，与他共事的除何其芳外，还有巴金的二哥李尧林。正是在巴金来南开中学看望二哥的时候，毕奂午认识了巴金。巴金当时已是如日中天，他却非常关心毕奂午的创作，毕奂午的两本作品集，均由巴金自己收集编选出版，并为《雨夕》撰写后记。1946年，巴金和李健吾一起，推荐毕奂午到清华大学中文系任教。说到李尧林和巴金，说到那些往事，毕先生显得非常激动，眼眶里竟然滚动着泪花。看得出，他是个极容易动情的人，苦难磨砺丝毫没有销蚀他的纯真和激情。

就这样，一位与巴金同时代的作家，从与我初结识的那天起，就关注和帮助着我对巴金的研究。

有一年暑假我去看毕先生时，他递给我一本书，是巴金翻译的赫尔岑的《一个家庭的戏剧》，1936年由上海文化生活出版社出版。一本失而复得的书。一本凝聚着友谊的书。

这本书原本是巴金当年赠送给毕先生的，扉页上还有巴金的题词“赠奂午兄，巴金”。后来战乱与漂泊，这本书遗失了。巧的是，毕先生的亲友在北京为他从旧书店买来一批旧书寄到武汉，他整理时居然意外发现了它。他当即在巴金的题词旁边写下一段话：“1980年春节，北京亲友将他们新购到的一些旧书寄来。其中居然有这样一些书。亦悲，亦喜。”随后，他又买到巴金新近翻译出版的赫尔岑回忆录《往事与随想》（《一个家庭的悲剧》为其中的一小部分）。他在新书的扉页上，充满感情地写上这样的话：“巴金——我的挚友、兄长，我买来他译的书，仿佛见到他一样。我们好多年没有见面，也没有通信，想到的，只是彼此一定还深深地怀念着。”

前辈文人间的这种真挚友谊，的确令人感动。最后一次见到毕先生时，我注意到他家的墙上用镜框镶嵌着一幅巴金题写的书名。他告诉我，这是 80 年代他应武大某系的请求，去信向巴金索求的。等巴金题写的书名寄来，那个系又改变了主意。于是，他将这题名珍爱地收藏，挂起来，每天与之相对。他在旁边还写有一段话，记叙这件事的过程。他写得很感人，我曾抄在本子上。

融入北京

从大学期间到我参加工作,毕先生一直以他的热诚和厚爱温暖着我。从学业到工作，甚至到婚姻大事，都是他们夫妇在谈话中和信中少不了的内容。当我在大学刚刚学了两年英语就斗胆尝试翻译时，他不止一次鼓励我这样走下去。一次他写道：“翻译工作如开始即不要间断，这对外语的提高是最有好处的。自然也不能耽误其他学科的学习。”过了一年，他又一次在信中强调：“外语望万勿丢掉。”我未曾在武大住过一夜，可是我却很荣幸地不断得到一个武大老教授的指导。

1981 年，面临大学毕业分配，我不想去北京，想回湖北。毕奂午提出帮我联系湖北社科院：

李辉同志：

……

关于你的工作问题，我向薛传芝同志说，她向科学院推荐时，可将我的意见附上。即我可负责介绍：①李辉同志在现代文学方面的学习是很好的；②有写作水平（平时所写论文，有的已在《文学评论》

等刊物发表）；③外语学习也好，能阅读翻译写自己所学专业的有关外文资料（这一点在目前中文系毕业生中还是不可多得的）；④从事现代文学研究工作，各方面都有基础。

专此　即颂

进步！

并问候植芳老师及师母。

毕奂午

（一九八一年）十一月十九日

后来分配时，根据指标安排，我还是前往北京。从此，我融于北京。

1982年大学毕业后我被分配到《北京晚报》工作，师母是北京人，毕先生又在这里长大、念书和工作，于是，他们家里订的这份《北京晚报》，就成了联系我们之间的最好纽带。在好几年里，读晚报，谈上面的作者，谈老北京，成了他每封信里必不可少的内容。

“信接读。我们都很惦记你。常读到你在报纸上写的简明而有文采的报道。师母读报时总是先找晚报上你写的文章看。”读如此亲切的信，焉能不让人感动？

一谈到北京，毕先生就有说不完的故事。1982年4月，他写来一信：

李辉同志：

三月三十一号信接读，《北京晚报》两张亦收到。一张有你的文章《激起了感情的共鸣》。那一张不知哪一篇是你写的，署何名？下次信中望告知。《北京晚报》我家订的有，大约到武汉晚二日或三日。因我爱人是北京城里人，我也自幼在北京长大。武汉这个家对北京乡土是颇有感情的，因此总有一份北京报，偶尔看看，略解乡思。《北京晚报》乡土气息重，又有你的文章，就更喜欢看了。如晚报上讲的，北京官园已建儿童公园，这官园就是我们读中学（北师）时的大操场，一片空荡荡的旧端王府废址，有好几个足球场大。记得小时候那里是我们踢球、放风筝、春天躺在草地上仰看云雀钻天飞叫的好地方。晚报上说的烤肉季，也就在我爱人她们家不远的银锭桥附近。有一次文代会我还陪巴金、丽尼几人去那里吃烤肉……这些像梦一样的情景，即又那么清晰。你在北京住久了，当然也会渐渐地喜爱她的。你生活还过得惯吗？有暇望写信。

专此　祝

好！

奂午

四月五日

是的，我很快就喜欢上了北京。喜欢这里的浑厚和庞杂，喜欢这里的活跃与丰富。之所以如此，我想，与他们夫妇对北京难以忘怀的那种情感是有关的。

20 世纪 80 年代毕先生的好几封来信中，他们夫妇对我是否交女朋友一事，时时关心。现在想来，李辉何德何能，有这样好的前辈惦挂？

他改变我的写作方向

最令人难忘的恐怕是毕先生主动写信来要介绍我去认识萧乾。1983 年，他写来一信：

李辉同志：

信接到，我们都很惦记你。常读到你在报纸上写的简明而有文采的报道。师母每天读报时总是先找晚报上你写的文章看。在北京我的一些老朋友中有三十年代就写报告文学的人，知名的有萧乾。我初学写诗文时他是《大公报》文艺副刊的编辑，同我很好。他是斯诺的学生，也是巴金的朋友。他在人民文学出版社工作，他的旧作最近重印了好几部。我最近收到他寄来的一本《栗子》。他英语很好，口语流利并有英文著作。他常出国访问，在北京遇到时可提一下，或可得到他一些指导。你既写文学艺术方面报道多，这样是否可以结合实际工作再多读一点文艺理论方面的书，从技巧研究到流派思潮到作家评传，有时间还可写较大一点的文章，如罗曼·罗兰写的米开朗基罗、贝多芬那样的论著。这是我一点粗浅的设想，你当然比我想得更切实更有规模一些。贾老师、任敏老师处我久未写，也很想念他们。

专祝

进步！

望有暇时写信。

奂午

六月廿五日

过后，他特地寄来一封写给萧乾的信，让我持信前去拜望。

李辉同志：

信接读，所嘱给萧乾的信即写了寄上。近日晚报上你写的报道好像少了些，在匈牙利音乐赛会上听两位唱咏叹调的女歌手的演出想一定有你的评价，但未读到。我爱人原是在大学学音乐的，有些乐章歌词她还能记起来，她还问，怎么李辉没有写？

专此即问。

安好！

毕奂午

八三年元月九日

萧乾同志在京住处是：北京永定门内天坛南门东二楼6单元×××号，不知最近已搬新居否？

就这样，我认识了萧乾。

很快，萧乾成为副刊的重要作者。他为《居京琐记》撰稿，又在副刊上连载《欧战杂忆》《北京城杂忆》等。1986年，萧乾先生在副刊发表系列文章《北京城杂忆》，后来这些文章在日本被作为范文阅读。毕奂午看后，来信谈阅读印象，谈到副刊所写到的各种人物，如张学良的弟弟张学思的老师，也是他的老师。如今再读，感慨良多：

李辉同志：

贺年片及信均收到。谢谢你对我们的惦记。我基本情况是忙，但也做不了多少事。前寄上复印小文一篇，是《光明日报》征文获奖作品，内容谈到一点我的教学工作。文甚简，“奖”词多，使我惭愧，但也看出我这奂“牛”（报刊经常把奂午写成奂牛）仍在拉车或推磨，只是年纪大又笨拙，走不了多远的路，也推不多少面粉来了。

近偶见人民文学出版社出的《中国现代小说选》《中国现代散文选》及《中国新文学大系二集·诗集》，还有工人出版社出版的“五四”以来小说选（内选约十篇作品）都选编我的早年不成作品的“作品”。不知人家从哪里找出，又从什么角度筛选出来的。真是历史无情而有情，使我欲“悔其少作”而不能。可叹也夫！

萧乾的《北京（城）杂忆》我们都看了，甚感兴趣。但在我们的记忆中，可讲的还很多，也还可从各种角度来谈。你写的《萧乾传》望能早日完工。去年黄鹤楼笔会，萧乾曾来武汉，因为会的时间长，我又忙，又从来不愿参加什么会，所以未应约去参加那踏三峡的游踪，许多老朋友（好友萧乾自然在内）就都未见到。

《北京晚报》上提到的人或作者，有许多是我认识的。如有人写

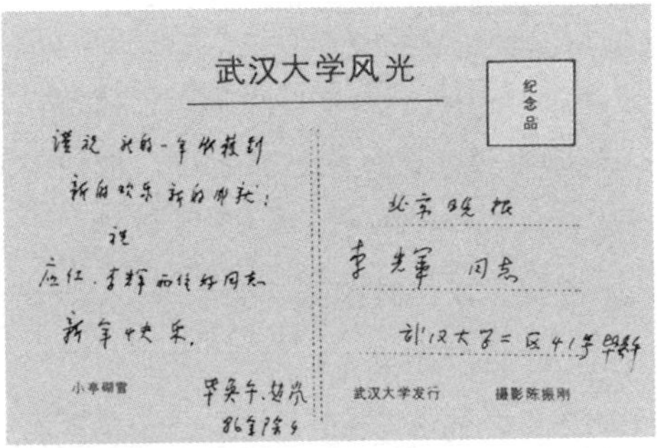

1986 年除夕毕奂午、赵岚夫妇寄赠新春贺卡（1）

1986 年除夕毕奂午、赵岚夫妇寄赠新春贺卡（2）

的张学思的老师王西徵。这王老师就是我上中学时的校长，也是我的业师和教导、鼓励我学习写作的恩师。解放后我只一次去北京开文代会时见过一面，距现在已三十年了。如回北京探亲，一定要去看望居京的，我们一些亲爱的师友。

寄上去年学校给我照的小相一张，祝你和爱人春节快乐。

奂午

八六年一月十九日

没有想到，我真的写上了传记，我的第一部传记就是《浪迹天涯——萧乾传》。

传记出版，我寄去向毕先生请教，同时告诉他，我已从《北京晚报》调至《人民日报》文艺部。他回信如下：

李辉、应红同志：

你们好！

接到赐寄《萧乾传》，很是喜欢。看文章，看图片，三十年代的情景，当历历在目。但如我们的各位好友，却都已老了，有的已离我们而早去，不胜叹惋！

你调到《人民日报》文艺部，工作业务可能更对口些，望取得更好的成绩。

《人民日报》，武大毕业生在那里有些人。在文艺部里工作的缪俊杰、王必胜等同志都是。这些同志都是辛辛苦苦、兢兢业业、学习工作都很努力的好同志。

谢谢你们的赠书，见到萧乾同志，望代多多致意。

祝

俪安！

奂午

四月廿九日

《浪迹天涯——萧乾传》完成之后，我的写作方向从此改变。之后，我又完成《监狱阴影下的人生——刘尊棋传》。1988年，又完成《文坛悲歌——胡风集团冤案始末》一书。没有毕奂午，也许我就不会走上非虚构文学的创作之路。三十多年前的一封信，改变了我。

可以说，从大学毕业到工作后的最初那几年里，我是在毕先生的扶持下，在他的温暖目光注视下，一步一步向前走着。

在草地上仰望星辰

毕先生一生走得十分艰难。我到北京后，听说过一个关于他的命运突然改变的故事，有如天方夜谭。

20 世纪 50 年代初毕先生在湖北文化界地位颇为重要，曾担任全国文代会湖北代表团的副团长。据说是他在出席会议期间上洗手间时，一个遇到他的人突然觉得他像一个见过面的叛徒，转身就报告上去了。随后，毕先生便被打入了另册。从 1955 年到 1957 年，再到“文革”，这一说法从无证据和结论，但他却不再受到尊重和使用。到了“文革”，他便每天与牛同行，成了真正的牛棚中人。“文革”后，那个举报被证明纯属子虚乌有。

这个故事是否确切和真实，我没有考证。我真后悔，为何不当面向毕先生问个明白呢？

毕先生放牛不是在干校，而是在学校农场，因为他早就不在教师行列了。一个诗人，一个较早在中国高校开设鲁迅研究课的教授，就这样成了放牧者。其间的悲哀和痛切，远不是今天的人们所能体会得到的。

我倒是听毕先生讲过他放牛的故事。每日清晨，放牛的时候，他迷上了张望天空的星辰，并开始学习天文学方面的知识，然后，用这些知识来研究古代诗歌中有关日月星斗的题目。大约 1986 年，副刊上发表了一篇谈苏东坡的文章，他看后给我来信：

李辉同志：

久未写信，甚以为念。师母说首先要问问你朋友问题解决没有？祝愿顺利、愉快。前兄晚报有一篇讲苏东坡的文章，涉及天文学，甚感作者对天文所知甚少。（历来一些讲古典文学的，凡遇描写星宫的地方，因是“天文盲”大都讲错了）有感到此写一短文，供副刊编辑

部参考，说错之处，并望指正。专上祝

撰安！

毕奂午

七月廿六日

他这篇文章具体是谈什么问题，我现在已想不起来了，但他对星辰的熟稔，我则有深刻印象。

这也许就是磨难带给毕先生的意外收获。

在我认识毕先生的时候，毕奂午这个名字已经被人遗忘得太久太久了。许多年里，他已经不再有文学作品问世，诸多文坛活动的场合，也见不到他的身影。他默默地、不事张扬地躲在珞伽山那间房子里，与书相对，与学生相对。然而，他对于文学，又何曾忘怀。曾经有过的值得留恋的、未曾实现的，永远让他梦想着。

1980 年的下半年，我在复旦大学图书馆里借到《掘金记》，写信去谈了自己的感受，大概还胡乱诌了几句诗。他回信写道：

李辉同志：

两封信都接到了。你对我那一本早年的小书，称许过为，愧不敢当。但那些青少年时代的文字，写得还认真，情意都不虚假。就像看儿时的照片，痴容憨态，都还一片天真，往往不觉其难看，反而不免有一点怜惜、爱悦之情。记得《掘金记》初版出书时，师友们也给予过誉的奖励。其中《春城》一首有句云："鞋匠，以麻缕系其生命，摸索于人类之足底，向炎夏走去。"还有散文《人市》个别句段，都是人们常常说念它们的。这些想起来已如梦如烟，但我觉着应注意的还是努力现在。这些就让它随时光流逝而消失了吧。今天，你居然遇到了它，而且又看了，又写了热情的诗，这在我是多么感激而又惭愧的事啊。还有一本我的小书《雨夕》是巴金编的，有巴金写的"后记"。

这本书，三十年前我在清华教书时，看见朋友手中流传的一本。以后就没有遇到。那它比《掘金记》生活面宽一些。你鼓励我，我一定再写诗，我们一起努力写。我这一老而衰弱的文艺兵卒，要紧紧跟上你们这支生龙活虎的队伍。再学着写，不管形式怎样，不管像不像诗。火原是以各种状态飞舞着，只要是真火！

祝你进步！

奂午

十一月十五日

在这封信里，他说，有了重新写诗的念头和热情。

年底，毕先生创作了《初出牛棚告白》之一，随后，又在1981年1月，写了之二、之三。虽只有三首，却是他沉寂多年后的长啸，是他对一个时期入木三分的刻画。记得当年这几首诗是在《诗刊》发表，知道他的人，惊喜地发现毕奂午还活着，他又写诗了！

在《初出牛棚告白》中我最为欣赏的是之三，虽不像之一那样激烈，但更具诗味，同时另有一种撞击心灵的力量：

天渐渐的亮了
景物的轮廓渐渐的分明了。
菜畦、麦垄、山坡、灌木丛……
还有你身边的牛群。

初升的太阳
伸出温柔、宽厚的手掌，
拨开浓重的雾，拂拭着牛背
又掸掉青草上的露。

晚年毕奂午

我亲爱的放牧的伙伴啊，
那露珠可是你的泪？
深夜里，幽咽地悲哭，
挂在草叶上的洁白、晶莹的
辛酸而又苦涩的
一粒粒的珍珠。

写完这三首诗后，毕先生把一份抄写的“暂定稿”寄给我作为纪念。我将它们和他给我的信一直珍藏着。在他去世 17 年之后，重新翻阅手稿，我感到，仿佛我的思绪就是一片草丛，挂着的都是辛酸而苦涩的珍珠。

遥想当年，毕奂午先生清晨走出牛棚，牵着牛，穿过草丛，向远处走去。

头上，漫天星辰……

完稿于 2017 年 7 月初，北京看云斋

冰　心

——教育常在心，无士则如何？

冰心与萧乾

认识冰心老人是在 1983 年，我第一次走进她的家门，请她谈巴金印象。之后，我经常去看她。1984 年，我在《北京晚报》开设《作家近况》栏目，去看望她，并拍摄照片。回来洗印几张寄出。我说拍得不好，还约请她可否为《五色土》副刊开设个人专栏。冰心老人回复一信，颇为有趣：

李辉同志：

相片收到，谢谢。人长的就这样，不能怪你照得不好！

文章一时腾不出手，过些日子再说。

祝好！

冰心

9 月 5 日

这是她写给我的第一封信。她写给我的最后一封信是在 1994 年。前后 10 年，冰心写来的信竟有三十余封。最后一封信很简单：

1984 年看望冰心

1986 年看望冰心

李辉：

没事骑车来谈谈吧，请先打电话，问应红好！

冰心

1994 年 3 月 2 日

大约一年之后，冰心住进医院，就再也没有出来。

我很喜欢去和她聊天。现在想来，作为一个世纪老人，每次聊天，其实她是在为我讲述历史。从五四时期第一次投稿，到赴美轮船上和梁实秋等人一起办墙报（同条船上还有后来的名将孙立人）；从“文革”时打扫马路、干校劳动，到暮年为教育、为知识分子待遇大声疾呼……关于自己，关于友人，她有讲不完的故事。

相约的文章，果然如冰心所说“过些日子再说”，她答应在《五色土》副刊开设个人专栏《伏枥杂记》。两三年时间里，她不时有一些新作在专栏发表。当年文章，没有复印机，都要交付排字车间工人铅字排版，有的手稿未能留存，颇为遗憾。好在有的手稿排好后，会留存校对室校样里，过段时间处理时，我会跑去将之取回，这才留下一些难得的名家手稿。

冰心喜欢花和猫，曾为医院没有花瓶而在文章里提出建议。1986年，有一次她寄来《漫谈赏花和玩猫》，我擅自将“漫谈”二字删去，冰心没有责怪。老一代的人，对年轻人总是这样厚爱有加。这篇文章发表后，寄去两份，告诉她，我正在写萧乾传。冰心来信写道：

李辉同志：

信收入。《赏花和玩猫》可以再寄一两张来。《萧乾传》我似乎没有看过，你一定写得好。他也是记者出身，我的小友，又是我的“弟弟”，人不错，什么时候你来，再把他夫妇带来。

相片和读者信，不必送来，天气太热了，从信里寄来吧！

冰心

7月1日

萧乾早在中学时就认识了冰心，他与冰心的弟弟冰季是同学。萧乾回忆，他在北新书局打工时，每次去给冰心送稿费，怕丢掉，总是用手绢绑在手腕上。从那之后，萧乾一直与冰心来往密切。萧乾本名“萧炳乾”，冰心的孩子总是将这三个字念成“小饼干”，提到萧乾，他们会说“饼干舅舅”。

冰心来信让我再带萧乾夫妇去看她，因为在5月底，我曾带萧乾去看过她一次。每次探望老人归来，如有时间，我一般会在笔记本上记录一下。这天的谈话记录大致如下：

1986 年 5 月 31 日，下午与萧乾在冰心家

冰心："我和他（指萧乾）认识最早，巴金是三几年，振铎最早，但不太熟，老舍是三二年，振铎介绍的。"

萧："有一篇，我抄着抄着就哭了。写一个国会议员的女儿包礼物（徐志摩译曼殊斐儿的小说）。"

冰心："你在英国见到过曼殊斐儿？你见到弗吉尼亚·伍尔芙？我正在写关于男人，他也会写进去的。他们都是我的财源。财源茂盛达三江。"

冰心："我将来没有追悼会，谁也不用参加。我死了以后不要追悼会，我死后什么都没有。"

"为揖（冰心三弟）的骨灰扔在黄河里，我的骨灰扔在海里。"

"对了，韦君宜怎么样了？我打电话去家里没人。女作家中我最喜欢韦君宜、谌容。张洁最近写得太散。张辛欣写得有的不简洁，作品水平不一致。茹志鹃也喜欢。韦君宜来我家是以编辑身份来，但她是一个很好的作家。"

萧乾送一幅翻拍的照片，是他中年时的，后面题写：送给冰心大姐　饼干弟赠

晚年的冰心因为大胆干预生活的勇气才赢得广大读者的敬仰。1988 年，在"冰心文学创作生涯七十年展览"的开幕式上，萧乾发

表了这样的感言："可以向冰心大姐学习的很多很多，但我认为最应学习的是她那植根于爱的根。那些满足于现状、维护现状、利用现状自己发旺的人，就生怕有人对现状有所指摘。其实，这样的人心里所爱的，只是他自己——他的地位、权势和既得利益，因而对生活中不合理的现象那么处之泰然，那么熟视无睹。不能恨的，根本也不能爱。"

《浪迹天涯——萧乾传》于1988年出版，我请冰心和张辛欣两位女性作家分别写序。寄给冰心，她看完后写来一封长信：

李辉同志：

你写的关于萧乾的传，我收到看完了。（我从三月九日又摔坏了腰，又进了医院，回来还不能久坐。躺着又不能看书，我终于坐了一个上午，一个下午，把它看完了。）你写萧乾传写得不错，可惜收尾太不详细也太弱了！你太年轻了，不知道萧乾最可爱的严肃的一面。我觉得你书的题目应当是《游子归来》！像他那样走遍天涯，又认识许多外国名人，尽可能留居在外面，过着优裕的物质生活。而他却回来了。我记得那时他在《人民日报》上发表分三小段（写）回来的动机，写得十分动人。我看了，竟流下泪来。心说："我的萧乾弟回来了！"

你如再写要加上那三段短文（萧乾那里一定有稿子）……我忘了是什么题目，意思大概说他不愿意在外面当白华。这正是我们借赴美的机缘，而返回祖国的原因。因为无论回来后那些时候受过"左"的折磨，但爱祖国爱人民的心，胜过一切。我们是中国人！

因为你要我这个老人"帮助"，我就直说了，你可以和萧乾讨论，他也许不好意思批评好心为他作传的年轻人！

匆匆，祝你祝好！

冰心

1988年4月12日

不到一个月，她又写来一信：

李辉同志：

两信收入，关于萧乾的评介，以及现代人出国热等等，我们见面时再细说，我以为“为政不在多言”，为人也是如此。我的大女儿吴冰今夏又得了 Fulbringht 基金，将出国一年半。我总觉得中国人就是中国人！第一，在外国不给中国人丢脸；第二，一定要回国服务。

伤腰不能多坐多写。匆祝双好！

冰心

1988 年 5 月 7 日

这就是冰心、萧乾那一代文人的情怀！

冰心批评我的萧乾传的后边部分太弱、太简单，觉得我不知道萧乾“最可爱的严肃的一面”，有这样的老人的批评，对作者而言，多么幸运。

请冰心题跋

我每次去看望冰心，她都会签名送上新书，但不爱题跋。只有一次例外。1988 年 6 月，她送我一本新出的《关于男人》，是刚拿到的样书，签名之后，她顺手补上：“这是现在我手里仅有的一本。”还开玩笑地说：“来得早，不如来得巧。”这一年，她八十八岁。

最初想到请冰心题跋，是在 1987 年。10 月，北京举办“巴金文学创作生涯六十年展览”，请柬题签由冰心题写。展览过后，我去看她，特意带去请柬请她题跋。她在内页上写道：“说真话，干实事，做一个真诚的人。”半年后，我去上海看望巴金，请他也在这份请柬

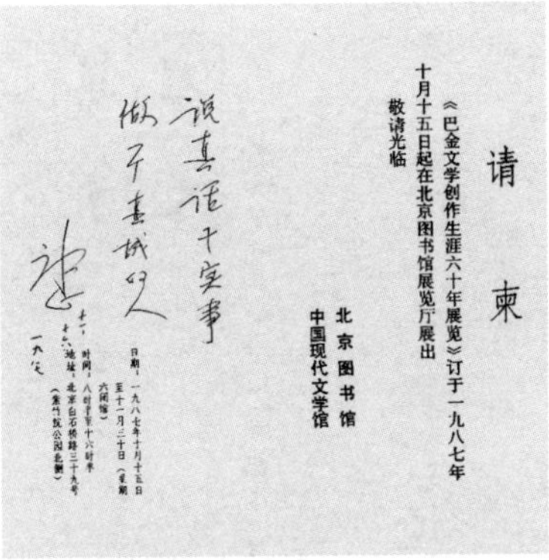

冰心在巴金展览请柬上题跋

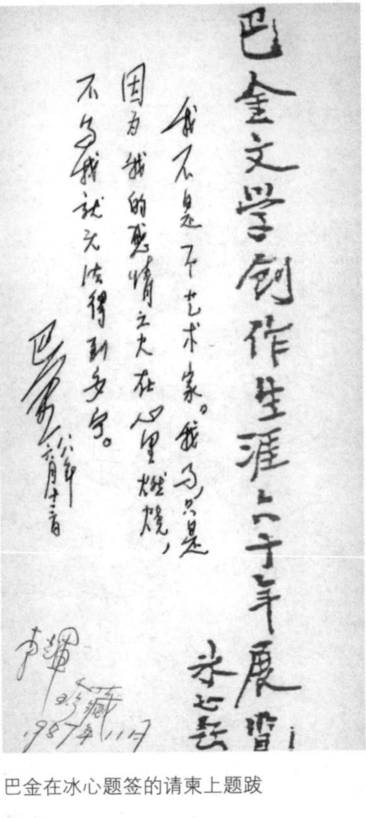

巴金在冰心题签的请柬上题跋

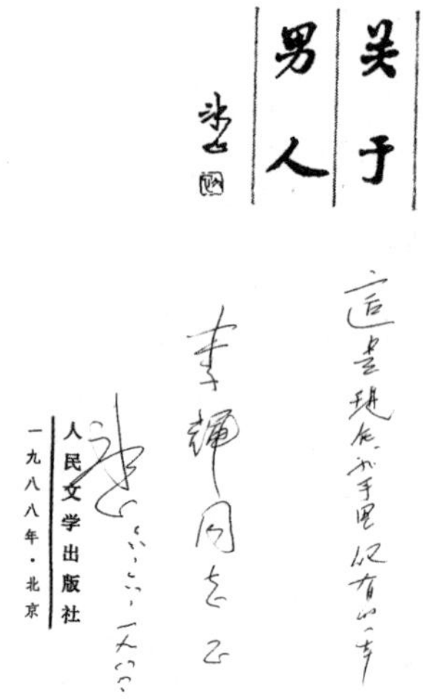

《关于男人》书影

冰心在《关于男人》扉页题跋

上题跋。巴金在请柬封面上写道："我不是一个艺术家。我写，只是因为我的感情之火在心里燃烧，不写我就无法得到安宁。巴金，八八年六月十三日。"时隔二十余年，这一份请柬虽薄，虽轻，却因有两位老人的题跋墨迹，而多了记忆的温暖，多了思想与文学的厚重。

两幅题词相呼应，勾画出的恰是我心目中的晚年冰心。

两份难得的清样：《万般皆上品……》与《我感谢》

从事副刊编辑已近三十年，我很少保留版面审校清样，但有两份却留存至今，它们均与冰心相关。一份是1987年7月25日，《北京晚报》副刊发表冰心的小说《万般皆上品……》的审校清样；另一份是1988年6月，《人民日报》的《大地》副刊发表冰心的随感《我感谢》。

两篇作品，都涉及教育与知识分子地位问题。

1987年7月，我收到冰心来信如下：

李辉同志：

信收入。《萧乾传》出版后，请寄我一本，拜读。

附上讽刺小说一篇，晚报可用否？否则寄回，收到请电告898046，祝

笔健

冰心

1987年7月13日

冰心寄来的即是千字文的小说《万般皆上品……》，副标题为"一

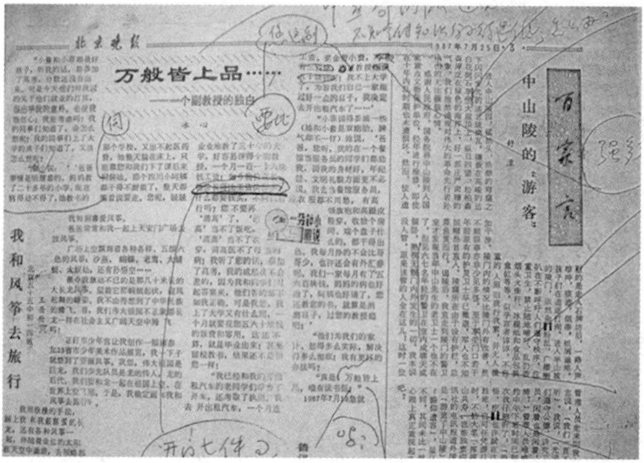

《万般皆上品……》清样

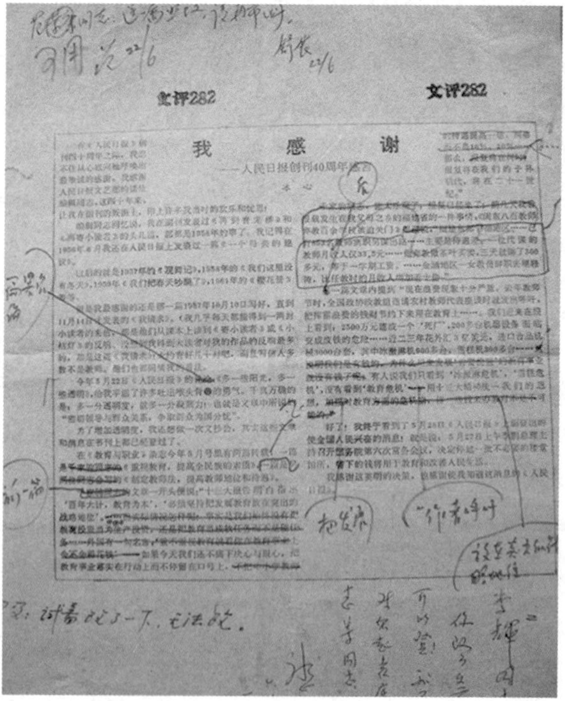

《我感谢》清样

个副教授的独白”。篇末注明“1987年7月13日急就”，可见是当天写完即寄出。

小说以一位大学副教授的口气，自述其与经商同学、身边出租车司机等人的收入比较，感叹教师境况窘迫、教育不受重视的现状。古诗有云“万般皆下品，唯有读书高”，冰心反其义而用之，以“万般皆上品”作为小说篇名，可谓感慨万分，立意明确。冰心已多年不写小说，此次受所见所闻触动，重拾小说体裁，在其晚年写作高潮中，有着特殊的意义。

冰心想到把这篇小说寄来，原因有二。一是近五年时间里，她一直在《五色土》副刊开设个人专栏《伏枥杂记》；二是《五色土》副刊当时有一个微型小说栏目《一分钟小说》，冰心新作正与这一栏目吻合。捧读《万般皆上品……》，不由得为这位老人关心教育的热忱和干预生活的勇气而感动，当即安排在7月25日副刊《一分钟小说》栏目中刊出。

排出清样后，送总编审读。时任总编是一位老编辑，敬业、坦诚而格外拘谨，开始他曾想暂不发表，我据理力争后，他同意放行，并将小说做了多处修改。结尾句“真是，万般皆上品，唯有读书低！”改为“真是万般皆上品，唯有读书低吗？”总编的修改颇为不易。最后一句，叹号改为问号，语气顿时有了质的转变，力度虽有减弱，却也多少表达出冰心的初衷。冰心久不写小说，一篇新作却遭到我们修改，我于心不安，但毕竟能够发表出来，也算对老人的一个交代。

《万般皆上品……》如期刊登，我提前去信告知冰心，也将修改情况告知，并提及我即将调离《北京晚报》，前去《人民日报》《大地》副刊工作一事。随后，她写来一信如下：

李辉同志：

信收到。附上韩少华同志来信一封……你到《人民日报》可能和姜德明同志同事，这位同志和我比较熟。你家的地址可以告诉我，有信不必从报社转了。

冰心

八．十

冰心给我的信，写在作家韩少华信的复印件上。韩少华告诉冰心，《万般皆上品……》刊发后在教育界引发了广泛影响，冰心将之复印寄来，当是想让我们对之有所了解。韩少华在信中这样写道：

那日同《人民教育》的同志去打扰您，十分不安。只是他们请您为全国的老师们题词的心切，我不得不然就是了。而当时您提到的《万般皆上品……》，次晚即见报了。捧读之余，感慨似已不限于教育事了。其后二三日，凡遇教育界同志，几乎都提及此文。大家对您所执言的实情，除了都“于我心有戚戚焉”之外，对《北京晚报》此时有此举，也颇有些“刮目相看”的感觉。而一些搞文学的朋友，则进一层谈及您所选用的样式：“一分钟小说”。这可是您很少动的样式呢。

人们有所感，有所动，还由于作家本人是一位原也尽可颐养天年而不必问人间疾苦的长者吧……

为教育而忧，为知识分子鼓与呼，晚年的冰心赢得了全社会的敬重与喜爱。

重写小说，《万般皆上品……》只是一个开始，随后，冰心又连续发表《空巢》《外来的和尚》等小说，其主题仍关涉教育和知识分子。

冰心最后十年的作品中，社会影响最大的当然是她的随感。1988年11月，她写过《无士则如何》一文，明确提出了重视知识分子的问题。她指出：

前几年，不少领导人常说：无农不稳，无工不富，无商不活。其后，又有人加了一句：无兵不安。这些话都对，概括得也非常准确。可惜尚缺一个重要方面——无士怎么样呢？

士，就是知识、文化、科学、教育，就是知识分子、人才。

“无士不兴”——这是冰心的结论。晚年的她，正是基于这一认识，才把对教育的关注放在思考与写作的最突出位置，在这一点上，随感《我请求》与《我感谢》，堪称其代表作。

1987年11月14日，冰心在《人民日报》的《大地》副刊发表《我请求》一文。此时，我刚从《北京晚报》调至《大地》副刊，自然又成了她的作品的第一读者。

《我请求》是冰心读《人民文学》发表的《神圣忧思录》之后而写的随感。她有感于作者与编者的勇气与见识，对教育现状的忧思，在她这里产生强烈共鸣。所谓“我请求”，即是有着社会责任感、历史使命感的呼吁。

次年5月，《大地》副刊约请冰心撰文，纪念《人民日报》创刊四十周年。她回信如下：

李辉同志：

我记得你有信说《人民日报》副刊什么纪念要我写文章，以及其他的事。这信找不到了，打电话给你，终日不通！请得信后即打电话来。

你家有无电话？

匆匆

冰心

1988年5月10日

《我感谢》即为此而写。她在文中，谈自己与副刊三十多年的历史渊源，但落笔重点却是谈教育，谈提高教师地位和待遇的社会问题。与发表《万般皆上品……》时的情形类似，《我感谢》一文经过多处修改与删减，这份清样我也保留下来。《我感谢》发表之前，我将最后改样寄冰心阅定，她在退回的清样上附笔如下：

李辉同志：

你改了文章可以登！我不写，对不起袁鹰等同志。

冰心

1988 年 6 月 21 日

一份值得收藏的清样。

转眼快三十年过去了。她在晚年为之忧虑和呼吁的教育等问题，随着时间推移，世纪替换，焦点与形态不断变化着。在历史行进的步履中，我们仍能听到晚年的冰心鼓与呼的回响。我相信，如果冰心依然健在，面对现实生活出现的新的教育症结——教育资源是否公平、农村教育是否得到重视、贫困学生的处境、高考困局等问题，她不会放下手中的笔，还会以博大的爱，发出“我请求”的呼喊。在这一点上，可以说，冰心永远与中国教育同在。

最后的日子

1988 年，得知冰心住院，我去看她。这次去医院探望冰心的见面记录，内容如下：

1988 年 2 月 10 日，下午 3 点—4 点半

北京医院北楼 301 室

冰心住院

（我先找到协和医院，一问方知找错。在崇文门花店买一束鲜花，15.00元。一进门，吴青大姐在屋里，冰心躺在床上，小小身材显得更小，但精神仍好。）

“你来晚了。”

“怎么啦？”

“我的遗产都分光了。”

“那你怎么不给我留一点？”

（笑，不见病中的疲惫。）

“我找了半天。先到协和去，后来才到这儿。楼的拐角还有警察。”

“你连这都不知道，怎么当的记者？”

“我都是去老百姓住的医院，你这是高干呀！”（都笑。）

“嗳，应红在哪儿工作？”

“在《文艺报》呀。”

“她们（指女儿吴青）问我，你是不是只二十几岁。”

“不会，我三十一了。”

吴青说：“我想也是，当了几年编辑了。她老记得你刚来时，那时你到晚报来时不就二十几吗？”

“对，我那时二十六岁。”

（一会儿，赵罗蕤来。）

赵：“她是我的老师，六十年前。”

（说了许多当年燕京大学的往事。）

“有一次我的学生问我还记不记得当年给他们出的作文题。记得出过一次‘初恋’，那时我还没结婚，我告诉学生，你们有过初恋的就写感受，没有的就编小说。”

1992 年看望冰心

笔记本上记录的与冰心的最后一次谈话，是在 1991 年 9 月 13 日。

91 岁老人，谈兴甚浓。从儿时故事到文坛掌故，星星点点，幽默而风趣。

她谈到 12 岁时写的一首诗，当场背下来。我说你写下来，送给我。她拿起笔，写下这首《春晴》赠我存念："酿花天气雨新晴，蛱蝶翻飞鸟弄声。且喜春池高一尺，晓来荡桨觉船轻。"如此看来，冰心的文学写作早在 12 岁就已经开始了。

当天的谈话记录如下：

1991 年 9 月 13 日，上午，冰心家

冰冷水，一点两点三点；

丁香花，百头千头万头。

我的"冰"就取这个，两个"点"冰，我一看冰不是我写的，不习惯了。一个点的冰很好写。

萧乾与巴金的背景不同，他从小穷，没有爱，所以就渴望爱，见

晚年冰心与巴金、夏衍在一起

萧乾看望冰心

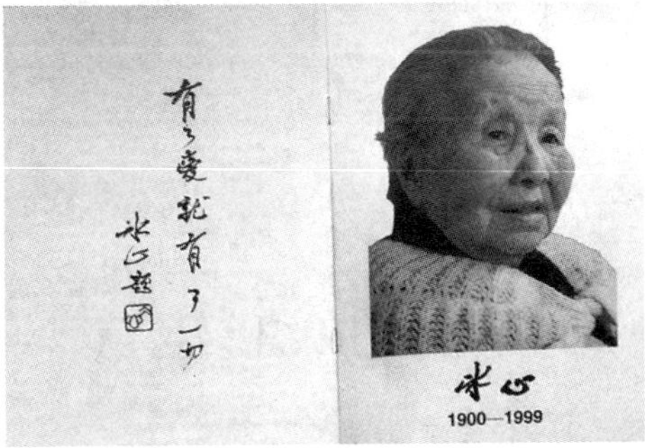

百岁老人冰心远行

人就爱。

福到家了。贴“倒”。

年轻时坐不住，琴棋书画，都不会。

我想去的地方都去不了，西安、桂林、海南岛，现在都没去，有的带任务去访问外国。

我最喜欢意大利，水多，三面是海，我还会讲几句意大利语。

老师告诉我：早安，谢谢，多少钱，太贵了，每个字母都有音，好学。我在那里住了好长日子。英国待了三个星期，不习惯。日月星辰都看不见。意大利女人不打扮，挺好看。

（谈到张恨水）

“恨水不成冰。”完全没这事。我根本不认识他。

林徽因真不错，海伦·斯诺真漂亮。

几年后，冰心又一次住进医院，再也没有回家。1999 年 2 月底，冰心去世，享年九十九岁。

不到两个月，三位熟悉的前辈董乐山、萧乾、冰心相继去世。落叶凋零，星光黯淡，在那个寒冷的冬日，难以接受的现实就这样来了。

完稿于 2017 年 3 月初，北京看云斋

常书鸿

——此生只为敦煌

366——奇妙数字与莫高窟巧合

时隔十年，又一次走进敦煌。上一次是在 2006 年，这一次是在 2016 年。

我生于 1956 年，一生许多机缘巧合都与 6 相关。1977 年高考的第一天是 12 月 6 日，大学编号 7711026，办公楼是 16 号楼，楼层是 6，家的楼号是 36，驻地的邮编是 100026……故我一直把 6 作为自己的幸运数，旅行在外，拍摄与 6 相关的门牌号，成了我的习惯。

没有想到，第二次敦煌之行，更巧的、难以置信的事情发生了。

走出敦煌机场，在神州租车租了一辆车，车号为甘 A7D366。我颇为得意，我们六根微信公众号推出，是在 2014 年 6 月 6 日，每年此日，大家总会相聚，一醉方休。曾经有计划，在中国、美国的 66 号公路去行走一番，虽未成行，梦想还在。

殊不知，更奇妙的巧合出现——敦煌莫高窟的横空出世，竟然就在公元 366 年。资料写道：莫高窟始建于十六国时期，据唐《李克让重修莫高窟佛龛碑》一书的记载，前秦建元二年（366 年），僧人乐尊路经此山，忽见金光闪耀，如现万佛，于是便在岩壁上开凿了第一个洞窟。此后法良禅师等又继续在此建洞修禅，称为“漠高窟”，意为“沙漠的高处”。后世因“漠”与“莫”通用，便改称为“莫高窟”。另有一说为：佛家有言，修建佛洞功德无量，莫者，不可能、没有也，莫高窟的意思，就是说没有比修建佛窟更高的修为了。

车号366，一个数字，就这样与莫高窟、与一千多年的历史有了衔接！

曾有朋友常说我是“数字控”。其实，各位有所不知，数字与历史相关，与诸多巧合相关。在后面叙述的常书鸿先生的命运起伏中，6又何尝没有巧合？

“说完巴黎说敦煌，长江黄河长又长”

认识常书鸿是我在《北京晚报》工作期间。当时我负责采访文化活动，不时会在一些场合与常书鸿见面。后来，编辑《五色土》副刊的《居京琐记》栏目，请一些文化老人谈自己居住北京的各种感受。我写信前去，请他赐稿。

很快，常书鸿寄来三页稿纸的《北京的变迁》。手稿他改了又改，极为认真。收到稿件，我打去电话，他要我在手稿最后补上一句：“我幸福地看到，祖国已经踏上了振兴的道路。”如此漂亮的手稿，被我的难看的字加了一句，真是糟蹋了。排出校样，寄去请他校订，他又做了少许调整与润色，标题改为《耄耋之年话北京》。

常书鸿是满族人，1904年4月6日出生于杭州。他人生的第一个数字6，出现了。

文章开篇，常书鸿谈儿时对北京的向往与想象：

自小生长在江南号称天堂的杭州，心满意足地活动在青山绿水的西湖之滨，并没有什么奢望地过着自己的童年。父亲在一九二三年，自北方远处工作的地方回来时，带来一些北方的土产，那些栩栩如生的“面人”和儿童玩具，引起我的好奇心。于是，我幼小的心灵中，埋藏着一颗向往的玄想，不断追问父亲看到的六七十年前北京城的观感。我问这问那地追问北京的紫禁城——那皇帝所在的宫廷殿堂的景色，什么琉璃瓦、三大殿、北海、颐和园的名胜。

（《耄耋之年话北京》）

常书鸿晚年离开敦煌之后才在北京居住。他在文中，提及相伴敦煌四十年的那种融入血肉的关联：

时间在消逝，年龄也随着历史在演变。三十年代，我在法国学习时，发现伟大的敦煌民族艺术宝库，早在辛亥革命之前，就分别受到资产阶级所谓“学者”们的劫夺和破坏。作为炎黄不肖子孙，怀着败子回头振兴中华的意愿，我到敦煌从事保护研究。匆匆四十年，已到了耄耋之年，承蒙党和国家的关照，我来到了北京，养尊处优地居住在日新月异变化中的首都闹市中。

（《耄耋之年话北京》）

敦煌，在常书鸿心中。四十年，艰苦而悠长的日日夜夜，他把一切留在了敦煌。赵朴初先生最早称常书鸿是“敦煌守护神”。五个大字，当之无愧。

准备发表常书鸿这篇文章时，我寄去照片请丁聪先生配图。丁聪画常书鸿肖像，颇为形象，因是谈北京的变迁，他特意在肖像旁画了文中所写的紫禁城建筑。十几年过去，结识山东画报出版社的汪家明兄，我将《居京琐记》结集于 1999 年出版，封面设计时，选用三个人物——冰心、胡风、常书鸿，他们分别生于 1900 年、1902 年、

丁聪画常书鸿像

1904年。在我而言，这也是与常书鸿的一个机缘。

常书鸿发现敦煌却是一个偶然。留学巴黎期间，1935年，一次塞纳河畔的傍晚散步，从此改变他未来的人生走向。

走进新千年，我为大象出版社策划一套“大象人物聚焦书系”，请与常书鸿熟悉的叶文玲大姐，撰写常书鸿画传《敦煌铸就五字碑》。读叶文玲的文字与图片，深为常书鸿的敦煌情结所感动。恰在此时，2002年吉林卫视《回家》栏目创办，找到我，希望我能做该栏目的艺术总监，挑选一些合适的文人拍摄他们的“回家”。清明时节，拍摄第一批人物，分别为丁聪、郁风、余光中、冯骥才。画传出版时，我自然想到了常书鸿。

常书鸿早在1994年去世，但这样一个伟大的“敦煌守护神”，怎么能不拍呢？我找到常书鸿的女儿常沙娜，问她能否重回敦煌，拍摄《回家》。常沙娜与父亲从巴黎到敦煌，经历诸多变故之后，女儿是父亲最大的精神安慰，是女儿一直陪伴他走过最艰难的日子。常沙娜同意了，因为每年她都会前往敦煌一次，祭拜父亲。生于1931年的她，此时已过古稀之年。在敦煌，她敞开胸怀，谈父亲常书鸿，谈母亲陈芝秀，谈陪同父亲在莫高窟度过的一个个黄沙弥漫、无比艰辛的日子。我有事未能同往，但依然高兴，能有这样一次全程拍摄，留下诸多珍贵镜头。在常沙娜、叶文玲等人的讲述中，“敦煌守护神”的形象顿时立体而丰富。

常书鸿与陈芝秀于1925年结婚，1928年陈芝秀来到法国，与常书鸿会合，也开始美术留学生活。1931年常沙娜出生，姓名取自塞纳河的谐音。她在节目中这样回忆父亲与敦煌的偶遇：

> 巴黎塞纳河边经常有书摊子，他在书摊上发现的，上头写着《敦煌石窟图录》，伯希和的，印刷了这么一本，他一翻，讲的都是在中国，在甘肃西北，发现了有这样的藏经洞，藏经洞里都是卷画，还有那里有石窟，我父亲很惊讶，他说中国人都不知道中国自己有这样的宝藏。
>
> （《回家》之《常书鸿：大漠痴魂》）

这本《敦煌石窟图录》，令常书鸿虽然人在巴黎，心却早已飞到遥远荒漠中的敦煌。他说过，自己曾是个倾倒于西洋文化、言必称希腊罗马的人，而敦煌艺术却早于欧洲近一千年，真是个不可思议的奇迹！他毅然决然，要离开巴黎，期待与敦煌拥抱。

这就是不可思议的常书鸿。主意一旦拿定，就没有任何人可以改变他。妻子学业未能完成，他却执意前往敦煌。1936年，他留下妻子和女儿，独自一人，踏上归国之路。

常书鸿人生的又一个数字6，为了敦煌！

回到国内，中国正处于战争旋涡中，哪里谈得上敦煌的保护？等候几年之后，1942年9月，国立敦煌艺术研究所筹备委员会成立，常书鸿担任筹委会副主任，期待已久的敦煌之行，即将启程。半年

1953 年常书鸿画莫高窟九层楼

之后，1943 年 3 月 24 日，历经千辛万苦的跋涉，年复一年魂萦梦牵的敦煌，终于出现在常书鸿眼前。无比艰难的日子，从此与之伴随。陶醉其中的幸福，旁人却无法体会。

在常书鸿来敦煌之前，莫高窟已经破败不堪，附近的农民不仅在洞窟里生火做饭，而且还在莫高窟前的绿洲中放牧。原本为绘画艺术而来的常书鸿开始带领大家清理积沙、修筑防沙墙，原本拿画笔的手开始挥动铁锹。同时，常书鸿着手绘制莫高窟全景地图，为敦煌学研究积累最基础的资料。那时的敦煌是千里沙漠的一个点，在荒无人烟的绝境中，他们忍受着被人遗忘的苦痛和恐惧。

守护敦煌，漫长四十年！

可以说，敦煌永远在常书鸿心中。20 世纪 80 年代，成为政协委员的他，如果小组发言，必说敦煌。我认识不少与常书鸿熟悉的前辈，他们开玩笑说，小组会上，常书鸿讲话总是从巴黎谈到敦煌。于是，便有了一个顺口溜："说完巴黎说敦煌，长江黄河长又长。"同为一组的黄苗子先生，在一篇文章中写道："我们政协文艺界这个小组的

1953年拆除莫高窟前土台时发现编号为447的洞窟。这是用绳索拉拆土台的老照片

1954年常书鸿在莫高窟第130窟峭壁上指挥窦占彪修栈道

1991 年走进米寿的常书鸿再画敦煌飞天图

委员，都很尊敬常老，大家开小组会时都有一个准备：如果今天上午或者下午有常老发言，大家就只有听的份儿了——常老的发言，自始至终就是敦煌。”

怎么能不谈敦煌？那是他的人生最艰辛也最辉煌的地方。难以想象，如果没有这样一个执着、坚韧、全身心投入其中的人，敦煌到底会怎样？

这个院落的故事

再到敦煌莫高窟，又一次走进常书鸿生活过的院落。自 1943 年抵达莫高窟，最艰难的日子里，他们一家一直住在这里。先后与他相伴的有妻子、儿女，有董希文夫妇、李浴、周绍森、乌密风夫妇、潘絜兹夫妇等同人。四十年岁月，多少悲欢离合的故事，依次在此发生。

走进院落，迎面是两棵大树。常沙娜对《回家》摄制组人员说，这两棵树是父亲亲手种植的。说起父亲与树，她伤感不已：

他在的时候种的，原来是一个寺庙，它没有这个树，他特别喜欢植物的东西，这叫长巴梨，这个刚结的，这个梨现在不大了，很小，但是很甜，我秋天，下半年来他们老给我摘，带回北京吃去，很有意思，我每次来都在这里照相，现在长高了，原来我都趴在这个上头，上个月正好是梨花盛开的时候，一晃，当年我十几岁，现在都七十多岁，半个多世纪过了，不过这个房子景依旧，人都去了，我父亲也去了。

（《回家》之《常书鸿：大漠痴魂》）

遥想当年，敦煌生活条件之艰苦可以想象。常书鸿与女儿常沙娜坚持走了下去，未能陪伴到底的却是结婚长达二十年的妻子。1945 年，敦煌研究所新调来一位总务主任，与陈芝秀恰好是诸暨老乡，他对陈芝秀热情而殷勤，很快他们俩由暧昧变为私通。此时的陈芝秀，再也无法忍受敦煌的艰苦，她执意前往兰州看病，实则是“私奔”出走。

许多年之后，女儿对母亲当年的出走，有了新的理解。在她看来，痴迷于敦煌、为诸多烦恼事情操心的常书鸿，缺乏对妻子的呵护与关爱，也是母亲离开的一个重要原因。

那时候我母亲成了一个很虔诚的天主教徒，所以她这一点很不适应，她在房间里还挂了一个圣母玛利亚的像，天天做祈祷，但到洞子里呢都是佛教，是两个教，但是她从艺术的角度她也觉得早期的北魏、唐代的彩塑是很漂亮的，她也在那里搞临摹，这一点也坚持待了一两年，但是生活很枯燥，再加上我父亲很烦躁，压力太大，那个时候来研究所，行政的、搞会计的、搞文书的、画画的，董希文这些，也就有十几、二十多人工资的问题、住宿的问题都要考虑，完了要适应生活，国民党的工资贬值，我父亲面临的压力也很大，所以他对我母亲照顾，说实在的是不够的，感情上的一种安抚呀，关心不够，我母亲也感觉到很寂寞，很失落，再加上各方面她觉得忍不住，待了两年，（19）43、（19）44、（19）45，（19）45 年抗日战争胜

1939 年常书鸿与妻子陈芝秀、女儿常沙娜在昆明

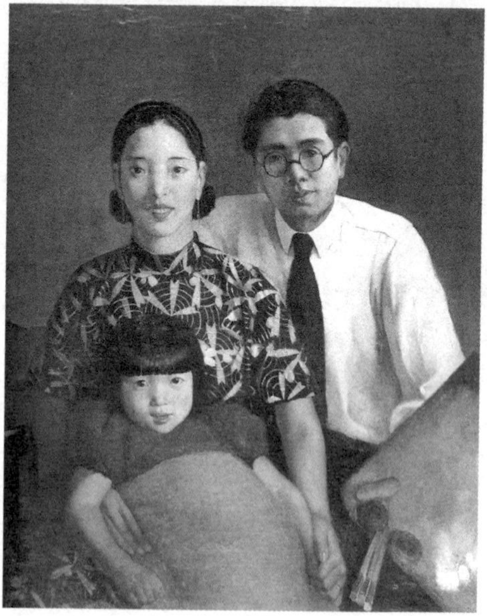

常书鸿画夫妇二人与女儿常沙娜

利嘛，大家都复员，走了一批人，她也想走，当然我父亲坚决不让走，后来她说她身体不好到兰州去看病，结果去了兰州再也没回来。

（《回家》之《常书鸿：大漠痴魂》）

常书鸿开始并不知道陈芝秀是出走，以为她是去兰州治病。同人董希文从一位小喇嘛处截获陈芝秀的信件，才知道事实真相。叶文玲在画传中写道，当董希文把信交给常书鸿，忽然发现眼前的这位老师，一双眼睛竟然一刹那“变成两个深深的黑洞”。面对镜头，叶文玲这样讲述 1945 年 4 月发生的故事：

就是画《开国大典》的，就是最早那幅很有名的油画家董希文，董希文发现了陈芝秀跟那个人来往的信件，董希文拿在手里不敢告诉老师，当他看到老师要备马去追，那时候黄昏呀，他说老师你不要去追，师母不会回来了，他说为什么，因为当时她说是去看病，那天常书鸿先生还杀了一只羊为他妻子饯行，他就把……他无可奈何把信给他看，为了追赶他的妻子昏倒在沙漠当中，如果当时他没碰到石油勘探队的一个工程师搭救了他，他可能就死在沙漠当中了。

（《回家》之《常书鸿：大漠痴魂》）

夺妻之恨，令常书鸿陷入了极度的愤怒，他撕碎了所有陈芝秀的照片。

私奔之后的陈芝秀未来的生活却十分艰难。与那位老乡结婚之后，20 世纪 50 年代丈夫被定为“反革命罪”关押狱中而去世。之后，陈芝秀再嫁给一位工人。时隔 18 年，1963 年，常沙娜终于在故乡杭州，重新见到母亲陈芝秀。

一次令常沙娜难以忘怀的场景。说起这次重逢，常沙娜语气颇为平静：

见了以后，我一看，我非常同情、心疼，完全变了一个人，原来打扮得很讲究，（现在）完全是比家庭妇女、比一个佣人还要……怎么说呢，特别惨，我们两个人默默地对视，没有掉眼泪。

她后来说她更惨了，她跟工人有了一个孩子，孩子长大了也有孙子，但是儿媳妇对她非常不好，她像老妈子一样，后来赞助她，又赞助她，大概（每个月）二十块钱差不多，她每次给我来封信，说那个你寄来的钱我特别高兴，我拿了你的钱买了两袋奶粉，买了一个热水袋，我买了一点什么药。

（《回家》之《常书鸿：大漠痴魂》）

陈芝秀于 1979 年因心脏病离开人世。常沙娜重新黏合父亲撕碎的照片，她还四处询问父亲的朋友，从他们那里找回所有的母亲的照片。毕竟母亲曾在敦煌度过艰难的日子，毕竟母亲养育了常沙娜这位优秀的美术人才。母女情深，常在心中。

过去的一页，如此翻过。

1946 年，李乘仙如期而至

抗战胜利前后，常书鸿没有想到，敦煌却一下子陷入困境。

1945 年 7 月，国民政府教育部下令撤销敦煌研究所，莫高窟交给敦煌县政府。常书鸿得知消息，四处致信，寻求支援。每封信的后面，他总是忘不了加上这样一句掷地有声的话：“我所同仁，誓死不离敦煌！誓死不离莫高窟！”

一个月后，日本投降，举国同庆。可是，与常书鸿一起前来敦煌的不少同人，开始思乡还家，一个接一个前来提出离去。董希文夫妇先行离开，随后是李浴、周绍森、乌密风夫妇，他们几人都是与董希文夫妇陪同常书鸿一起最早来到敦煌的。

潘絜兹也来提出离开。他来敦煌时间并不长，但在常书鸿眼里，潘絜兹是与董希文、李浴一样不可多得的人才。陈芝秀的出走，已让他痛定思痛，开始考虑同人们家庭的稳固问题，他不愿意同样的悲剧在潘絜兹身上出现。

无法挽留，他只能忍痛割爱，目送一个个学生、助手踏上归途，身影消失在荒漠远方。

我没有想到，1984年，除常书鸿之外，我与曾在敦煌度过艰难日子的潘絜兹先生也有了交往。在约请常书鸿为《居京琐记》写稿时，我也给潘絜兹寄去约稿信和已经发表的文章，请他赐稿。他很快回复于我：

李辉同志：

您好！

两次寄来的信和报纸都收到了。谢谢你对我的鼓励！《居京琐记》栏辟得好，看过几篇，是从不同角度写的，都亲切动人。因为都是谈自己感受，如老友倾心交谈，谈者随意，不板起面孔，听者亦觉不“隔”也。

我也准备写一点，但近日事忙，容稍迟写寄奉教。匆复即请

撰安！

潘絜兹

4.25（1984）

寄来此信前，潘絜兹在信的上方补上一句：“匆匆写了一篇，看可用否？又及。”这篇文章是《乡情》。文章发表，我随信附寄报纸，潘絜兹很快回复一信：

丁聪画潘絜兹像

李辉同志：

信、报都收到。拙稿发表是晚报对我的鼓励，感谢不尽。照片不须寄回，就请留作纪念吧！丁聪也见到了，他画得很像，根据照片是很不容易画像的，可能也因是熟人之故。

我写东西毫无计划，兴到就写一点。计划内的选题往往因引不起兴趣，反而难产，所以最好对我勿抱“奢望”，但我还是很愿为晚报写点短稿的。

我住后海南沿北官房17号，靠近鼓楼前银锭桥边，编辑部偶尔一去，在家时间为多，有空欢迎来玩。

近期（十月）我们工笔重彩画会要举行画展，希望您光临指教！

祝好！

潘絜兹

5.7（1984）

我如约前去拜访，走进北官房胡同，见到这位著名工笔画画家。

后来，他又写了《招鸟归来》一文，对把鸟关进鸟笼与国外任鸟自由飞翔的现象进行比较。他的两篇文章，都堪称美文。

最后一次与他联系，是在2000年，家还在北官房胡同，人却已住院。这一年，丁聪、沈峻夫妇请我帮忙为三联书店编选他的另外一本《文化人肖像》，需要找肖像主人和朋友各写一段文字。潘絜兹在医院回信，写来一段《自说自话》：

> 旧世称浪子，新时作画师。
> 丹青路，何崎岖！
> 左顾右盼实难行，
> 走出低谷抬头望，
> 天外有天山外山。
> 莫叹画道难！
> 生甘学春蚕，死作铺路石。

两年后，即2002年，潘絜兹去世。我的晚报同事侯秀芳撰写的《潘絜兹画传》（由作家出版社出版），其中写潘絜兹在敦煌临摹的细节，读来感人：

> 潘絜兹和伙伴们去洞窟里临摹。洞里黑黢黢的，点着煤油灯也就只能照亮一小片墙，壁画又很大，上去看，下来画，有时要反复好几次，才能画好一笔。有的壁画在天花板上，仰头时间长了，脖子都酸了，还要趴在地上画。由于当时物质匮乏，加上研究所的经费少得可怜，他们几乎得不到起码的工作条件，只好自己动手。董希文好研究，他创造了许多土办法，像矾纸，就是用热水化开胶，加矾化在一个木槽子里，一张纸一张纸地过，使生纸变为熟纸；修笔，就是把毛笔改为适用的笔，坏了的笔也可以修出尖来再用；制色，就是把黄土、白

垩、红土放到碗里研磨；裱褙，就是把画托纸加固。他们做这些事情都是在晚上，白天都各自分散在一个个的石窟里。

潘絜兹讲述的这些故事，早已融进敦煌的历史之中。

回到1945年。在敦煌陷入困境的常书鸿，曾经患难与共的诸多同人先后离开敦煌，为敦煌再招收一批新人，成了常书鸿的当务之急。

为了生存发展，常书鸿带着常沙娜前往一千公里之外的兰州，在那里举办双人画展。画展虽然成功，却无济于事。无奈之下，他听从朋友劝告，奔赴重庆，寻求支持。

走进1946年新年。为了敦煌未来事业的发展，常书鸿在重庆几个月时间四处奔波，终于在5月，于中央研究院与傅斯年见面，得到有效支持。“敦煌艺术工作人员招聘处”的招牌，立在常书鸿下榻的旅馆。他再次为敦煌招兵买马，他对每一位报名者，都一一面试，有的老朋友也写信推荐志愿者。

1946年5月29日这一天，对常书鸿来说，是个重要的日子——虽然此时的他，并不知道这位前来应聘的姑娘，一年之后，会成为他的妻子。

她是李乘仙，生于1924年，比常书鸿小二十岁，迷恋绘画。当天面试之后，常书鸿在日记中写道：“5月29日晨，李乘仙来，请求去敦，并列其作品呈检，尚合格，准其随去敦煌。”

常书鸿人生至为关键的第三个6，如期而至！

招聘颇为顺利。离开重庆，常书鸿坐上一辆十轮大卡车，满载小型发电机、照相机、胶卷、绘图纸张、画笔、颜料等物资返回敦煌。李乘仙暂时不能同行，将随后自行前往，但她在面试时对敦煌的向往、痴情，常书鸿为之感动。或许，这就是命中注定的另一份爱情，在缓缓前来。

途经成都，他遇到在北平国立艺术专科学校教过的毕业生霍熙亮、

1951 年常书鸿、李乘仙夫妇与三个孩子在一起

范文藻和在艺专共事的教师沈福文夫妇，他们与常书鸿同行，奔赴敦煌。

1947 年沈福文致信常书鸿，内容大致如下：

> 常先生，你不是说不日要到兰州办事吗？赶快来吧！依我看，趁便，你就把李小姐李乘仙的好事办了算了，我们观察她的行至也近一年了，她真是如您期望的那样，是一位敦煌痴人，我们把您的事都跟她说了，她同意，她从心底尊敬您……

1947 年，常书鸿与李乘仙在敦煌结婚。2017 年，正好是他们结婚七十年的纪念日。

真正理解常书鸿的是李乘仙。从 1946 年抵达敦煌，1947 年两人结婚，她陪伴常书鸿在敦煌度过整整三十六年的艰难岁月。叶文玲在画传中的这段话写得特别好："李乘仙对这位比她大二十岁的父辈似的师长，充满了崇拜和尊敬。爱情需要崇拜和尊敬，常书鸿是值得崇拜和尊敬的，常书鸿就是她心中的敦煌！"

1994 年常书鸿去世之后，李乘仙撰文怀念，她写下的这段文字，我把它作为补白，印在画传上：

1982年，先生和我迁居北京。他人在京城心在敦煌。家中挂了好几个铃铛，微风一吹，叮叮当当，他感到自己又像是回到了敦煌，九层楼的铁马叮当时时呼唤着他。

……

对于他来讲，敦煌就是生命，敦煌就是一切。他是在敦煌和敦煌艺术的深切怀恋中，离开我们，离开人世的。

读这段文字，可以看出，只有李乘仙，才真正理解常书鸿与敦煌融为一体的那种至真至深的情感。

常书鸿去世之后，骨灰运回敦煌，墓碑面对莫高窟的标志性建筑九层楼。他曾精心画过九层楼，现在，他魂归敦煌，永远不会离开了。

再次观看《回家》，听常沙娜讲述父亲的故事。我眼前出现的是

常书鸿故居与九层楼相对

敦煌碑上刻写陈寅恪的一句话：“敦煌者吾国学术伤心史也”

1945 年的一个画面：母亲出走后，十四岁的女儿常沙娜成为常书鸿最大的安慰与依靠，父亲绘画时，她在一旁掌灯，她用心呵护父亲，陪伴他走出精神低谷……

一年一度，常沙娜总是来到敦煌为父亲扫墓。她又一次来到这里，细心地用抹布擦去墓碑上的灰尘，为父亲献上花束。站在墓碑前，她深情地说："爸爸，我今天又从北京带了新的花给你种上。""老爸，一年到头在这里，他说'我不信佛，但是如果有来世我还做常书鸿，我还要继续我的事业，那就是保护研究敦煌的艺术'。"

常书鸿，此生只为敦煌。

敦煌有幸，常书鸿有幸！

完稿于 2017 年 3 月 1 日，北京看云斋

邓云乡

——老北京，常在文人心中

行到水穷处，坐看云起时

第一次见到邓云乡先生，是在上海恩师贾植芳先生家中。我的印象中，沪上文化老人中，只有他们二人是山西老乡。贾先生一口浓浓乡音，邓先生则是标准的北京话。

邓云乡为自己的书斋拟了一个绝妙的斋名——“水流云在轩”。这一斋名，空灵雅致，而且与他的姓名，尤为贴切。

邓云乡欣赏杜甫诗中的意境。他在《水流云在杂稿》后记中写道：

> 杜少陵《野望》诗中：“水流心不竞，云在意俱迟。”那还是极好的句子，八年前，承叶老圣陶仁丈为我写了这首诗，裱了装在镜框中，挂在我小屋的墙上，直到今天，仍然挂着，我时时观赏，很爱这种境界，但仍感到很难达到——因为心田中时时还有浮躁之气。”

他说心中有“浮躁之气”，实在是自谦。认识他之后，在我眼里，他一直从容不迫，坐看云起，书法与文字，均为上乘之作。

“水流云在”，也容易让人想到王维诗句：“行到水穷处，坐看

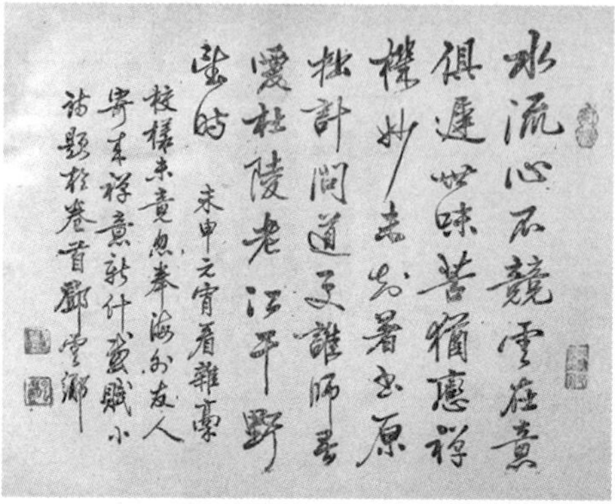

邓云乡《水流云在杂稿》书前题写感赋一首

云起时。”这也是令人欣赏的一种人生转换过程。另有一副名联为：“海是龙世界，云是鹤家乡”。这些，都可视为对“水流云在轩”多种文化诗意的注解。邓云乡显然非常喜欢这一书斋之名，所用信笺由自己特制，前端印有“红楼”镌刻，末端印有“水流云在之室自用笺”。

巧的是，我也喜欢“行到水穷处，坐看云起时”这一诗句。20世纪90年代初，我在《收获》杂志开设专栏，栏目名称即为《沧桑看云》。后来，书斋名也定为“看云斋”，请黄苗子、王世襄、丁聪、黄永玉等好几位老先生分别题写斋名，也是难得存念。

认识邓云乡之后，他不时寄赠大作。他赠书有一特点，题赠时关于时间、地点等的表述，极为讲究：

《文化古城旧事》（中华书局，1995年版）：“李辉先生教正　邓云乡持赠　丁丑初冬时同客杭州”；《黄叶谭风》（上海文艺出版社，1997年版）：“李辉吾兄教正　邓云乡寄赠　戊寅元宵后落灯日”；《春雨青灯漫录》（新华出版社，1998年版）：“李辉吾兄存正　邓云乡持赠　戊寅清和月时客京师”；《增补燕京乡土记》（中华书局，1998年版）：“李辉吾兄存正　邓云乡持赠　北京大学百年校庆　归京师客翠园”……

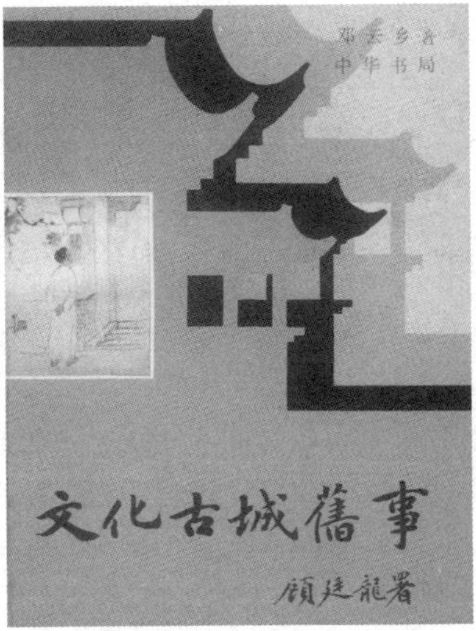

《文化古城旧事》书影

《增补燕京乡土记》书影

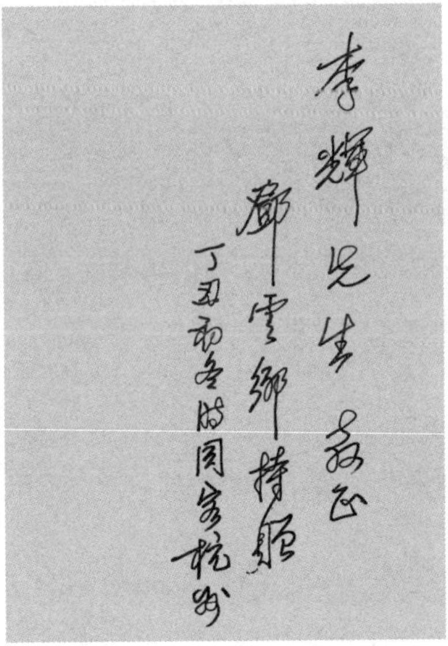

邓云乡题赠《文化古城旧事》于杭州

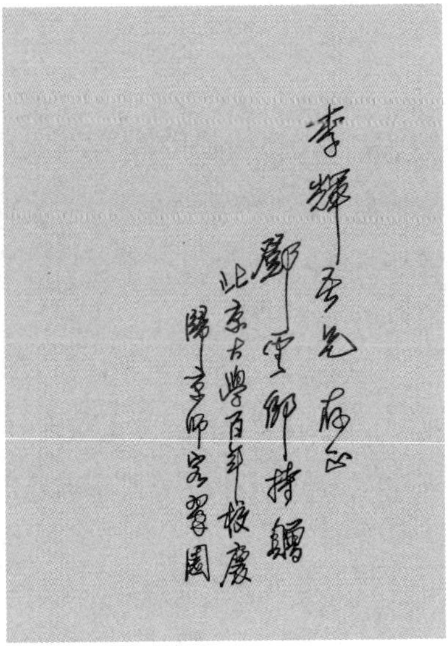

邓云乡题赠《增补燕京乡土记》于北京

以“落灯日”代指正月十六，以“清和月”代指农历四月……读这些题跋，既能欣赏墨宝，也能感受老派文人那一份难得的精致。

1992 年，北岳文艺出版社将邓云乡的《水流云在杂稿》出版，出书前，邓云乡特意赋诗一首，放在扉页之后：“水流心不竞，云在意俱迟。……吾爱杜陵老，江干野望时。”他想表达的，正是水流云在的那一种美好意境。

老北京，常在文人心中

邓云乡离开山西很早，一直居住在北京，就读于北京大学。可以说，他是在北京文化熏陶中成长的，其学识、修养，也受益于此。自 1953 年起，他一直在苏州、上海工作，但情感上难以割舍的却是老北京文化。

老北京民俗、《红楼梦》、明清园林、文史钩沉……他以亲历、考据、阐发，使老北京的历史文化，变得生动活泼。有人赞誉他是为数不多的能使历史“活”起来的学者，所言极是。在同辈学者中，邓云乡虽不在某一领域独领风骚，但他的综合修养与学识，他的文字之古朴典雅，实在许多名家之上。冯其庸先生怀念邓云乡时曾赋诗一首，最后两句写得好：“多少京华梦里事，天涯何处觅知音！”

邓云乡出版过《红楼风俗谭》，对曹雪芹书中的诸多风俗，了如指掌，娓娓道来。1987 年电视剧《红楼梦》剧组，特意聘请他出任顾问，他专门为导演和演员谈书中的风俗种种。幸好一张当年的合影，留下难得的瞬间。

邓云乡写老北京的书，《文化古城旧事》、《增补燕京乡土记》（上、下）等，可谓把百年老北京的风土人情、衣食住行、建筑胜迹、教育艺苑、岁时风物等大多囊括其中。在《增补燕京乡土记》自序中，

邓云乡为《红楼梦》剧组题词

1987 年邓云乡担任电视剧《红楼梦》的民俗顾问，与演员在一起

他娓娓道出自己与老北京的那份深厚情感：

> 说来也很简单，就这样在老人们的爱抚教导中，使我养成了热爱京华风物，留心京华旧事的习惯。遇有旧时文献，或前人著述，或断烂朝报，或公私文书，或昔时照片，以及一张发票、一张拜帖、一份礼单、一封旧信……均赏玩不置，仔细观看，想象前尘，神思旧事，所眷恋者是一种注定已消失了的淳厚风俗和高雅文化的结晶，简单地说，是一种“京华风韵”，再简言之，即“京味”。因为北京远的不说，即说近古，也是明、清两代五六百年的国都，在这漫长的历史长河中，全国精华所聚，怎能不形成一点特殊的风韵呢？风韵、风物、风土、风俗……都与“风”字有关，用现在的话说，就是一种“气氛”，一种特有的京华生活气氛，这种气氛，在七七事变之前，在我童年时期的生活中，有深切的感受，生活环境、衣食住行、人际关系、文化教育……其主流都是充满了悠久历史感和深厚文化气息的气氛。我一直想用拙劣的文字，把这种从小听到的、看到的、感受到的气氛表现出来，记录下来，以免使其烟消云散，归于无有。可是多少年来，一直没有机会。因而这些想法，就成为埋藏在心中的创作欲望，一有机会，它就会澎湃地奔流出来。

不错，旅居上海的邓云乡，老北京才是他心中所思、情感所系。久居上海的他，笔下流动的却是儿时记忆里的老北京。多亏有他，以细节、史料、氛围描述，为远去的老北京留下了厚厚的几本书，令我们这些晚辈，得以从中体味他所说的那些“京华风韵”。时间流逝，许许多多事和物早已逐渐消失，从几百年的城墙，到星罗棋布的大大小小的胡同……我们也就只能在他的书中，重温老北京了。

《文化古城旧事》的代序，是复旦大学老教授谭其骧先生所写。谭先生也曾在北京生活过，邓云乡书中所写，令他“弥增怀旧之感”。

谭先生对邓云乡的记忆力十分佩服：

> 我从一九三〇年初秋起至一九四〇年孟春止在北平时代的燕京生活过将近十年。云乡在此书回忆中的燕京也主要是北平时代的情况，因此我读此书，倍感亲切，不免要弥增怀旧之感了。三十年代我有几年或单身或携眷住在北平城里，有几年虽住在城外燕京清华，也经常进城，时或留宿。但我的记忆力大坏，现在能够记得起来的景物旧事少得可怜。云乡记忆力之强令人吃惊，旧时一事一物，历历如数家珍，其文笔又那么优美、生动、幽默畅达，读其书真能令人浑然如温旧梦。

谭其骧的代序写得很长，他如同邓云乡一样，也走进了老北京的氛围之中，颇为详尽地写当年在北京的三大乐事：吃馆子，逛旧书铺、书摊，听戏。

谭其骧写到的馆子大大小小的有：长安八大春，前门外煤市街山西馆，西四同和居、砂锅居，东安市场森隆、洞明楼、东来顺，东兴楼，丰泽园，谭家菜等。

他写看过的戏和名角，更是比比皆是：马连良、言菊朋、奚啸伯、谭富英、高庆奎、程砚秋、荀慧生、尚小云、筱翠花、梅兰芳、李盛藻、刘盛莲、叶盛章、叶盛兰、袁世海、王和霖、宋德珠、李世芳、毛世来、王金璐……最令谭其骧倾倒的是武生泰斗杨小楼。他说，杨小楼一出台，那气度，那神情，一举手，一投足，念白唱腔都很有韵致，无不令人叫绝。

逛旧书铺、书摊，自然也是旅居老北京的文化人必做的事。他平常日子，隔一阵子就要去逛一次琉璃厂书铺，宣武门内西单商场书摊也逛，最经常逛的则是东安市场内的书铺、书摊。

谭其骧所写的这些旧事，如今也几乎踪迹难寻了。

老北京的点点滴滴，留存于前辈文人心中，他们用笔细致记录下来，这些“京华风韵”，会成为一代又一代读者为之感怀而留恋的历史场景。

杭州西湖楼外楼

邓云乡是《人民日报》的《大地》副刊的老作者。

1981 年 7 月 14 日，他在副刊发表《一片苦心为园林》，是为陈从周先生的《园林谈丛》所写的书评。1998 年，他发表了好几篇文章：《糖房之夜》《缸房》《葛仙米 · 地皮菜》《思念老舍先生》《一品锅》。几篇谈美食的文章，发表于《多味斋》栏目。写怀念老舍的文章，发表于《心香一瓣》栏目，笔下叙述的与老舍的两次交往，颇为生动，其思念之情，也令人怅然。文章最后以下面这段话结束：“先生晚年很爱书法，写魏碑极为认真严整。我在好几位朋友家见过先生的墨宝，现在收藏着，也十分珍贵了。”邓云乡酷爱书法，也是文人书法名家，他对老舍的赞许，可谓知音。

最难忘的记忆是 1997 年初冬时节。

适逢楼外楼百年诞辰之庆，《杭州日报》副刊举办“楼外楼笔会”，请徐城北先生负责邀请一些文人参加。北京有黄宗江夫妇、邵燕祥夫妇、徐城北夫妇、林斤澜、牧惠、我和应红等，苏州有陆文夫，上海有邓云乡、唐振常。他们大多是美食家，我们夫妇年岁最小，荣幸受邀，忝列其中，能与他们一起在西湖逗留几日，也是开心得很。

杭州几日，我与邓云乡聊了很多。我们聊文坛掌故，聊美食。他的记忆力，的确超群，半个世纪前的往事如数家珍。短短几天，我与这些前辈在一起，真的大长见识。唐振常是成都人，被谭其骧称为美食家，唐先生说，真正的成都官府菜其实并不辣。陆文夫的小说《美食家》，我们这代读者，都曾读过。记得有一年我在苏州，曾到陆文

楼外楼笔会合影
前排左起：牧惠、林斤澜、邓云乡、唐振常、陆文夫、黄宗江、阮若珊、邵燕祥等

夫开的面馆，美美地吃了一顿。林斤澜是温州人，说起海鲜，也是头头是道。

此次笔会，楼外楼可谓倾心准备，把所有的招牌菜都悉数呈现。一天，我们坐上楼外楼的龙船，漫游西湖，游览之际，品尝美食。船上有一龙椅，林斤澜坐上去，戴上龙冠，乐滋滋地照相留影。我坐上去，也乐滋滋地拍下一张。

楼外楼的菜单写在卷轴上。饭后，我请各位先生在上面签名。二十年过去，上面的好几位先生都走了——陆文夫、唐振常、牧惠、黄宗江、阮若珊、邓云乡、林斤澜。

睹物思人，伤感不已。

勾起多少思旧情怀

在杭州，我告诉邓云乡，花城出版社将出版我的五卷本《李辉文集》，新年之后，会寄一套请他赐教。

走进新年，邓云乡寄来一信，信中他感慨自己又老一岁：

李辉吾兄：

春节过了，灯节过了，别无他感，只觉又老一年耳。春节后连晴十余日，昨夜又雨，又不知何日再晴也。去腊一本小书出版，寄上乙册，博笑之！

堵门无事，写小文自遣，寄上两短文，请阅。如能用，留之；不能用，乞随手掷还。至谢至感！五月初将去趟北京，匆匆补叩节安。

邓云乡拜

二月十二日

3月，在上海《文汇报》大楼举办我的文集座谈会，贾植芳、钱谷融、唐振常、邓云乡等老先生前来参加，他们的发言令我感动，也是激励与鞭策。座谈会之后，邓云乡为拙著写了一篇书评，发表于《深圳商报》“文化广场”的书评版上。他寄来一信，并附寄剪报。

李辉吾兄：

拜读大著读后，文《深圳商报》已刊出，剪报寄上。所见甚浅，不足弘扬兄之精神于万一也。唯是史学家，此点不知以为然乎？弟近为中华编辑旧稿为二书，一名《水流云在丛稿》，一名《宣南秉烛谭》，已竣事，拟五月二日去京，大约有十余日逗留，住民盟翠园，届时当

与兄联络。匆匆不一，即颂

著安！

弟邓云乡　拜

四月廿六日

文章题为《勾起多少思旧情怀》。剪报未曾找到，幸好胡洪侠兄帮忙提供发表的电子文本，才让我重新读到这篇文章。

邓云乡开篇写到我们在杭州时，黄宗江开玩笑的一句话，由此引发他的随感：

去年11月在杭州一次会上，老学长黄宗江发言道："李辉年纪不大，但名气却很大……"

……

说句老实话，我在去年深秋，听老学长说这话时，我还是"姑妄言之姑听之"，只记得这话说得很风趣，而李辉在我眼中只是一位年纪不大、英俊潇洒、聪明外露的小伙子，还不晓得他已过不惑之年，似乎年轻得多。

我的书，大多是非虚构作品，写前辈们的往事，其中写到胡风、沈从文、丁玲等，这都是邓云乡亲历的往事，阅读中，他总能回想起那些点点滴滴。

沈从文是邓云乡在北京大学时的老师，回忆沈从文往事，邓云乡发出无尽感慨：

沈从文先生是我北大时的老师，对沈先生我在许多文章中都写到过。李辉《往事苍老》细写了沈先生七十多年前《记丁玲》《再记丁玲》的前前后后，直到打倒"四人帮"的劫后重逢，其间经过了多少

邓云乡、蔡时言夫妇新婚照

1987 年，邓云乡与陈从周在上海豫园

邓云乡工作时

重重叠叠的“山”，弯弯曲曲的“路”，一个是当年京派的书生，北京大学的教授，一个是抗战革命根据地的女战士，斯大林文学奖的获得者，而其后二十来年的各自遭遇……“横扫一切牛鬼蛇神”，都是在劫难逃，彼此彼此……这笔账又如何算得清？我和沈先生见面时，从来没有谈过这些事，也从来未问过。

（《勾起多少思旧情怀》）

有了这样一些往事追忆，书评就不仅仅是书评，而是填补了诸多历史细节。

这一年，我们见面好几次。3月，上海见面。5月初，邓云乡前来北京，参加北京大学一百周年校庆。来信说，住在东四民盟中央的翠园招待所，我前去看望。11月下旬，邓云乡又来北京，来信告诉我，还是住在翠园。记得去看他的那天，是在雪后，翠园安静至极。我们依旧聊得开心，说好，春天之后，我去上海再去看他。

春节将至，邓云乡寄来一篇《童时过年》。

文章首、尾两段分别写道：

记得儿时，大年初一起，第一是烧香，祠堂、灶王、井台、天地桌、财神、门神……要按次序烧，而且早午晚三次，直至初五。以后每早上一次，直至十七落灯撤供。第二是拜年，初一本家，初二三亲戚家、老师家……第三是吃请，即吃春酒……此文中先说烧香、祭祀诸神。

……

初一、初五、十五等正日子都是早午晚三次香，平日是早、晚二次香，由除夕到正月十六晚上或十七上午，半个多月里，给众神烧香，一天两遍或三遍，都是我的工作……直到今天，还留下深刻记忆。

一篇好文，立即排版准备刊出。谁能想到，几天后，忽然传来邓先生不幸病逝的噩耗，令我悲痛不已。《童时过年》于1999年2月26日在《人民日报》发表，我在文后写下一句话，寄托哀悼之思：“邓云乡先生刚刚为我们写来此稿就不幸辞世，令人悲痛。谨刊此文，以示悼念。”

再也读不到他的思旧情怀了。

时间真是快，一转眼，邓云乡先生离开我们十八年了。前几年，止庵兄曾写过一篇文章，谈他读邓云乡《鲁迅与北京风土》一书的印象，题为《世间已无邓云乡》。所言极是。那一代文人，传承传统文化，热爱老北京，彼此之间，心有灵犀。这样的人，恐怕真的再也没有了……

完稿于2017年7月13日，北京看云斋

丁　聪

——漫画一生

为《居京琐记》配图

没有想到，我与丁聪先生真的有缘。

1982年，我从复旦大学毕业后，被分配到《北京晚报》工作。在《五色土》副刊任编辑时，于1984年开设《居京琐记》栏目，邀请居住北京的、五十岁以上的文化界名家来写他们的日常生活，并约请丁聪先生为每篇文章配图。当时我一口气寄出了百十封约稿信。我对同事开玩笑说："撒一张大网，看看到底能捞上多少鱼。"记得在约稿信中，我写道："文章可长可短，题目可大可小，风格也可不拘一格，重要的是写出居住北京的感受，或描写，或点评，或抒情，或讽刺。"我的想法是，这些名家都是文章高手，只要涉及现实问题，甚至针砭现实，就一定会有精彩之笔，并能引起读者的共鸣和社会的反响。令人兴奋与感动的是，收到约稿信的文化界名家，陆续寄来了他们的得意新作，而丁聪也满口答应。

以韦君宜的《京沪生活优劣论》为开篇，《居京琐记》专栏在随后几年时间里，先后发表了冰心、萧乾、胡风、卞之琳、吴祖光、端木蕻良、吴晓铃、冯亦代、吴冠中、董乐山、王蒙等百余位作者的文

丁聪画吴冠中《宣纸恋》

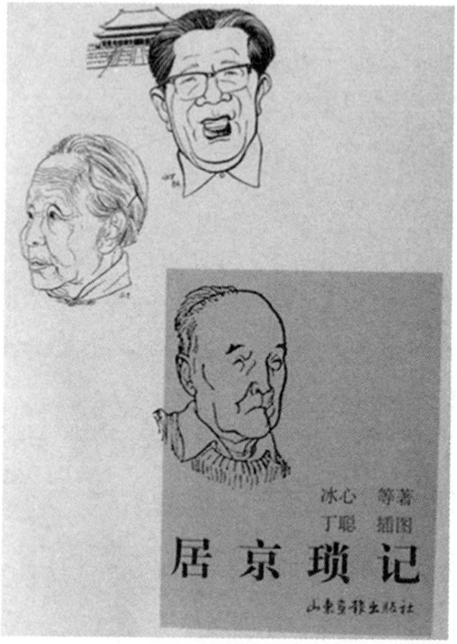

《居京琐记》，山东画报出版社，1999 年版

章。有丁聪的参与，《居京琐记》专栏文与图相得益彰，版面也显生动。同时，他的参与和威望，使我与不少先生的联系也显得更加顺畅与自然，甚至还能化解矛盾。且以吴冠中先生的《宣纸恋》一文刊发过程为例。

吴先生是《居京琐记》专栏的作者之一，我与他的结识也是始于此。1985 年，吴先生寄来《宣纸恋》，写自己从黄山归来对宣纸作为中国画主要载体的思考。他肯定宣纸对于中国画的重要性，但认为不能“唯宣纸至上”，应该“寻找适应新手法的新工具和新材料”。他写出自己的苦恼：“我恋恋于宣纸，但又常思考宣纸所能开发的深度，在宣纸上能驰骋多远……”也许因为这一话题有些争议，文章请丁聪配画后，却压在领导手里迟迟未能刊出，拖延竟达四个多月，这也是编辑《居京琐记》期间少有的波折。

为《宣纸恋》一文，吴先生有两封信与丁聪插图有关，特转引如下：

李辉同志：

我随全国政协考察团去长白山，恰好与丁聪为伴，天天同行，同住一室，我家里去信转告说您要约丁插图，我已与丁谈及，并将《宣纸恋》大意说了一遍。今日与丁一同返京，并读您来信，请直接与丁联系即可，他亦曾谈及您。握手。

吴冠中

卅日

李辉同志：

我昨日刚从山西吕梁山区返京，读悉来信及晚报，谢谢！我早估计是有了不同意见，否则怎能拖延近四个半月，这篇稿子我认为很有意义，至少美术界是特别关心的，如我早投《中国美术报》或《羊城晚报》，很快就会见报的。后来晚报迟迟不发，曾想索回改嫁，但考虑到丁聪同志又画了插图，太难为你了，故只好作牺牲的打算，并已收编入我的文集中。请将这天的报寄我几份。代问薛涌好。

吴冠中

十九日

由上信可见，如果不是丁聪插图，吴先生恐怕早就把文章索回了。

我编辑《居京琐记》专栏大约三年时间，直到 1987 年秋天调离晚报。几年时间里，与丁聪的合作非常顺利。后来，《居京琐记》结集由山东画报出版社出版，成为我们这次合作的一个珍贵纪念。

为《巴金论稿》设计封面

在《北京晚报》期间，我与同窗陈思和合作的第一本论著《巴金论稿》，由人民文学出版社于1986年出版。该书封面我特意请丁聪设计。机缘巧合，2015年巴金故居竟然征集到丁聪的《巴金论稿》封面设计原稿！

陈思和与我在复旦大学期间开始一起研究巴金，历时六年，完成《巴金论稿》，1986年出版，距今三十多年过去。《巴金论稿》是我与陈思和出版的第一本书，对于我们，不只是学术的起步，未来写作的起点，重要的是，这本书的写作过程，伴随复旦校园的美好记忆，一直留存心中。这些美好记忆，与恩师贾植芳有关，与我们两人相互信任、相互弥补的友谊有关。当然，更是与充满思想活力、文化活力的80年代有关。三十多年过去，这种感觉，并没有消失，而是依旧强烈。

丁聪为《巴金论稿》设计封面肖像

丁聪为曹禺改编的《家》画的招贴

再次看到丁聪的设计原稿，当年情景又在眼前。

丁聪与巴金也是有缘。20 世纪 40 年代，曹禺将巴金《家》改编为话剧，公演时，其海报便是由丁聪设计。80 年代初，他又为巴金短篇小说《月夜》插图。我们聊天时，他不止一次谈到对巴金提倡“讲真话”的敬重。为《巴金论稿》我找到丁聪，说明缘由，他当即答应。

很快，丁聪完成设计，我前去取回。他画的是一幅巴金肖像漫画，他的笔下，晚年的巴金低头沉思，传神地表现出写作《随想录》期间巴金那种忧郁痛苦的精神特征。

《巴金论稿》1986 年出版，拿到书之后，我的兴奋难以言表。至今，我仍觉得这一封面设计，可谓上乘之作。

陈思和直到《巴金论稿》出版整整二十年后，才与丁聪得以见面。2005 年 11 月，在巴金去世一个月之后，第八届巴金国际学术研讨会在浙江嘉兴举办，会议邀请丁聪夫妇、黄苗子夫妇、邵燕祥夫妇等出席。会议期间，嘉兴图书馆举办巴金生平展，其中一件展品，便是丁聪当年为《巴金论稿》一书封面所画的巴金肖像。参观展览时，我们两个作者与封面设计者站在巴金肖像前，留下难得的一张合影。四年之后，2009 年 5 月，九十三岁高龄的丁聪因病去世。这次见面，便成了陈思和与丁聪唯一的也是最后的见面。

漫画，需要讽刺的力量

有三种文艺体裁，绝对离不开讽刺——漫画、杂文、相声。就漫画而言，失去了讽刺，只剩下幽默，应该说塌了半边天，很难产生强烈的社会影响——如果连好的幽默都谈不上，仅有一点儿油滑与浅薄的俏皮，那么，漫画也就只能是“小家碧玉”，难有沉甸甸的分量，更无法形成恢宏气象。

画了七十多年漫画，政治讽刺与社会讽刺一直没有离开丁聪的笔，这就是他之所以能有恢宏气象的主要原因——哪怕有时笔被扭曲，哪怕锋芒也曾被磨损。

早在20世纪30年代开始发表漫画时，年轻的丁聪便学会了用批判的目光观察社会。身处光怪陆离的上海滩，他与同时代许多漫画家一样，专注于描绘贫富之间的强烈对比，勾画那些社会暗角的丑陋。

面对瘦弱的工人，大腹便便的老板在背后正将大把大把的钞票偷偷往抽屉里放，嘴上则叼着烟吐出一句话："厂里实在一个钱也没有了。"——这是他在1934年十八岁时画的一幅漫画。大街上满脸刁蛮和专横的小流氓与若无其事的妓女站在一起。——这是《白相人与野鸡》的画面。一位舞女搂着外国老头跳舞，亲热地说："我顶喜欢你老先生了！大林。"——这是年轻的丁聪在舞厅现场观察所得。

丁聪最初显露出的这种社会讽刺的特点，在后来的创作中蔚为大观，它与政治讽刺往往密不可分，融为一体。讽刺漫画成为他的创作中最有分量的作品。

就现实战斗性和社会震撼力而言，丁聪在抗战时期和内战时期的政治讽刺画，无疑最为突出，也最能反映出他的锐气。一幅《现象图》长卷，形象勾画出抗战后期的政府腐败和社会惨状。贪官、伤兵、淑女、官商、穷教授、沽名钓誉的画家……形形色色的人物，构成了真实的现实生活画面。三年后，他创作的另一长卷《现实图》成为《现象图》的延续。内战风云中大发战争财的中外商人、饥饿中的穷人、被迫上阵的炮灰……在丁聪的笔下，不同性质的人物排列一起，便成了那个时代的缩影。

当年的丁聪呼唤着民主和自由，对法西斯式的独裁统治有着天然的批判精神。一幅《无所不在的"警管制"》，把现实生活中的阴影形象地描绘出来；一幅《"良民"塑像》，以嘴巴被锁住、思想被当局检查限制、耳朵被收买的形象，辛辣地讽刺当时没有言论自由的中国现状；一幅《“公仆”》，讽刺社会的不平等，骨瘦如柴的民众驮着自称“公仆”的达官贵人们匍匐前行……

“文革”后，在谈到自己的漫画创作道路时，丁聪说过这样一句话：“革命之后，我发现有一些事可以讽刺，但有人告诉我，如果我要画漫画，不要去讽刺，只能赞颂。”这便是一个早已习惯了用自己的眼睛观察社会、用自己的自由精神反映世界的丁聪走进新时代的困惑。当然不限于歌颂功能，漫画一时间更是政治批判中必不可少的工具。漫画似乎还存在，但漫画家个人的独立思考却没有了踪影。演绎政策，空喊口号，甚至不惜对被批判者进行人身攻击，这便是历次政治运动中漫画这一形式所表现出来的尴尬模样。在那些日子里，漫画的讽刺功能被扭曲了。

1985年，我陪同学胡平去采访丁聪，准备为他写一篇报告文学。走进丁家，介绍他们认识之后，我便很快就离去。我告诉丁聪，胡风刚刚去世，我要赶去看望梅志。丁聪对我们说了他在1955年“反胡风运动”中的经历：“头两天我和胡风还一起在怀仁堂开会，没过两天，他就成了‘反革命’。我相信了，还画了不少幅他的漫画，后来才知道……这真不好……”他想说的话很多，但看得出，他一时又不知从何说起。他摇摇头，脸上是内疚，是无奈。

一次我买到1955年新文艺出版社出版的一本批判胡风的诗集，其中封面选用了丁聪的一幅把胡风画为毒蛇的漫画。我把书拿去请他看，他皱皱眉头，叹一口气。沉吟片刻，他在漫画下面写了这样一句话：“我认识胡风，也熟悉，但迫于形势，我也随大流画了这张画。现在回过头来看，很痛心。”这一年，丁聪八十九岁。

回首往事丁聪不能不为之沉痛。他没有摆脱漫画讽刺功能被扭曲的命运。他曾想适应新时代，努力不被新时代抛弃，但仅仅两年之后，他遭遇到与胡风同样的命运，和其他所有“右派分子”一起，也成了被漫画丑化的对象。

内疚与反省，留给了六十岁之后的丁聪。他重新找回了艺术家的自我，又挥舞起漫画的讽刺之剑。20 世纪 80 年代他创作的诸多主题鲜明、尖锐的讽刺漫画，表现了一个知识分子的历史忧思，与巴金、冰心、萧乾、施蛰存等人的文字作品和方成等人的漫画作品相互呼应，一起构成了 80 年代思想解放时期至为重要的文化景观。

斯人远行，怀念相随

1987 年 10 月，我离开《北京晚报》调至《人民日报》，一个年轻编辑与画家前辈的关系依然延续。许多年里，我和丁聪夫妇的交往从未中断。再后来，我们成了常常相聚的忘年交——一起吃饭，一起喝咖啡，一起到上海寻访他的旧居……像他及身边的朋友们一样，我们也把丁夫人沈峻称为“家长”。

我为丁聪编写过一本画传《丁聪：画卷就这样展开》，收入“大象人物聚焦书系”。拿到画传，他在扉页上为我题跋如下：“编了一辈子画报，终于有人为我搞了一本画册。谢谢你，辛苦了！李辉。丁聪，八十有五。二〇〇一年秋，北京”。那天，是一次小范围的聚会，我请方成、谭文瑞、姜德明、陈四益、汪家明、杨进等友人也在书上签名。难得的是，高莽先生当场在衬页上为我画像，还写了一段风趣的题跋。

一次，我去丁聪家，他们夫妇拿出几大本剪报。“你看这些陈年芝麻。不知塞在哪儿，早就忘了。”似乎不太在意，话也说得轻描淡写，但我能感觉到他们有意外发现的喜悦。

《北京小事记》——这是专栏文章的总题。

1962 年，丁聪以“右派分子”戴罪之身从北大荒流放回到北京。不久，他见到了老朋友龚之方。龚之方系老上海一位著名报人，当时

丁聪画北大荒宿舍

他在香港《文汇报》驻北京办事处工作。1963 年起，龚之方邀请丁聪合作，由他撰文，丁聪配图，在香港《文汇报》上开设专栏《北京小事记》。在两年时间里，他们联袂主持这个专栏，用短文和漫画描述当时北京的日常生活。

对丁聪来说，这一机会尤为难得。

没有什么比放下手中的画笔更让丁聪难受的。从 20 世纪 30 年代初爱上画画而选择美术为终身职业之后，他从未忘情过画笔。走到哪里，画到哪里。抗战期间的流亡途中，他未曾放下手中的笔。即便成为“右派”被发配到冰天雪地的北大荒，他也没有闲着。偷着画，或公开画，都让丁聪感到生命的充实，感到精神有所寄托。用他自己的话来说：“正是这些画，帮我度过了最艰难的时刻，使我恢复了自信和乐观。”

在北大荒，丁聪画右派分子们住的草房和修水库的劳动场面，画印象中的当地农户与猎户，画劳动者的生活风情，画自己经历的故事……材料有限，他往往在牛皮纸上用白粉和毛笔画出木刻效果的作品，当年阅读的美国版画家肯特的作品，重又活跃在他脑海里，细腻的线条，勾画出人物的力度。他也用颜料画一些彩墨画，画面洋溢着浓郁的生活气息。

我曾写过一段关于丁聪的文字："如果将丁聪一生创作的数千件作品作为一个整体来看，它们无疑如同一幅历史长卷，记录着不同时代中国的社会现状。30年代的上海滩、抗战、内战、抗美援朝、政治批判、北大荒劳改、改革开放……除了'文革'，他所经历的不同历史时期，或多或少都在他的作品中有所反映，留下不可磨灭的痕迹。在这一意义上，我认为丁聪是一位具有历史感的画家。"

现在来看，我的话不准确。在北大荒劳改与改革开放之间，还应加上"60年代初"。无疑，丁聪为《北京小事记》专栏创作的数百幅作品，在他的艺术生涯中是一个不可忽视的阶段。他将过去擅长的漫画、速写、封面设计等形式加以灵活运用，生动描绘出当年的北京风俗、社会场景以及大量文化人物肖像。这些作品所呈现出的特点，他在"文革"之后的创作中又有了新的发展和更为突出的体现。譬如，我觉得他后来为老舍小说画的插图，以及大量文化人物肖像漫画，与《北京小事记》显然有着承继关系。从这一角度而言，四十年前做的所谓小事，对丁聪却又不能不说是他漫长生涯中的一件大事。

诸事均有大小。然而，何谓大，何谓小，往往又难以说清。其实，许多事情一旦在时间中流动，大与小也就随时可能相互转换。昨日之大，也许今日已显得不那么重要；而昨日之小，说不定忽然之间在人们的视野里显得竟是如此之大。受历史条件和环境所限，《北京小事记》当然缺乏对当时社会状况的全面、客观而深刻的反映，更不可避免地带有宣传色彩。但诚如专栏名称所言，作者是在用自己的眼睛和笔，记录历史大场景中的"小事"。今天看来，诸多生活琐事却包含着大量的历史信息，为读者和专家们解读当时的政治、经济、文化、风俗等提供了丰富而形象的细节，这是文件和教科书无论如何也无法替代的。正如辛弃疾词中所吟：一丘一壑也风流。

后来，我将这本书整理，更名为《北京小事》交由花山文艺出版

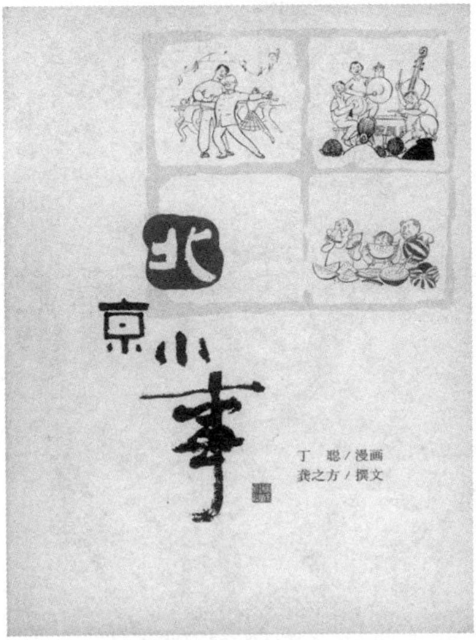

丁聪《北京小事》书影

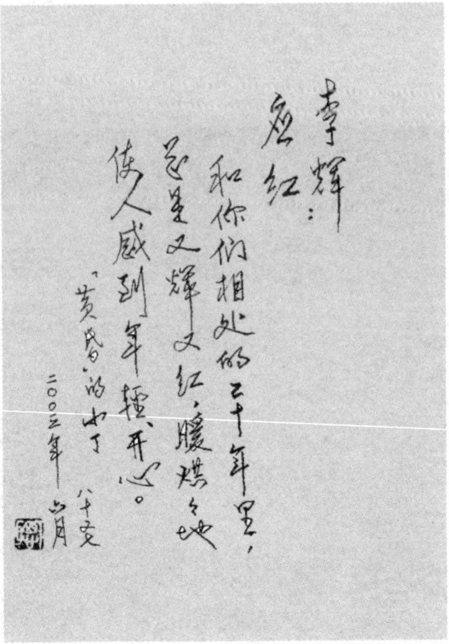

丁聪在《北京小事》题跋相赠

1977 年自画像

1957 年 1 月丁聪、沈峻结婚之际

与丁聪、沈峻夫妇在一起

2007 年新年，庆贺丁聪、沈峻金婚并祝贺丁聪生日
前排左起：郁风、沈峻、丁聪、黄苗子

社出版。得感谢龚之方和丁聪，用他们的笔，为20世纪60年代的中国社会生活，留存不可多得的历史细节。

2009年5月，最后一次见丁聪。我们夫妇去病房探望他，沈峻说他已昏迷不醒好几天，眼睛也没有睁开过。我们交谈时，丁聪忽然睁开眼睛，没有我们过去熟悉的眼神，可是，他的眼角却有一滴泪水流出。一个感动的瞬间，令人难忘。

丁聪走了。他逝世当天下午，沈峻打来电话对我说："他生前的遗愿，一切从简，不举行告别仪式，骨灰也不要。他常说自己来世上走了一趟，很高兴做了一件事，这就是画了一辈子漫画。"

一个人的一生，就此翻过。

在追怀丁聪的日子里，我找出他的来信。读他的可亲可爱，读他的不厌其烦，读他对我的埋怨和宽容……当年不到三十岁的我，竟是那么不懂事，常常不客气地"逼"他又"逼"他。三十多年来结识的前辈，大多已经去世，现在，为他们配画的丁聪与他们会合。几年之后，"家长"沈峻也走了，在天堂他们夫妇不会寂寞。

丁聪百年，漫说缘分。胖胖的、笑眯眯的丁聪，在我心里从来没有离开过……

完稿于2017年，北京看云斋

董鼎山

——天下真小，小桥很长

唐德刚一席话改变董鼎山

江苏文艺出版社新出《董鼎山口述历史》，捧读再三，诸多往事，清晰如初。

诚如董鼎山先生所说，20 世纪 90 年代初，曾有出版社希望他和董乐山一起写回忆录，两者汇总，可以呈现兄弟两人的不同历史。我也曾请董乐山写回忆录，但只写了几万字，各种缘故，未能完成。两个兄弟，生活在不同国度，亲历不同世界，假如真能如实叙述，必然与众不同。现在想来，真是一大遗憾。好在有了这本《董鼎山口述历史》，可以让我们走进他们的家族往事，走进兄弟之间的悲欢离合，看一位远在纽约的记者、作家，如何在“文革”之后，为中国读者以笔搭建起一座了解西方文化的大桥……

“口述历史”这些年在中国渐成潮流，方兴未艾。这一领域的开创者，非唐德刚先生莫属，他关于胡适、李宗仁、张学良等人的口述历史，已被视为经典之作。记得 1981 年我就读复旦大学期间，从美国归国讲学的唐德刚，曾来到我们学校，在大礼堂里为我们讲述他的写作经验。其实，那个时候我们还无缘读到他整理的口述历史著作，不过，他所提及的人物与历史，他的采访经验，对我这个学生来说，茅塞顿开，本来就对历史感兴趣的我，第一次知道走进历史的途径有许多方式。走进 20 世纪 80 年代，唐德刚的口述历史著作陆续引进出版，如《李宗仁回忆录》《胡适口述自传》《胡适杂忆》《顾维钧回忆录》等，他为我们打开了一扇敞亮的窗户，可以走进历史深处。

说来也是一个巧合。唐德刚于 2009 年去世，董鼎山就寄来一份复印件，是他 1989 年所写的《我的朋友唐德刚》。他在复印件上写道："李辉老弟：此文写于 1989 年，30 年了，朋友提醒才知，原来刊在国内何一刊物，已忘了，后来收在《留美五十年》文集中。巧妙的是标题与近来一短文相同。"（董鼎山记忆有误，应是 20 年——引者）读此文，方知他们早在 50 年代的纽约就是熟悉的好朋友。他写第一次见到唐德刚："他的孩子气的脸总是笑眯眯。我一下子就喜欢了他，与他开玩笑。他是满口皖语的安徽人，他的话我听不大懂，而我来自上海，喜欢开玩笑、吃豆腐。"董鼎山对唐德刚心存感激。一次在哥伦比亚大学咖啡馆的谈话，唐德刚建议董鼎山，既然如此爱书，何不攻读哥伦比亚大学图书馆硕士学位？董鼎山写道：

> 对德刚当年的改业忠告，我的感激是无尽的。职业生涯的转换不但没有影响我的写作，而且反而增多了我的发表机会。阅读新书的便利增长了我的知识，促成过去 10 年来我对祖国读书界的服务。同时，回国机会的增多，也替我在英文作品发表方面开了方便的路。《纽约时报》《美联社》《洛杉矶时报》及期刊等都发表了我对中国见闻的报导。近年来，《时报书评周刊》与《新领袖》杂志编辑特约邀请我写书评，更使我有满足之感。这种心境，是 30 年前所难以想象的。
>
> （《我的朋友唐德刚》）

大学毕业曾在上海《辛报》《申报》当过记者的董鼎山，在纽约咖啡馆，因唐德刚的一席话，人生走向从此改变。

在《董鼎山口述历史》中，董鼎山回忆50年代通过唐德刚，他认识了胡适，也与“白马社”文艺社团的一些社员成为朋友。“白马社”的成立，受到胡适鼓励。他的印象中，胡适虽已退休，其精神却犹如少年，喜欢与青年人为伍。与前辈、与文友们的相聚，让董鼎山感到温暖。他与唐德刚等人曾合作创办《海外论坛》刊物，大家集资

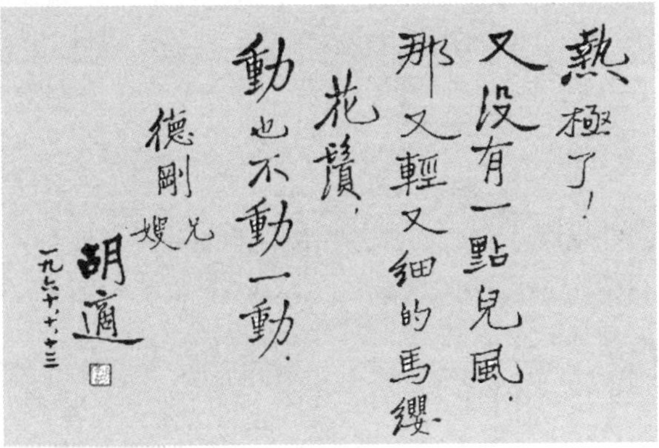

胡适题赠唐德刚

2009 年 11 月董鼎山寄来一册《海外论坛》

董鼎山在刊物背后提到与唐德刚等人一起编辑《海外论坛》

编辑，在香港印刷。刊物出版两年，得到胡适支持，曾在上面发表《曹雪芹小像的考证》。可惜这些杂志他已遗失。

正是参与文学社团、创办刊物、为不同杂志撰文，使董鼎山具有不同视野，从而在多年之后，为读者带来不一样的书中天下。

天下真小，桥梁很大

董鼎山与董乐山故乡在上海，生于斯长于斯，与上海情感深厚。兄弟二人，均就读于圣约翰大学。

董鼎山 1947 年离开上海，时隔三十一年，1978 年重返中国。逗留北京时，董乐山带来几位好朋友与哥哥见面，其中就有 1946 年董鼎山在上海结识的冯亦代。冯亦代正在参与创办《读书》，他当场约请董鼎山开设一个专栏，介绍美国文化与出版。董鼎山说自己已经多年不用中文写作，怕写不好。冯亦代说他们会修改文字，但文章内容不会修改。董鼎山同意了，一座文化桥梁，由此在《读书》上搭建而成。正是这一次的归来，他与中国读者从此有了亲密接触。

的确，我们这一代读者，是在创刊不久的《读书》杂志上，渐次拜读到董鼎山介绍关于美国文化的文章的。对外交流刚刚开始之际，在我们眼中，董鼎山的文章就是一座不可缺少的桥梁，让我们看到不一样的文学风景。1984 年，他在《读书》上发表的文章与香港《大公报》副刊上发表的文章，结集为《天下真小》，列入第一批“读书文丛”，由三联书店出版。董鼎山在《天下真小》后记中的第一句话就说：“这本集子的能出世，首先得感谢老友冯亦代兄。”

董鼎山的第一本书起名为《天下真小》，源自 1979 年在《人民日报》《战地》副刊（现为《大地》副刊）发表的文章《天下真小》。他写道，美国人通常谈话时有一句口语：“It’s a small world！”即中国所说的“天下真小”。他的这篇文章写得很妙，叙述他在美国几个场合与不同的美国朋友聊天时，竟然谈到的朋友各自都认识。譬如，他与在上海当记者期间认识的《纽约时报》驻华记者瓦尔特·沙利文，时隔多年见面，发生下面的故事：

> 贝玛丽于一九四六年至四七年在上海美国新闻处任职，因不满当时美国的对华政策，愤而辞职，到美国友人鲍威尔办的《密勒氏评论报》任记者，与当时《纽约时报》驻上海记者沙利文相识，后来结了婚。
>
> 贝玛丽说，她当时在上海也认识几个文化界人士。
>
> 我说：“我在上海时有一个姓冯的文化界老友，去秋在北京一家旅馆中见了面，他现在在编《读书》杂志。”

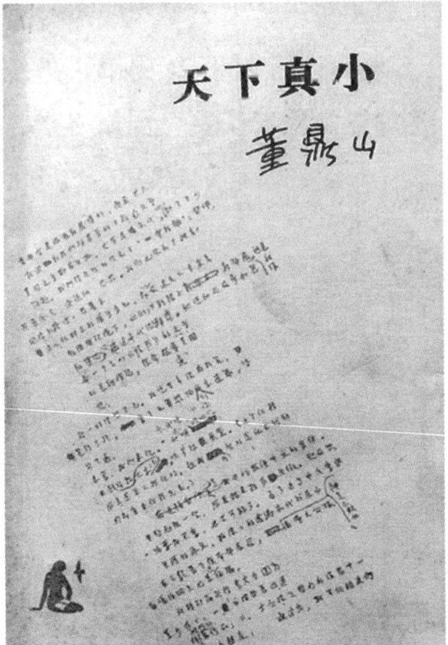

1984 年董鼎山《天下真小》

《天下真小》扉页“鼎山敬赠”钤印

贝玛丽说："我们也认识一对冯姓夫妇。男的名字是冯亦代，女的是安娜……"

话音未了，我惊喜地大叫："你的冯姓朋友同我的冯姓朋友是一个人！"

"天下真小！"室内五个人异口同声地叫了起来。

这一齐声的欢呼，成了中美两国人民友谊的一个小小象征。我想不到在纽约曼哈顿东区的一家公寓客厅中，竟能与四个热爱中国的美国友人畅谈过去，真是件极为兴奋高兴的事。就在这一瞬间，我突然发现自己成了一个历史、地理、时间、空间的小小纽带，把中国的过去和现在，把远隔重洋的中美人民的友谊联系在一起。

天下真小，董鼎山搭建的这座沟通中外文化的桥梁，却很大，很大。

说来我有一件愧对董鼎山的事情。2004 年，我为湖北人民出版社策划一套"人踪书影文丛"，第一批有六种，作者：郁风、袁鹰、邵燕祥、陈子善、赵丽宏、李辉。接下来我计划 2005 年出第二批。我想到了董鼎山，去信请他也编选一本加盟。他很认真，很快寄来几十篇文章，由我挑选。

这一年年初，冯亦代去世，我很快告诉董鼎山。他在 4 月为此书所写的序里，开篇即写他与冯亦代的友情：

我将这本书献给刚去世不久的老友冯亦代。亦代逝世之讯乃是李辉首先告我，他同时向我邀稿出书作为他新编丛书的一部分。凑巧我正在找求出版社，原意是希望出书后能给亦代看一下。我在国内出书已约二十种，从第一本一九八四年的《天下真小》开始，大半就靠亦代助成。他曾替我写序多次，现在我是自己动笔，就把这篇序文当作纪念他的文字吧。

亦代不但是好友，也是良师。廿余年前，他协助陈翰伯、陈原、史枚诸位先生筹备《读书》出版时，我恰巧回国作三十一年来首次探亲访问。亦代相见后马上邀我写个报导美国文学、文化、出版情况的专栏，如此开始了我在国内的第二个写作生涯。几本文集的得以写成都是开端于他当年的鼓励。他的去世可不是表明我自己生命也快到尽头？近来因老弱多病，作文已不如以前起劲，因此我特别珍视这本文集的出世，先得在这里感谢李辉的助成。

《读书》筹办期间，冯亦代能够拥有不一般的眼光，把视野投向西方读书界，可谓一大功臣。《读书》主编沈昌文先生在《阁楼人语——〈读书〉的知识分子记忆》一书中，有一篇颇长的自述《出于无能》，其中有一节“另一位老人”，谈的就是冯亦代。沈昌文写道，通过冯亦代《读书》约到金克木、董鼎山、韩素音等人文章，拓展学术小品的领域：

冯先生当时担任《读书》副主编。他同史老两人，一主外，一主内，是领导我们大家的两位副帅。冯先生对《读书》的贡献应当说像海上的冰山，能看到的只是一角，大量淹没在海水之深处。

……

现在他卧病斗室，我每次见他，总不免想起这些往事，而不胜惆怅。

写董鼎山我不能不想到冯亦代，一位为《读书》立下汗马功劳的前辈。他不仅约来众多名家文章，他的《西书拾锦》专栏，也为中国读者带来西方文化的信息。他告诉我，他从美国、英国订了英文的书评周刊，从其中择取自己感兴趣的内容，介绍给读者，而其中一些报纸是董鼎山从纽约寄来的。读董鼎山的序，我完全可以理解他对冯亦代去世之后的那种“兔死狐悲”的伤感：

二〇〇五年是令我起了兔死狐悲之感的凄伤的一年。与我同辈的各作家有好几位在新年开首数个月中逝世。除了冯亦代以外，美国文坛有三位巨星先生陨落：苏珊·桑塔格、阿瑟·米勒、索尔·贝娄。我都写了纪念文字，列在本书最后数页。现在我对自己的疑问是：这本文集是不是我的最后一部，我想，替我问路的冯亦代可以了解我的心情。

（摘自董鼎山《序》手稿）

遗憾的是，“人踪书影文丛”第二批未能如期出版，这部集子的文章一直压在手中。前几年百花文艺出版社开始出版董鼎山作品，我才寄给编辑。如今想来，真的愧对先生厚爱。

2010年9月范用先生去世，借祝贺中秋快乐之际，我给董鼎山发去电子邮件，特意谈到《天下真小》的出版：

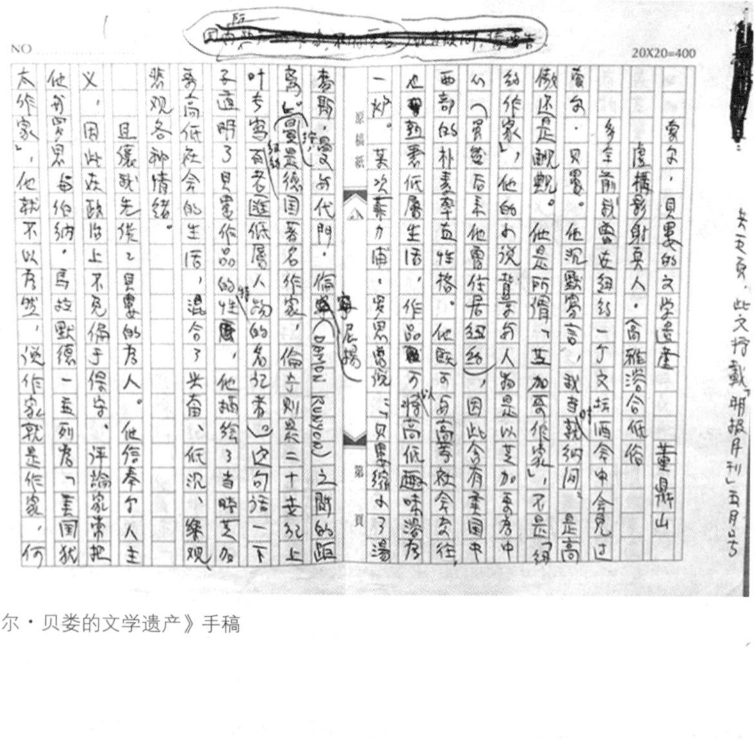

《索尔·贝娄的文学遗产》手稿

董先生：

好。明天就是中秋节，在此遥祝赏月愉快！身体健康！又读《散文》上你的新回忆录文章，读到“练出胳膊好肌肉，腿还是细细的……”这一结尾部分，我笑了。这是充满情趣的回忆，足显出你如今的乐观精神和写作灵动，为你高兴！这样一本以小显太的个人回忆，值得你一直写下去。期待中。

前些日子去了上海，看了黄宗英，她仍在医院中，但也还在不停看书写文章。顺告。

范用去世消息想你已获悉。一个杰出的出版家，你的《天下真小》，记得就是经他之手出版的。有《读书》，读者才有幸能读到远在纽约的你的文章呀。

匆匆，我和应红都问候你和夫人！

李辉

董鼎山当即回复如下：

李老弟：

我不知道范用已去世。老朋友一个一个倒了，令我唏嘘。我只怕自己没有时间写完回忆。

前几天重新翻阅您翻译的 Peter Rand 写他父亲与同事，又起一阵感慨。

鼎山

实际上，自从获知冯亦代去世消息后，几次来信，董鼎山总是会谈到身体状况，颇有“灯枯油尽”、面对“去世”的凄凉之感。

2011 年 2 月 28 日，董鼎山于午夜时分写来一信：

李老弟：

谢谢。您可好？我近来越来越感老弱病痛，晚上不能入睡，就坐在这里开了电脑打发时间。眼花不能阅读。我妻不准我服安眠药，唯恐服得太多，醒不回来。日前曾跌在地上，爬不起身来，行路困难，才知末日即将迅速来临，万事未成，心更不安。在此发牢骚，望您原谅。

鼎山，

半夜二时

2015年1月12日，董鼎山写来一信：

李老弟：

多谢谢您与宗英的照片。她看来很健康，令我高兴。我自己已行动困难，日靠老妻，她已85，我每日只望能平安去世。望您们新年如意。

鼎山

与董鼎山的最后一次通信，是在2015年11月24日。我从上海归来，告诉他又见到他的老朋友黄宗英，并且计划出版《黄宗英文集》一事：

董先生：

黄宗英1925年出生，今年7月已过九十岁，附件是我们俩的合影。我正在策划为她出一套《黄宗英文集》，约四卷本，想赶在明年生日出版，作为贺礼。想念你。我计划明年上半年来美国，期待再次见面！

李辉

董鼎山当即回复：

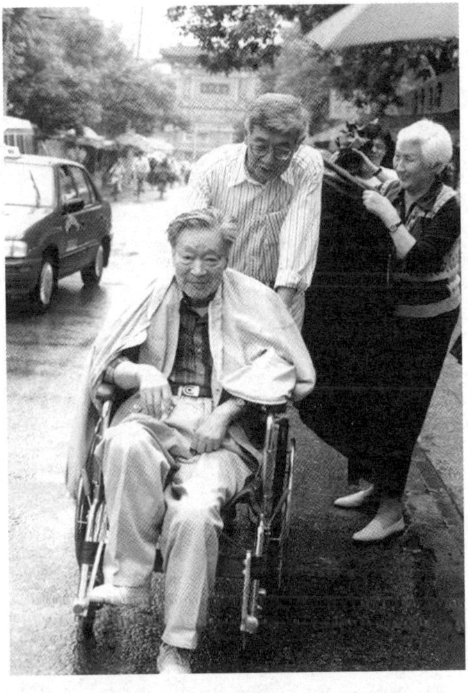

董鼎山归国看望冯亦代、黄宗英

董鼎山与黄宗英热情拥抱

辉，经常挂念您，妻去世后，更是孤寂，近来身体不佳。宗英也90岁吗？

鼎

哪里想得到，不到一个月，董鼎山于12月19日去世。他一直念叨的“死亡”真的来了。在另外一个世界，他与妻子、与弟弟董乐山再相逢。

兄弟之间

我第一次见到董鼎山，是在1997年秋天。我开车去酒店接他，先去看望冯亦代、黄宗英，再送他到位于团结湖的董乐山家中，然后离去。

就是这一次的归来，董鼎山与董乐山兄弟之间的冲突爆发。

这年4月，董鼎山在香港发表一篇书评，评论一位美国专家所写的一本关于中国和美国是否会发生战争的书。董鼎山认为，中美虽然在意识形态上和许多事务上存在矛盾、有冲突，但根据国家关系的发展来看，就中国利益本身而言，中美之间不可能爆发核战争。董乐山却不赞同。他认为董鼎山在美国，不了解中国的情况，不应该如此说话。我印象中的董乐山是性情中人，疾恶如仇。董鼎山后来告诉我，他到北京与董乐山见面，董乐山大声斥责他，吃饭后两个人冷冷地告别，这成了兄弟俩的最后一次见面。董鼎山告诉我，董乐山此后对他的态度十分冷淡，颇为不耐烦。他从美国打电话问候病情，弟弟的回答也很冷淡。他想从美国回来看弟弟，弟弟说不要他去探病。兄弟之间，从此失去和解重逢的机会。一年多后，董乐山去世。董鼎山因生病，妻子又做心脏第三次手术，未能回国吊唁。董鼎山曾问过侄子董亦波：“你父亲去世前有什么话留给我吗？”董亦波回答说父亲没有一句话留给他。董鼎山听了，颇为难过，也很悲凉。

曾经亲密无间的兄弟，最后竟是如此无奈的结局。

董氏兄弟之间的隔阂，最令冯亦代、黄宗英两人关心。此时，冯亦代因中风，身体在恢复之中，主要是由黄宗英在中间斡旋劝导。这也是为何董鼎山每次得知黄宗英情况，很快都回复我的重要原因。黄宗英2003年返回上海治病之前，把他们信件的复印件留我一份。黄宗英1998年7月致信董乐山，用心良苦从中可见：

乐山：

[想叫“弟”，因为想训训你，又总是拿不准你大还是我大，赶快查《中国翻译家辞典》，见189页，还是你比我长一岁，在李文进（?）家比过，多次比过，总是忘，不服气你比我大。]

我不管你的病情，那主要是医生的事，你自己也少管！

……

你此刻思维能力、运笔能力总比亦代强吧？

你必须写点儿什么，只为大病之身移情，你费点儿劲，开开头，写点儿什么！

首先给你哥鼎山写封平安信。

只有看到你的手迹，哪怕两三行，他也会宽心得多；不然他会胡思乱想的。亦代病了，我在上海，听不到他说话（他女婿有手机，至少可以跟我说两句话），见不到他一行字，我真当亦代已经成了植物人了哪！写几行，别让哥远隔万里日夜牵念。

再有，只写些断章残句，两三行也行，多些也累不着，习惯于脑力运动的，一旦停下，有氧细胞也不活跃了。真的，自己想通了，胜过世上一切良方妙药、灵丹、神医。

小妹姐、你二嫂子

98.7.3 书

董鼎山同年8月致信黄宗英，告知他每个星期都会从纽约打电话到北京，从董乐山夫人凌畹君那里询问弟弟病情：

宗英小妹：

多谢你的来信。知道乐山也有你的照顾，令我心慰。突然间，我们都老了，多年的友情更是宝贵。上次来访时，见到亦代情况，很伤感。有你在一旁，我放心得多。这次信中看到亦代的写字，很清楚，高兴极了。我在这里虽是与你通话，但这信也是给亦代看的。

我与畹君每星期通电话一次。总是周末。听她说，乐山即日将受第二次化疗。这种医疗的反应总是脱头发，呕吐，恶心，胃口不好。我们都是了解的，但将来头发会复生。

……

目前我的情绪很低落，因许多亲友（包括美国友人）都老的老病的病，倒是蓓琪给我鼓励，她对人生乐观，虽自己身体不适，从不沮丧。我的唯一乐趣是读书写文，有些发表，还是觉得心慰。以前每年必出外旅行三四次，现在回国一次，已觉累了，但我还是希望明年再来。

祝好

鼎山

98/8/20

几个月后，董乐山去世，董鼎山因为妻子要做手术而未能赶回，他为此而深感遗憾。

董乐山去世十周年前夕，董鼎山于2008年12月9日完成一篇长达十页的《兄弟之间》，第二天，他把稿子快递寄我，信中说：

李辉老弟：

奉上《兄弟之间》纪念文，我自己读了也觉得写得过分，无意间我在想着乐山那天对我的申斥。

不发表也无妨，给您留纪念吧。

祝新年快乐。

鼎山

08/10/12

在《兄弟之间》文章里，董鼎山详细叙述了他与董乐山一生的交往、兄弟情谊和最后的矛盾冲突。他的遗憾和不解，他对宽容的认识，尽在其中。董鼎山写道，自己和董乐山生活在不同文化背景之下，弟弟的情绪他能理解，但是令他难过和难以接受的是，彼此观点的不同却影响了亲密无间的兄弟情谊。这篇文章，作为附录，收在《董鼎山口述历史》一书中，细细阅读，仍然令人感慨无限。

不过，或许无心插柳，就在两兄弟发生矛盾之际，一本书的翻译，使我无意之中，在他们之间起到一个万里隔空的沟通作用。

董乐山于1997年患癌症，我前去探望。他站起来，从书架上递给我一本董鼎山寄来的书 *China Hands*（《中国通》），作者 Peter Rand（彼得·兰德），副题为：美国记者在中国革命中的冒险与磨难。他说："这本书你可能会感兴趣。你要是翻译，我可以帮助你。"这一提议令我为之兴奋。我相信他的眼光，同时，有机会在他的指导下进行翻译，更是难得的机会。我欣然同意。他说，你要联系作者的版权得找董鼎山，因为这本书就是董鼎山从美国寄来的。他把董鼎山的地址写给我，我致信董鼎山，说是董乐山推荐我翻译这本书，我现在需要和作者取得联系，看他能不能帮忙。董鼎山在纽约，常为《纽约时报》撰稿，他在一次新书酒会上与《中国通》的作者彼得·兰德相识，他很快帮助我与兰德建立联系，翻译如期进行。

翻译此书过程中，我在《寻根》杂志开设一个专栏《在历史现场》，写与之相关的外国记者与中国的故事。文章引起央视纪录片频道制片人陈晓卿兄台的关注，他提出拍摄八集纪录片《在历史现场——外国记者眼中的中国风云》，希望我来撰稿，并去美国搜集相关影像资料，拍摄《中国通》作者的访谈。

于是，我有了2001年夏天的美国之行。在纽约期间，我前去看望董鼎山。他告诉我，当时他和董乐山都认为这本书有翻译价值。不管如何，我很欣慰，翻译这本书成了他们兄弟之间最后的关联。

那天，董鼎山兴致颇高，一定要请我到外面吃饭。吃饭之间，他谈董乐山在美国期间他们的愉快旅行，谈兄弟重返上海的快乐时光，谈最后一次见面的冲突爆发与内心凄凉……

我每到一个城市，喜欢逛旧书店。董鼎山说，我们吃饭附近就有纽约最大的一个旧书店。饭后，他带着我一路行走。走到一条街道，他指着一幢房子说，这是著名短篇小说家欧·亨利的故居。走进纽约这家最大的旧书店，我买到十几本与中国相关的书，包括《时代》创办人鲁斯的传记《鲁斯和他的帝国》。没想到，三年后，我真的在《收获》杂志上开始《封面中国》的写作，一写，竟有十二年。

在写《封面中国》过程中，我遇到上海地名、商店名称的翻译，遇到内战期间的史实无法理解时，总会去信请教董鼎山，他会很快一一回答。一次，我把汇总的一些上海地名、店名等发过去，很快，他予以回复：

Park Hotel——国际饭店，即人民广场大光明影院隔壁的

Wing On——永安公司

Sincere——先施公司

Sun Sun——新新公司，（百货商场）如上二个

the Sun——？不知，也许是报纸名，请附全句，如是百货商店，

那么是大新公司

Swank Stores——华贵时髦商店（与您所猜相反）

Shanghai Club——上海俱乐部（英国人开的）？总之，是外侨所开

Cathay——原名华懋饭店。解放后改为和平饭店

Palace——？是不是饭店？请给全句。[突然想到，Palace 如是饭店（与和平饭店相对），那么，那时叫汇丰饭店。今日叫什么？我想我所记得的都没错]

这是 2010 年的回复，董鼎山八十八岁，米寿之年。他的记忆，如此清晰。我一直感慨自己是个幸运的人。没有董鼎山、董乐山兄弟的帮助，我不可能完成《中国通》的翻译工作，更不可能完成《封面中国》的写作。读《董鼎山口述历史》，怎能不对他们深表谢意?

唯愿他们兄弟之间，在天堂重归于好，情谊再续……

完稿于 2017 年 2 月 23 日，北京看云斋

董乐山

——找一片天空自由呼吸

没有想到，几个月前，在“废纸帮”的公众号里，竟然见到1999年1月三联书店举办的董乐山先生追思会的签名册页。毫不犹豫，我以不菲价格将之买下，不只是因为上面有一些前辈的签名、有我的签名，更在于将之留存，与我对董先生的感激之情融为一体。

机缘巧合，难以忘怀。

董先生去世于1999年1月16日。时间真快，这篇文章在《环球人物》2017年1月下旬发表时，他离开我们已经十八年了。人虽远去，但他翻译的诸多重要作品，如《第三帝国的兴亡》《红星照耀中国》《一九八四》《巴黎烧了吗？》《西方人文主义传统》《苏格拉底的审判》等，堪称翻译经典之作，与一代又一代读者相伴同行。

这本册页首页上，由我们报社前辈袁鹰先生题写一句“无尽的思念——送乐山远行”。翻阅册页，在上面签名的好几位前辈先后离开我们——李慎之（2003年）、梅绍武（2005年）、陈乐民（2008年）、黄宗江（2010年）、傅惟慈（2014年）、楼乾贵（2014年），他们去找好朋友董乐山去了。

认识董先生很早。1984年前后，我在《北京晚报》编辑《五色土》副刊。这一年，我开设《居京琐记》栏目，邀请居住北京的五十岁以

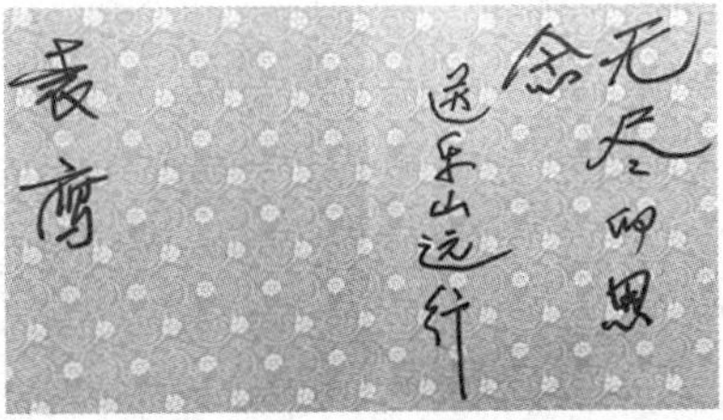

袁鹰先生题写“无尽的思念——送乐山远行”

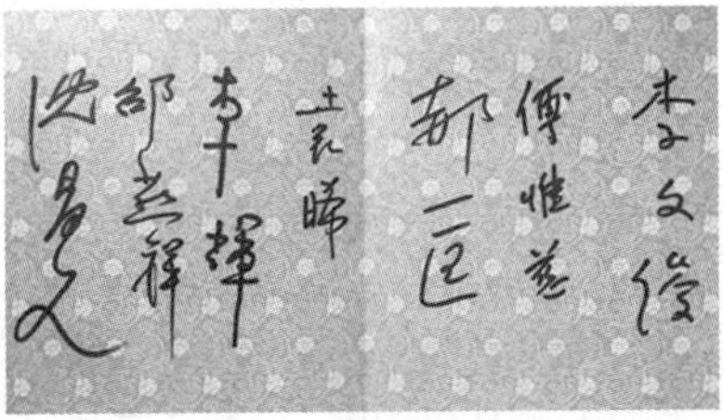
签名之一

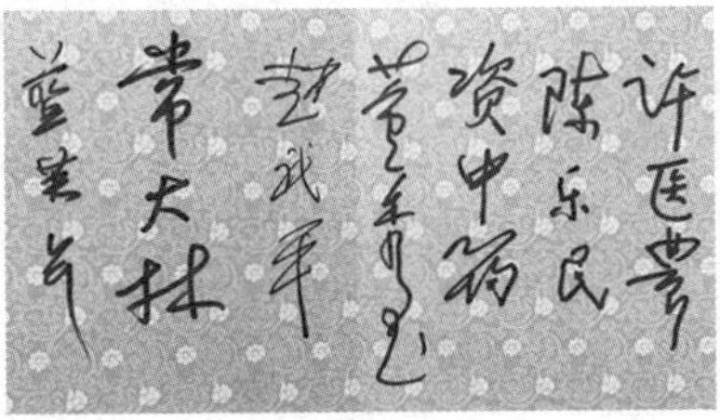
签名之一

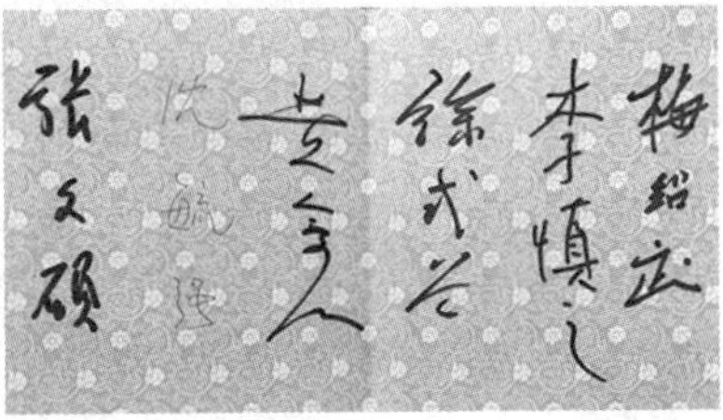
签名之一

上的文化界名家来与他们的日常生活，并约请丁聪先生为文章配图。我当时一口气寄出了百十封约稿信。令人兴奋与感动的是，收到约稿信的文化界名家，陆续寄来了他们的得意之作。

翻译家里面，我约请了叶君健、罗大冈、王佐良、董乐山。董先生寄来他的第一篇“居京琐记”，题为《问路》。文中董先生谈到所住的团结湖小区道路难寻一事：

> 凡是初到北京的人，不论是旅游的，还是办事的，每天出门第一件犯愁的事，就是问路。不仅外地人是如此，就是像我这样居住北京达三十五年之久的“老北京”，也越来越为问路感到发怵。
>
> ……
>
> 可如今不同了，即使你看准了一身打扮、气度准是老北京无疑的

丁聪为董乐山《问路》一文配漫画插图

> 人，上去一打听，十有八九他也会摇头。我在团结湖附近住了已有五年之久，每天还到邮局报摊转悠转悠，可是至今还没有搞清楚团结湖路、团结湖北街、团结湖北头条究竟是怎么分的。尽管路口上竖有一个齐二层楼高的大地图，但很多人都说越看越糊涂。

巧的是，三年之后，我就调到金台西路 2 号的人民日报社，就在团结湖小区附近。与董先生相距不远，走上十几分钟，就可以到他家，交往也就越来越多。

董先生不喜欢外出，大多时间是在家里翻译、撰文。偶尔有外地朋友来，小型聚会他才参加。聚会时，大部分时间是他听别人讲，很少主动说话，他是一个并不健谈的人。但如果有什么问题请教，他则会娓娓道来，从不让人失望。

我常说自己是个幸运的人。从英语学习来说，大学期间，贾植芳先生鼓励我一定要会翻译。到北京后，萧乾与董乐山是一直鼓励我学习英语、继续翻译的两位前辈。大约在1990年秋天，董先生打来电话："我这里来了一个朋友，想认识你，你现在有空来一下吗？"我说："好的。"我骑上车，直奔他家。走进董家，一位个子高大的先生站起来迎接我。说"站起来"其实不准确，他艰难地支撑着站起来，我伸出手去握，握住的却是指头弯曲、手掌变形的手。两手相握，我颇有些不知所措。董先生介绍说："这是刘迺元，我们新华社的同事。他看了你写的'胡风集团'的书，说很想认识你。"与董乐山一样，刘迺元当年在新华社负责外文翻译，1957年两人都被打成"右派分子"。董先生知道我口语不行，而刘先生口语颇佳。经董先生介绍之后，几年间刘先生一直帮助提高我的口语。遗憾的是，我最终未能坚持下去，辜负了董先生的一片热忱。

在当代翻译家中，我非常敬佩董先生。他把对翻译的选择与对命运的感触、对历史的观照，紧密联系在一起。他所翻译的各种不同的史著、回忆录、小说、理论著作，与他所写的书评和杂文，构成一个整体，将他作为一个知识分子在当代中国的独特作用发挥得美丽无比。他的思想在于发出自己的声音，找到一片天空自由呼吸。

得知董先生患病，我于1997年1月前往家中探望，他送给我刚刚出版的译作《西方人文主义传统》。回家拜读，为《读书》杂志撰写了一篇书评《仍在流淌的河水——读〈西方人文主义传统〉》，在董先生的译作中，读"自由"这条从未枯竭的长河。我这样写道：

想象不出，没有"自由"这两个字，人文主义还有别的什么更能令六百年来一代代人为之倾心？

自由是人文主义的精髓所在，所谓六百年人文主义传统，其实也就是自由在不同历史时期、不同场合的状态和发展。不过，布洛克的重点显然不在对自由在政治选择方面的阐述，而是自由作为一种个人

> 的精神存在，在人的道德、性格方面所起到的重要作用。几百年来的人文主义者，无论是思想家也好，诗人、作家、艺术家也好，都重视个人自由和个人意识，认为这是人的关于真理和道德知识的来源。

读此书，更能体会董先生的心路历程。

最近十多年，我在《收获》杂志上开设《封面中国》专栏，写美国《时代》关于中国的叙述，这得感谢董先生的推荐。1997 年，得知他患癌症，我前去探望。他对病情说得很淡，站起来，从书架上拿出哥哥董鼎山刚刚寄来的一本书 *China Hands*（《中国通》）给我。董先生对我说如果我对这本书感兴趣，想翻译，他可以帮助我。

董先生的提议令我喜出望外，欣然同意。很快，在他的帮助下，我通过董鼎山先生与作者兰德取得联系，得到授权。兰德的父亲在抗战期间是美联社驻华记者，如今，兰德以此书为那一代走进中国的美国记者群体立传，用笔重现业已消逝的那段历史。因为翻译此书，我应央视纪录片频道制片人陈晓卿兄台之邀，2001 年前往美国拍摄八集纪录片《在历史现场——外国记者眼中的中国风云》。我在国会图书馆，借出《时代》周刊，看到封面上的中国人物。随后，开始搜集所有与中国相关的《时代》杂志。我思路渐渐清晰，这些不同年代出现的不同人物，将之串联起来予以解读和叙述，会是一部别致的 20 世纪中国史。在《收获》主编李小林的鼓励下，《封面中国》于 2004 年开始写作，2015 年结束，漫长的写作达十一年，终于完成以编年体的方式叙述 1923—1978 年的中国历史。深深感激董先生，没有他的推荐，就不会有这个写作大工程。可以说，是他让我跳出只限于写文人传记的领域，走进更宽阔的写作新天地。

同在 1997 年，五卷本《李辉文集》在花城出版社出版后，在三联韬奋图书中心举办座谈会，请来牧惠、邵燕祥、姜德明、张守仁、徐友渔、孙郁等先生参加。董先生也抱病前来，如果我记得不错的话，

1998年2月出版的《苏格拉底的审判》，成为董乐山出版的最后一本译作

1998年3月董乐山签赠《苏格拉底的审判》，这成为他留给我的最后笔墨

这可能是他参加的最后一次公开活动。座谈会的发言摘要，发表于《中华读书报》。将近二十年过去，他在发言中所说的年轻人如今已是花甲之人，再读之，他对我的厚爱与鞭策，令人感动不已：

李辉的作品，我几乎都看过。他给我的第一印象是有一种年轻人的生气勃勃劲头。第二印象就是有新闻记者的优点，即敏锐的洞察力与实事求是客观地搜集材料相结合。

关于中国文坛上的沈从文、丁玲等人，以前也看过一些回忆录、传记类的书，但是老实讲，有一些根本分不清是客观历史还是加以粉饰了。中国很大一部分传记文学都是道听途说，牵强附会，所以我认为传记文学也需要“打假”，否则三五十年后，我们后人将不知道其中的真相，把这些都误以为是历史了。像李辉这样在写作中抱着对历

中年董乐山、凌畹君夫妇与儿子董亦波

20 世纪 80 年代的董乐山

董乐山与萧乾

1998 年病中的董乐山

史、对人物实事求是负责的态度，在我们文学界还是要发扬的。当然，话又说回来了，文学创作毕竟不是历史记录，有些地方似乎不能强求。

参加这次活动后不到一年，董先生住进了协和医院，从此再也没有回家。

一直难忘最后见到董先生的情景。听说他又住院了，我去看他，他的侄女专程从上海赶来，在一旁照顾他。这是他一年内的再次住院。与前几次住院情况大大不同，这一次他只能躺在病床上握着我的手。手无力，人瘦得不像样子，脸色发暗。

他有许多话想说。我告诉他，我正在翻译《中国通》这本书，并且和作者彼得·兰德取得联系。他很高兴。我说，有些老上海的地名和英文报纸的名称不清楚，他说可以来问他。我说怎么能够拿这样的事情打搅重病中的他，他说不要紧。我向他讲一些外面的事情。讲着，讲着，他突然又一次握住我的手，说了一句："我没想到……"他在说自己一生的迷惘，他在力求用简洁的几句话来概括自己的一生。说到这里，他把头转到另一边，落泪了。

我不忍看到一个熟悉的前辈，躺在病床上受回忆的折磨，赶忙岔开话题。我知道，他有一种想把心里话毫无顾忌地全部说出来的急切。过去在他家中，他不止一次和我谈过他的故事。我在编一套回忆录丛书的时候，他还把前几年写出的好几万字的回忆录拿给我看，从里面我知道了他过去的一些经历，其中不少内容从未公开发表过。读这些回忆录，听他讲大大小小的故事，常常令人感慨万分。但是，从来没有像此刻这样让人感到一种凄凉，一种浓郁的伤感。他的话十分简短，我却感到他是用全部生命讲出来的。

几天后，董先生永远地走了。生于1924年的他，才七十五岁。尽管已有心理准备，但仍让人难以接受，好久我都不能相信这是事实。他还有许多选题在做、想做，假以天年，他肯定会翻译出和写出更多更精彩的作品。如今，这只能是永远的遗憾了。

董先生去世不到一个月，萧乾先生也在 1999 年 2 月 11 日永远离开了。两位对我给予很多帮助的前辈，短短时间里相继离去，我心底的悲痛与凄凉，可想而知。

就在董先生去世的这一年，《中国通》翻译完毕。也是在这一年，我完成在病床前对他的承诺，为他编选一套四卷本《董乐山文集》。文集由河北教育出版社于 2001 年 5 月出版，谨以这套书的出版，为远去的董先生献上心香一瓣。

又是十五年过去了，对他的思念依然那么强烈……

写于 2016 年岁末

范　用

——出版家的七七八八

前些日子，范又大姐发来微信，说父亲生前留下一些好酒，她为我留了一瓶，让我有空时去取。看到微信，为之感动。算了算，到 2016 年 9 月 14 日，范用先生离开我们整整六年。

读范又微信，我马上想到的是她的女儿许双。1991 年春节前夕，范用寄来一张贺卡，贺卡由他自己设计、印制。他这点和施蛰存有些相像。施蛰存喜欢每年自己花钱在香港印制一种贺卡，选一幅藏画，再印上“北山施舍”或者“北山楼”斋号及地址。印刷之精美雅致，令人收到后品赏再三而不释手。范用的贺卡当然没有施蛰存讲究，只是单页，简朴淡雅。这一次，范用寄来的贺卡，背面印的是许双的一篇作文《我的外公》，并配上丁聪画的肖像漫画。

别看当年许双只是个九岁的孩子，可她却把外公写活了，恐怕别人很难能够如此生动地勾勒出范用的性格。好在作文不长，不妨转录如下：

> 我的外公已六十七岁了，他瘦瘦的，个儿不高。
>
> 他做什么事情都快，看书快，写字快，走路快，吃饭快，就是喝起酒来，慢慢的。

他喜欢学习，天天看报纸看书，一看就是半天。有时夜里，我们都睡觉了，他还在看书。

他喜欢音乐，经常欣赏有名的乐曲。他也爱唱歌，总是拿着歌本坐在那里哼歌。有时候还把唱的歌录下来，听听自己唱得好不好。

外公喜欢收集酒瓶，他的房间里有各种各样的酒瓶，颜色不同，有大有小，大的很大，小的只有一点儿，都挺好玩，我也很喜欢。

他有些习惯跟我们不一样。我们吃饭的时候，他睡觉，我们睡觉的时候，他又吃饭，走来走去，弄得我们睡不着觉。晚上，我们吃米饭，他不吃，要吃面条，有的时候，我们吃面条，他又要吃米饭。你说他怪不怪？

这就是我的外公。

多年交往，的确领略了范用的快。他的快，有时简直让人跟不上。早在20世纪80年代初，我编《北京晚报》副刊时，曾请范用为《居京琐记》赐稿，后来到《人民日报》副刊，也请他赐稿。如果收到他的来稿，那么接下来的几天，我随时要做好准备接他的电话，为了一个字，或者为了一句话的修改。要命的是，早上不到七点，还在睡梦中的我，家里电话忽然响起，十有八九就是范用。他起得早，不管三七二十一，想到就做，就说文章什么地方要改，等他说完，我还没来得及回答一句“好的”，他那边已把电话放下。几次过后，我终于告诉老头儿可否八点之后来电话。再来电话，我也照样“快”，不等他放下，我提前挂机。现在想想，也是我们之间的有趣游戏。见了面，我逗他说：“快，谁不会？”他哈哈大笑。

许双写外公喝酒慢，的确如此。认识他二十多年，每次聚会，发现范用酒量并不大，但他喜欢收集各种酒的爱好却闻名海内外。聚会时，他的一些老朋友常常开他的玩笑：“你喝酒是假，收藏酒瓶才是真的吧？”80年代国内洋酒少，海外来客来看范用，见面礼一般会

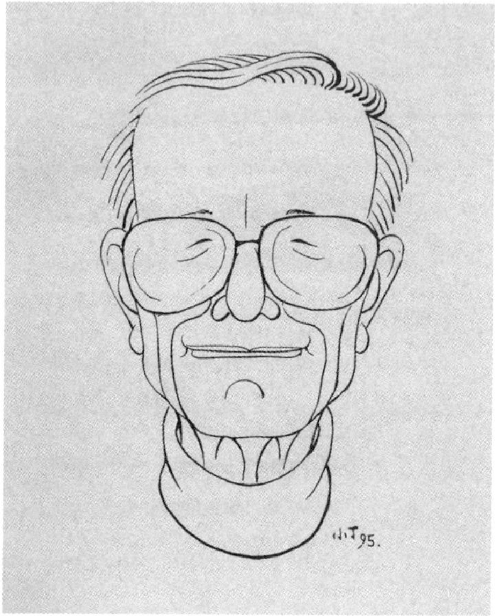

丁聪画范用肖像

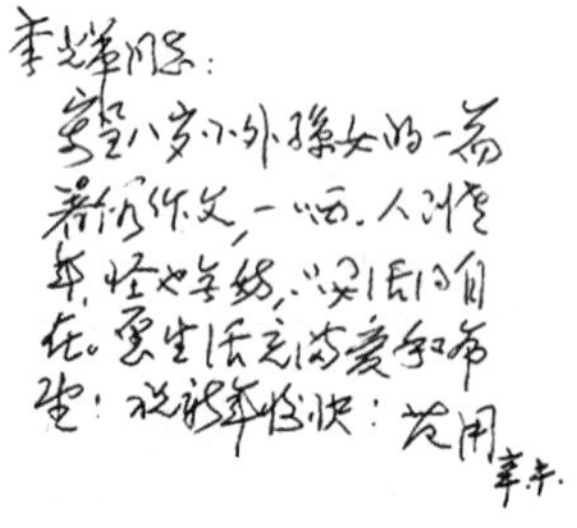

李光羲同志：
寄呈八岁小外孙女的一篇新年作文，一哂。人到老年，怪也无妨，只要活的自在。愿生活充满爱和希望！祝新年愉快！范用
辛未.

范用寄来辛未年 (1991 年) 贺卡

是一瓶好酒。我第一次去他家，他还住在东城北牌坊胡同的一个小院里，书房、卧室里摆满了各式各样的中外酒瓶，大多没有喝。我在想，范又大姐为我留存的一瓶，会不会是其中的一瓶呢？

1994年，范用搬到方庄，离开居住多年的北牌坊胡同，这令他们夫妇为之感伤。为此，他们夫妇特地印了一张“迁帖”，分别寄给熟悉的朋友，其情感人，新址描述更是细致：

迁帖

来北京在东城一住四十五年。而今搬到城南，住进高楼冒充“上层人士”。室高两米五，好在我俩都是小尺码，倒也相称。再也不用烧煤炉换煤气，省心省力。却是在高处看落日，别有一番感受。

北牌坊胡同那个小院，将不复存在。免不了有点依恋，为什么？自己也想不清楚。许是丢不下那两棵爷爷妈妈辈的老槐树，还有住在那一带的几位长者、稔知。

新居地址：丰台区方庄芳古园一区一号楼一单元1003室。电话：7632508。邮政编码：100078。乘车：43路天坛东路南口站，30路东侧路站下车，玉蜓桥左塔楼即是。

范用　丁仙宝

1994.6

写“迁帖”，又印成卡片，大概也只有范用想得到。

谁让他是一个热爱出版的人！

大约二十年前，我在《收获》杂志上发表过一篇写范用的文章，题为《浪漫的余响》，写他与出版的浪漫情结。对我们这代读者来说，范用策划出版的不少书，相当熟悉，如《傅雷家书》、巴金《随想录》、陈白尘《牛棚日记》、唐弢《晦庵书话》、杨绛《干校六记》《将饮茶》等。他参与创办的《读书》《新华文摘》，更是颇受欢迎。其实我还喜欢他策划的另外一些文化前辈的书，如夏衍的《懒寻旧梦录》、赵家璧的《编辑忆旧》、聂绀弩的《聂绀弩杂文选》等。范用后来说，他还约了一批书稿，如萧乾的回忆录、邵燕祥的回忆录等，可惜后来未能如愿出版。

我说范用是“爱书人”，而不是通常所说的“出版家”，是因为范用几乎从来不谈自己的出版业绩，他爱的是书。有时在报纸上看到什么新书的消息，他会打来电话：“你帮我找一本。”书对于他，就是生命的一部分。

范用如此爱书，注定要成为一位了不起的出版家。在小学，他喜欢剪报，然后用小卡片将之装订成一本本小册子，供同学之间借阅，这便是他最早编辑的“杂志”。少年范用兴趣非常广泛，演戏、唱歌、写小说，都曾尝试过，但这些爱好，最终只是成为一种修养和背景，走在前台的永远是出版。十几岁开始，从打包、送信、邮购等杂务开始干起，一直到批发、门市、会计、编辑，有时还设计封面，几乎出版社的每个环节范用都一一经历过。他学历不高，后来在填履历表时，他总是老老实实填上“小学毕业”，用他的话来说，如果想好看一点，就填为“中学肄业”。谈到这些，他有时不免解嘲地说：“要是现在，我是没有资格进出版社大门的。”他说得不错。如果不爱书，不爱出版，学历再高，又有何用？想想也是很有意思，范用、沈昌文、董秀玉，三联书店连续三任掌门人，学历都不高。范用小学毕业，沈昌文新闻专科肄业，董秀玉十六岁考进三联书店。后面两人，都是从校对开始，最终成为出版家。这种出版景象，如今恐怕难以复制。

在范用身上，我真正感受到他对书的情有独钟。每次去他家，都要说到一些感兴趣的人与书。说着说着，提到什么旧的、新的书或者杂志，他就腾的一下站起来，走进另外一个房间，只听见木地板嘎嘎发响，一转眼他就拿出一本来。“你看，这就是当年的杂志。”不等我细细翻阅，说着说着，他又转身走进屋，再拿出一本书来。“你看，台湾刚刚出版的，印得多漂亮。”谈话间，他不断地站起来，走进去，拿出来。如一阵不停歇的风，热烈、迅疾。他无法掩饰谈到书的兴奋。没有别的什么东西能够像书那样吸引他，让他投入，让他陶醉。当他提到那本书，如果不拿出来让客人看上一眼，那一定很难受。这是一种兴之所至。终生与书为伴的他，把这视为生活的一大乐事。

和这种喜欢书的老人来往，是件很开心的事。时间一久，他的藏书有时就成了我理想的“图书馆”。遇到别处很难借到的书，我便会想到请他帮忙。有一年，我想把沈从文在20世纪30年代发表于《国闻周报》上的连载《记丁玲女士》进行校勘。我先从唐弢先生那里借来《记丁玲》上册，又从范用那里借来下册。我很荣幸，得到了这样两位老人的热情帮助。90年代，我写黄苗子、郁风夫妇传记，又是范用热心地将其所收藏的所有30年代的漫画杂志借我参考。刚借走这些杂志，范用写来一信如下：

李辉同志：

您刚走，收到苗子为《时代漫画》合订本写的题词，复印一份给您。苗子的画、文，请复印一份给他。

范用

4.14

漫画的确是范用所爱。2003年，年届八十，范用特地编选一册《我很丑也不温柔：漫画范用》，交由三联书店出版。喜欢漫画的他，多年与许多画家关系密切，叶浅予、丁聪、华君武、方成、廖冰兄、黄永玉、鲁少飞、韩羽、贺友直、杨平凡等，都曾为他画像，尤以丁聪与贺友直画得最多。他将这些漫画肖像，结集出版，并附上简洁、利落的短文，读来妙趣横生。在这些画家笔下，烘托而出一位爱书人的形象，生动而形象。范用在书中特意收录了外孙女许双的那篇作文，还配有双双画的一幅范用漫画《祝公公本命年时来运转》。范用为这幅画写的说明，颇为有趣："我属猪，在外孙女的眼里，我是戴眼镜的老猪。"双双笔下，桌子上是书，范用左手则举着酒杯，漫画上下，摆满了形状不一的酒瓶！

《我很丑也不温柔：漫画范用》的书名起得特别妙。范用当然不丑，外出参加活动，总是比别人打扮得更加讲究。冬日，他总爱穿中式外套，漂亮的帽子，漂亮的围巾，而且非常喜欢红色。"不温柔"倒是非常准确。范用做事、说话，直来直去，一板一眼，毫不含糊。遇到不平事，他不会拐弯抹角，不会打太极，如今这样的人，越来越少了。

1986年前后，我写萧乾的传记，他不时将一些友人的来信和赠书供我参考，并留存我处，其中有范用一封来信，谈论的正是他创办的《新华文摘》的一件旧事。信中的情绪表达，诠释了范用的"不温柔"：

萧老：

谈到您好多篇新作（最新说到的是《香港文学》发表的《唉，我这意识流》），真好，十分高兴。巴老也在不断地写，译文集的跋已经发表了五六篇。

有一位朋友来信告诉我，《新华文摘》转载您的《一个中国记者对二次欧战的观感》，作了许多删改，添加了原文中没有的文字，他很生气。我因为早在别处读到这篇文章，所以不再看文摘，不知道您是否知道此事？

《新华文摘》这么做，太岂有此理。我参加创办这个刊物，退休以前，就不再让我过问它，大概顾虑我在选稿方面出问题。那一年开理论务虚会，要我列席，反"精神污染"还刚开头，就有一位工作人员，恶狠狠地责问我："《新华文摘》这些文章'根据什么标准'？"他还不是会议代表，仅仅是一个小组会的记录员，就如此气焰逼人，我没有理他，但心里明白原来已经对我有了看法，幸好我没有什么辫子可抓，只在选而未用的几篇挨批判的作品问题上做了一点文章（《苦恋》《骗子》等）。

附上朋友的来信，看后请寄还我，有机会我要给他们提出意见。

祝您身心愉快健康！工作不要太累，珍重！

范用

一月十一日

这便是一个爽直、坦荡的范用。

率直、坦荡之人，心底必存童心。年过古稀，范用一直童心未泯。有一年，大家在黄永玉万荷堂聚会，黄苗子、王世襄几个人正在聊天，这时范用走过来。他拄着拐杖，说前两天摔了一跤。大家问怎么摔的，他说，他突然发现家里养的金鱼，有两条不停地追来追去，他不懂，害怕后面这条要吃前面那条。他好奇地盯着观察，一不小心，脚下一滑，便摔了一下。但他非常认真地说："真是奇怪，它们干吗要追来追去？真奇怪。"黄苗子指指王世襄说："专家在这里。"

"你说，是为什么？"范用扯扯王世襄的衣服问。

王世襄慢条斯理地回答："那是金鱼在产卵。"

王世襄话音一落，大家一阵大笑。只有范用一本正经地点点头，连声说："噢，噢。真奇怪，真奇怪。"这便是一位童心未泯的老人的可爱之处。

1998年新年刚过，我收到范用来信与文章《夕歌新唱》，文中他回忆自己在小学唱过的一首老歌。文章开篇写道：

元旦清晨，旭日初升，中央电视台在新闻节目之后，播放了一首《夕歌》，颇感意外。歌唱得很动听，我这个七十几岁的老头子，听了甚至动情。

这是一首老歌。六十多年前我上小学，每天放学，都要唱这首歌，我们叫它放学歌。

歌的词曲作者是谁？我不清楚，说是李叔同。歌词如下：

光阴似流水，不一会，课毕放学归。
课毕放学归，同学们，明天再会！
我们仔细想一会，今天的功课明白未？
先生讲的话，可曾有违背？

父母望儿归，一路上切莫徘徊。
光阴似流水，不一会，落日向西垂？
落日向西垂，同学们，明天再会！

唱毕，相对一鞠躬，跳跳蹦蹦走出校门，路上还吱吱喳喳，说不完的话。那时候，没有多少作业要带回家做，书包轻松，心里轻松，用不着像登山运动员。听《夕歌》，追忆儿时，此情此景，犹如昨日。

……

文章后面，他提到当时流行的一首歌，歌词不详，来信写道：

李辉兄：

可能不合《大地》用，请转寄《新民晚报》夜光杯严建平同志。

末了两句歌词，请为我补上，是前些时候流行的“妹妹你坐船头，哥哥我……走”中的两句。

范用

元月八日

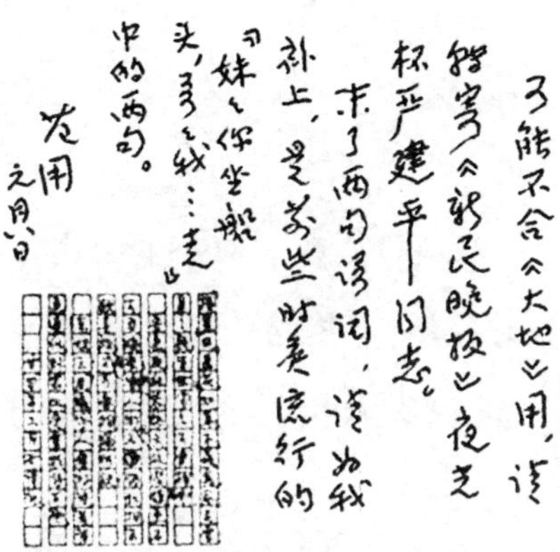

李辉兄：

可能不合《大地》用，请转寄《新民晚报》夜光杯严建平同志。

末了两句诗词，请为我补上，是前些时最流行的「妹妹你坐船头，哥哥我……走」中的两句。

范用

元月八日

范用 1998 年来信

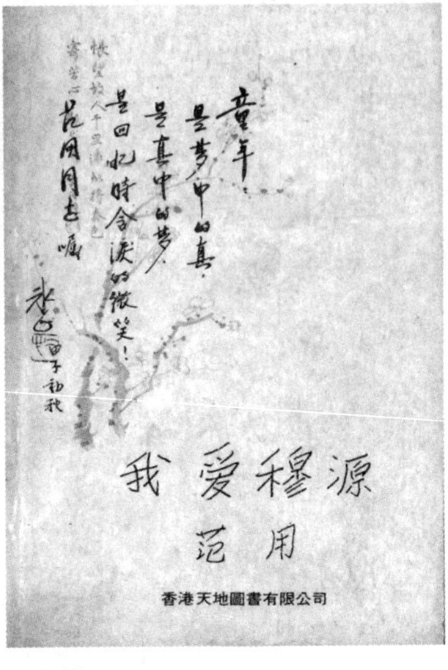

《我爱穆源》封面

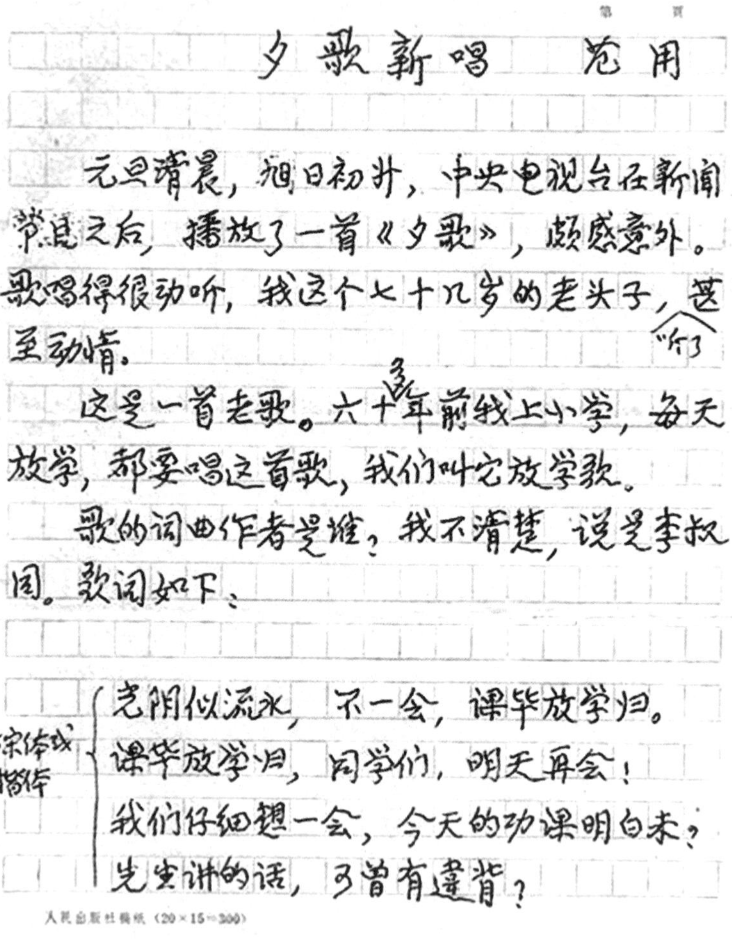
第　页

夕歌新唱　范用

元旦清晨，旭日初升，中央电视台在新闻节目之后，播放了一首《夕歌》，颇感意外。歌唱得很动听，我这个七十几岁的老头子，听了甚至动情。

这是一首老歌。六十多年前我上小学，每天放学，都要唱这首歌，我们叫它放学歌。

歌的词曲作者是谁？我不清楚，说是李叔同。歌词如下：

仿宋体或楷体

光阴似流水，不一会，课毕放学归。
课毕放学归，同学们，明天再会！
我们仔细想一会，今天的功课明白未？
先生讲的话，可曾有违背？

人民出版社稿纸（20×15=300）

《夕歌新唱》手稿（1）

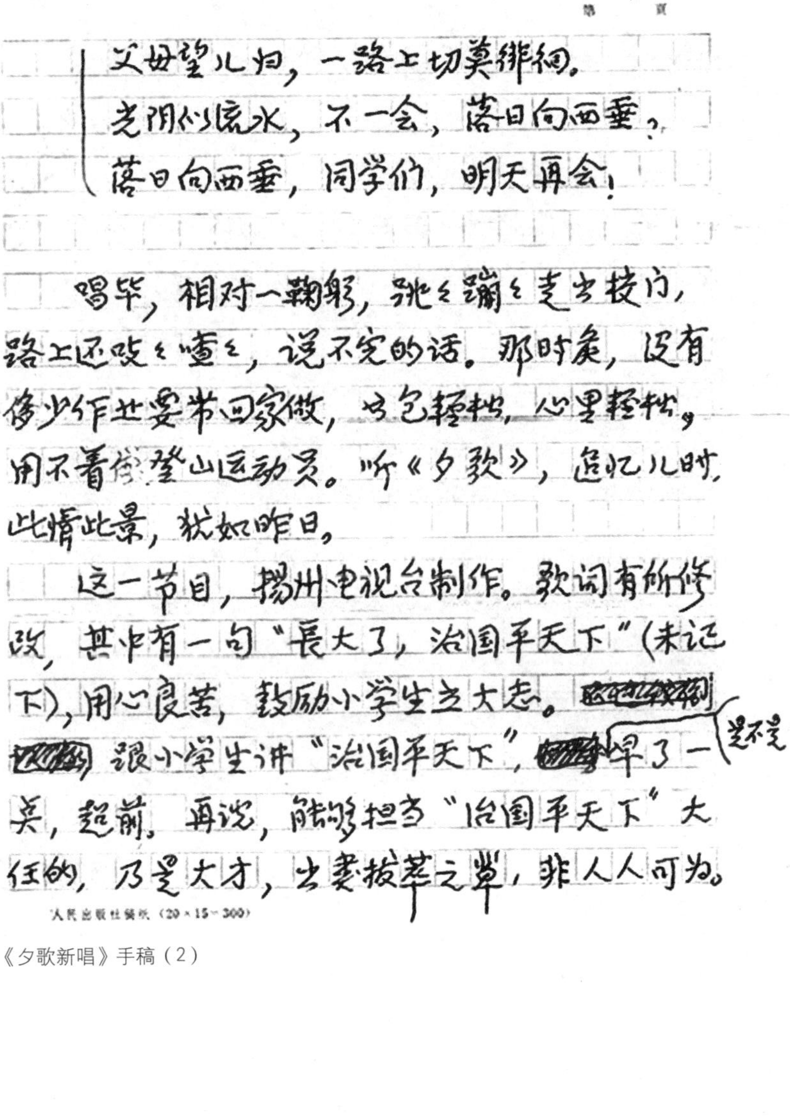
第 页

父母望儿归，一路上切莫徘徊。
光阴似流水，不一会，落日向西垂。
落日向西垂，同学们，明天再会！

唱毕，相对一鞠躬，跳跳蹦蹦走出校门，路上还叽叽喳喳，说不完的话。那时候，没有多少作业要带回家做，书包轻松，心里轻松，用不着做登山运动员。听《夕歌》，追忆儿时，此情此景，犹如昨日。

这一节目，扬州电视台制作。歌词有所修改，其中有一句"长大了，治国平天下"（未记下），用心良苦，鼓励小学生立大志。[redacted]跟小学生讲"治国平天下"，[redacted]是不是早了一点，超前。再说，能够担当"治国平天下"大任的，乃是大才，出类拔萃之辈，非人人可为。

人民出版社稿纸（20×15=300）

《夕歌新唱》手稿（2）

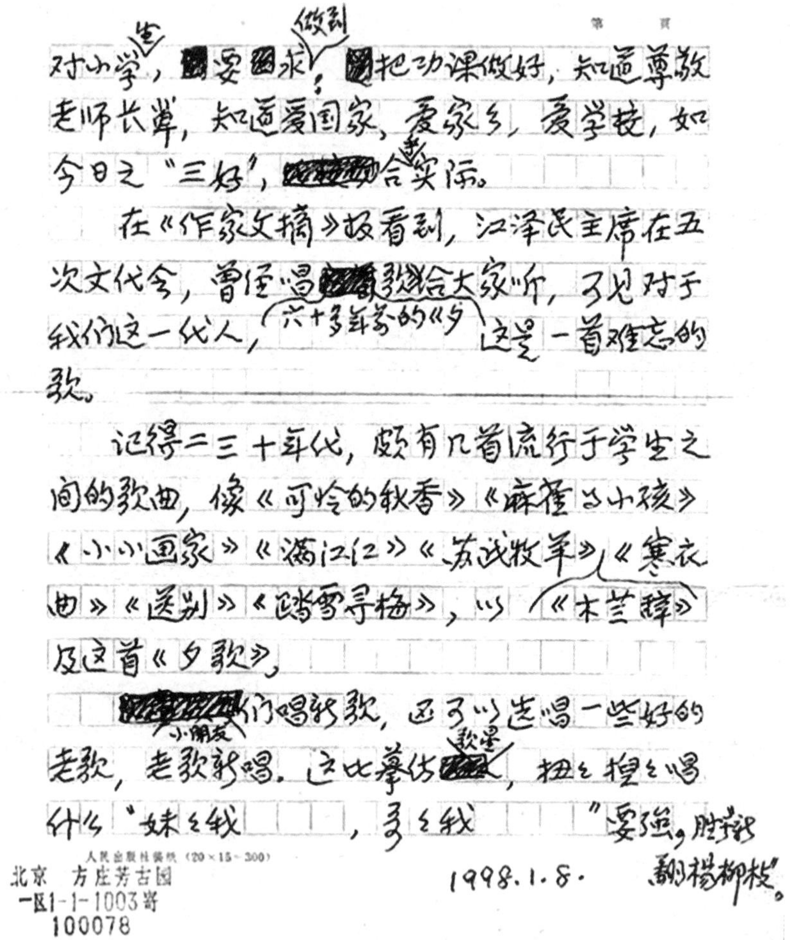
第　页

对小学生，要求做到把功课做好，知道尊敬老师长辈，知道爱国家，爱家乡，爱学校，如今日之"三好"，合实际。

在《作家文摘》报看到，江泽民主席在五次文代会，曾经唱歌给大家听，可见对于我们这一代人，六十多年前的《夕歌》这是一首难忘的歌。

记得二三十年代，颇有几首流行于学生之间的歌曲，像《可怜的秋香》《麻雀与小孩》《小小画家》《满江红》《苏武牧羊》《寒衣曲》《送别》《踏雪寻梅》，以《木兰辞》及这首《夕歌》。

小朋友们唱新歌，还可以选唱一些好的老歌，老歌新唱。这比学仿歌星，扭扭捏捏唱什么"妹妹我　　，哥哥我　　"要强，胜于翻杨柳枝。

人民出版社稿纸（20×15=300）

北京　方庄芳古园
一区1-1-1003寄
100078

1998.1.8.

《夕歌新唱》手稿（3）

范用的故乡镇江记忆，一直与小学密切相关。为别人出了一辈子书的范用，退休之后才于1993年出版了自己的第一本书《我爱穆源》，而且先是由香港三联书店出版。

镇江穆源小学，是范用的母校。他以给母校学生写信的方式，描述自己当年在穆源的生活：学校门口的大镜子，让每个走进校园的学生看看自己的穿着是否得体；礼堂里的钢琴和风琴，从来不上锁，老师弹琴，学生唱歌；童子军上街募捐，参加公益活动；学生剧团演出新话剧；办墙报，出“杂志”……说实话，我从未想到，当年小学的生活居然会如此丰富多彩！开始，我还有点奇怪，范用为什么独独对小学生活那么留恋，用那么多的笔墨去写，甚至还花费不少精力和时间，动手用硬纸板做了一个母校的模型？模型很漂亮，他专门送回母校，供今天的学生观看。现在想来，他实际上是在回味一种浪漫。他的这些短文朴实、简洁。池莉给他的信中说得好：“您的书读得人心里宁静极了，干净极了，美丽极了。”

巧的是，几年之后，2002年吉林卫视《回家》节目组请我做总策划，拍摄一系列文化老人的纪录片。我找到范用，他同意回去。于是，2003年春天，八十高龄的他终于有了最后一次故乡行。摄制组跟随他走进镇江，走进穆源小学，他高兴地站在孩子们中间，就像自己还是一个小学生。就在前往镇江的火车上，范用面对镜头，唱起前面他写到的那首《夕歌》，声音苍老，却充满活力。唱歌时，他感情投入，仿佛又回到了小学时代。至今我仍觉得，《回家》栏目这期《因为有爱》，拍摄得最为生动、感人且有趣。

自范用一家从北牌坊胡同搬到方庄，离我远了，我偶尔才去看看他。后来，老朋友汪家明从济南调至北京三联书店，开始他就住在范用家附近。我前去看他，我们又一起去看范用。家明兄酷爱书，有自己的文化理念，与范用一样对出版情有独钟。从此，两个爱书人成了忘年交，晚年的范用，特别是在妻子去世之后，一直是家明兄关照，帮助他做了许多想做的事情，给了这位爱书人颇多安慰。从漫画范用集，到《爱看书的广告》《存牍辑览》等，都是家明兄在帮范用圆梦。

说到书的广告，我真的与范用有缘。1980年在复旦大学念书期间，我与陈思和研究巴金，不时到上海图书馆藏书楼借阅老期刊，翻阅它们时，遇到一些书的广告，就顺手抄录下来，包括鲁迅、叶圣陶、巴金、徐志摩、施蛰存、胡风等人撰写的广告。毕业来到北京，才知道范用也有同好，记得好像是在《散文世界》杂志上发表过相关广告与文章，还印成一个小册子。1998年，家明兄邀请我和姜德明先生前去济南，商量编选一套书的事宜。坐在火车上，我们谈得非常开心，其中一个话题，我们商量可以把搜集到的广告挑选出来做书，请老姜配上每本书的封面，一定很有意思。我们说得眉飞色舞，家明尤其投入，巴不得马上动手。遗憾的是大家都忙，家明很快也离开山东，这本书的构想也就不了了之。进入新千年，范用决定编选《爱看书的广告》，我把所搜集的广告复印一套寄去，范用将之收入书中，于2004年出版。很高兴二十年前积累的从故纸堆抄录的它们，终于有了用武之地。

就在范用编选《爱看书的广告》之际，我开始为大象出版社策划一套书简文丛。黄裳爱写信，首先想到他，这就是2004年出版的《来燕榭书札》一书。第一批我找到与黄裳往来书信较多的六位——黄宗江、周汝昌、杨苡、范用、姜德明和我，从1943年到2003年，历史跨度六十年，以此也可看出黄裳一生的文化脉络。

我请范用提供黄裳来信。范用主政三联书店期间，黄裳的书大多由范用经手。他寄来一大包复印件，他希望能够全部都用。整理过程中，我才发现范用退休之后与黄裳的通信中，有不少涉及一些人际纠纷，言辞激烈，斟酌再三，删掉一些，没有收录。当时不敢告诉他，等书出版后寄去，他忽然打来电话，颇为不满，批评我为什么不用。我只好支支吾吾，说不便介入前辈之间的矛盾纠葛，搪塞过去。为此，好一阵子范用颇为不高兴。现在想想，也是对不起他。可是，前辈之间的是是非非，一两句话哪里说得清楚？有时，我也只好硬着头皮不怕得罪了。

借编选黄裳书信，我建议范用再编一本友人来信。他寄来两页纸，开列一份详细名单，准备编选。或许是《来燕榭书札》令他不爽，这个计划未能落实。后来范用在家明的帮助下，编好《存牍辑览》，还请黄苗子先生先后两次题签。遗憾的是，范用生前未能看到这本心爱之书的惊艳问世。

范用爱书，爱生活，这样的人，也坦然面对生死。早在1989年年初，范用就自拟遗嘱，提前为自己安排后事：

人民出版社：

偶见本社正在拟订离退休干部后事料理办法，想到老人每有猝然发病不辞而别，特将自己的后事安排预告如下：

一、本人与家属对组织无任何要求，子女早已自立，老妻有退休金可领，不虞衣食，只请协助接洽火化，并取回骨灰交付家属收存。

二、我自拟讣闻，请用稍微好一点的纸张铅印一二百份，并请按照我留下的名单寄发。务请不要印发任何行述。我是一名普通工作人员，一生所作所为不足道，何况还说过不少错话，办了不少蠢事。生于今世，很难有人能够逃脱这种历史的嘲弄，绝非一篇行述清算得了。诿过饰非，不是实事求是的态度。

三、日后若搬家，请借用汽车，免不了还有其他一些麻烦事，统请关照，为托。

致

诚挚的敬礼！

范用

一九八九年二月一日

不仅如此，范用还代替儿女为自己拟写讣闻如下：

家父范用（鹤镛）于　月　日　时　分辞世。遵从他的嘱咐，不追悼，不去八宝山，遗体捐供医用。他留下的话："匆匆过客，终成归人。在人生途中，若没有亲人和师友给予温暖，将会多寂寞，甚至丧失勇气。感谢你们，拥抱你们！"

范里　范又

一九　年　月　日

一转眼，范用写下这些文字快三十年了。

我所熟悉的不少前辈，淡泊名利，对后事尤其不在意。丁聪去世后，沈峻在医院签字后即离开，将遗体捐献给医院自行处理，连骨灰都没有留下。每念及此，令人感慨万千。

2016年9月14日，范用去世六周年。零零碎碎写下这些交往琐事，姑且以"范用的七七八八"为题。

完稿于2016年8月下旬，北京

方　成

——这位漫画家，今天百岁了

生于1918年6月10日的方成，2017年迎来百岁诞辰。可喜可贺！

说来也巧，从20世纪90年代初我搬到报社大院，就一直与方成是邻居。先在南区宿舍，我住的楼与他相邻，一住就是十多年。2003年，我们一起搬到三十六号楼，又是邻居。我住第二十二层，他住第十层，不是电梯里见，就是到他家里见。

方成是个幽默风趣的人。住在南区宿舍时，一天早上，我刚刚起床，电话铃就响了。拿起话筒，便听到一个声音，说找某某，一个我很陌生的名字。我忙说不是。对方执着地问："那么，您是谁？"于是，我自报家门。对方不由得大笑起来，并赶紧说："我是方成。哎，你怎么在这里？"

方成这老头儿真是挺有意思，自己打错了电话，反倒觉得我走错了地方。想必又在构思什么漫画走了神。对于他，发生类似的事情一点儿也不奇怪。他已经不止一次在院子里碰到我便热情地大喊另一个人的名字，让我无所适从后便是两人开怀大笑一番。在这之前他也曾将电话错拨到我家里，是我妻子接的，他上来就自报家门，弄得妻子忙忍住笑说打错了。

不过，这一次他打错电话，我正好有话对他说。头一天，我刚从上海回到北京。在上海时，与贾植芳先生聊天，他谈到20世纪40年代内战时期，在上海时曾与方成等人在一个小弄堂里住过不少日子，但自那之后再也没有机会重逢。他听说我与方成同在一个报社，便让我转告他的问候。方成很高兴听到了贾先生的消息，但随即就说："我还要问他要账呢！"原来，当年贾先生刚拿到方成的一部书稿准备推荐给朋友的出版社出版，谁知贾先生很快被国民党当局逮捕，书稿从此也就杳无踪影了。我们在电话里讲了好久。没有想到，一次错打的电话，倒引出了颇有意思的这一番对话。

我和方成同住南区宿舍大院，两楼相邻，直接距离不过二十米的样子，我们的阳台相对，我在五楼，他在三楼。有时开玩笑说，如果有急事找他，根本不用下楼，牵一根绳，荡秋千似的就可以一下子荡到他家。我没有写字间，封上阳台，放上电脑，这里就成了我的一个小天地。每当写作时，如果我往窗外张望，常常第一眼看到的便会是方成的阳台。他的阳台上放着书架，很少有人影闪动，这时我就会想，此时此刻这老头儿保不定又在家里画出一幅佳作来了。

90年代，到了夏天，我们见面最频繁的地方是游泳池。当时他年逾古稀，可是他几乎每天都要游上七八百米，有时甚至上千米。我每次总是急匆匆地游几百米就走人，顶多不过半个多小时，而他则不同。他不是按照泳道方向来回游，而是围着泳池顺边转，不管周围年轻人游得多快，他总是慢悠悠地划动手臂。一圈又一圈，大概总得游一个多小时方才算罢。尽管他的速度很慢，我还是为他的体力如此之好而惊叹。他最令人佩服的还是骑自行车。别看他已是七十多岁的老人，出门却还是以自行车为交通工具。几年前，他到二十多公里之遥的海淀中关村一带去都还骑车前往，令人叹服。我问他需要多少时间，他说总得一个多小时，反正慢慢骑，可以多看看。他曾画过一幅自画像，画的正是他骑自行车的"雄姿"，说不上威风凛凛，倒也优哉游哉。他骑在上面，颇显得轻车熟路。他没有往前看，而是脸侧向一旁，厚厚的嘴唇紧抿着，眼睛注视着某一个吸引他的场面。

从不显出衰老这一点上，在我认识的人中只有方成可以和丁聪相媲美。丁聪已是八十高龄，可是出门却很少坐出租车，而常常是坐公共汽车。每有聚会，为了准时赶到，他会早早离开家去乘公共汽车。我相信，丁聪也好，方成也好，对于他们，坐公共汽车或者骑自行车，都是观察生活的一种方式。各色人等，生活万象，有意无意之间，可以进入他们的视野，感受着人与事一日日新的变化，从而使自己的笔触变得更加充满生活气息和幽默感。他们的作品，不正是以始终保持着敏锐、奇妙而深受读者喜爱吗？

做邻居的好处，就是可以很早收到方成签赠的书。《挤出集》、中国漫画书系《方成卷》等，都早早入我手中。

方成其实不姓方，他姓孙，本名孙顺潮。他的家乡在广州香山县，一个叫作翠亨村的村庄，孙中山在此县诞生，故香山县改为中山县（中山市前身）。方成的村庄据翠亨村很近，叫左步头村，如今简称为左步村。村里三大姓：欧、孙、阮。村中最有名的，是20世纪30年代自杀的影星阮玲玉；抗战期间，东江纵队一个支队的支队长欧初，后来担任广州市委书记，也是著名的收藏家。三大姓，都有赫赫有名的人物，也是左步村名声在外的原因。

方成本科学的是化工专业，在四川毕业后，在黄海化学工业研究社任助理研究员。可是，他却酷爱漫画，在学校办壁报开始学习漫画，抗战结束，他离开黄海化学工业研究社，前往上海，漫画事业由此开始。笔名方成由此诞生，他的漫画一生，已有悠悠七十余年。

十几年前，我为大象出版社策划一套“大象人物自述文丛”，方成怎能不写一本回忆录？找到他，说服他用了一年多时间，写下一本《方成自述》，该书于2003年出版。老头子对这本书颇为满意。在扉页上写了一大段题跋：

方成自画骑车图

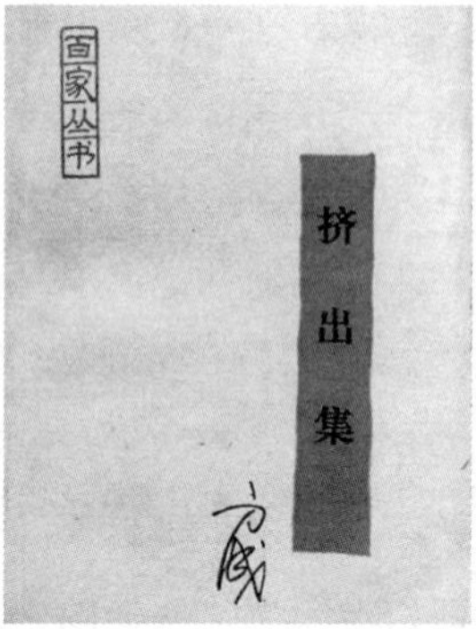

《挤出集》

《方成自述》

李辉兄存正。

你编的这一套自述文丛，除这本外，我还看过两本，都挺好。这本是我出版的几十本书中我最满意的一本，从开本、编排、印刷封面设计各方面都出色。

这套丛书的策划真不一般，好写，人也想看。

方成

二〇〇六年十二月廿五日

读他的自述才知道，抗战之后方成在上海，曾是储安平的《观察》杂志的美编，既为《观察》画漫画，也负责编辑刊物的漫画。两人共事，颇为融洽。

现代史上，《观察》是颇有影响的杂志，储安平的才华与遭际，更为它增添了传奇色彩。如今，与《观察》有关的人，编者或作者，健在者已寥若晨星。于是，在我眼里，方成尤显得珍贵了。2004 年，我参与吉林卫视的《回家》栏目，特地陪方成去上海旧地重游，请他寻访《观察》编辑部旧址，漫忆储安平，漫忆远去的往事。

正好我收藏有 1947 年的《观察》合订本，拿去请方成为我题词

漫画家方成（右 2）与同事在人民日报社干校劳动时留影

纪念。没想到，他从第一页开始写，洋洋洒洒，连续写了好几页，计有两千字。回忆、留恋，为刊物，也为储安平。谨摘录部分如下：

李辉要我在这上面写点回忆。那就想起什么写什么吧。

从我现在还保存的画估计，我是 1947 年春受聘主持《观察》周刊漫画版的。我保存的《观察》第二卷第二期上面印有“观察漫画”字样，这一期是 1947 年 3 月 8 日出版的，由此推算出我是在这天前来《观察》工作。

但我没在办公室作画。都是在住所画的，编成后才送到《观察》编辑部交储安平先生。我是从大学毕业不久的青年，储先生是复旦大学教授，是一位长者，所以我们之间有如师生关系，谈话不多的。他是留学英国的，估计受英国文化影响，带有英国绅士作风、绅士风度。

……我是在大学时为编壁报才画漫画，学会了一些漫画的基本艺术方法，只会画学生生活方面的题材，不会画单幅的政治讽刺画。1945 年日本投降后，我从我工作的黄海化学工业研究社里保存上海出版的英文报刊上，看到上面转载的英、美政治讽刺画，才知道这种画的画法。这些画都是在二战期间针对德、意、日三国的漫画。我在

《观察》上登的漫画，画法和画的风格都从那些漫画学来。

1947年冬，我回广东家乡探亲，听说上海白色恐怖加剧，不敢回上海，避居香港去了。《观察》这时被查封，工作人员被捕入狱。储安平逃北平，听说他曾藏在徐盈家里。

《观察》周刊发行十万零几百份，各省都畅销，听说这是当时发行量最大的杂志，成为知识分子最爱看的读物。

我到《观察》的办公室送稿时，交给储先生，那时看到这办公室不大，交了稿之后，就回去，没在办公室多逗留，认识的人少。记得只是和雷柏龄见面较多，也记得和林元见过，解放后他在《文艺研究》杂志工作。

今年四月我去上海，经人介绍，原在《观察》工作的周兴美先生，他带我去《观察》原来的办公室，现在是一位医师的家。他说，原来只有一张桌子，放在较大的一间里，较小一间只放一张沙发，当会客室。两间加起来也就有约十二平方米的面积。他介绍说，储先生一直和全体工作人员动手干活的，杂志印出来，全体人员一起动手打包，打包之后往邮局送，是日夜操劳的。

他又带我去看后来租的一间办公室，比较大，只一间，大约有四十平方米。记得我来送稿时（1947年3月初），所见的是这间办公室，也和先前那一间一样，都在二楼上。现在这间在四川北路一九八二号，已成大药房。最早那间小办公室在吴淞路东兴里四四四弄十四号（以前门牌是十一号）。这间办公室较大，编辑人员日夜工作，晚上就睡在办公室。桌上、楼上、地板上都能睡得下。

周兴美先生原在《文汇报》工作。《文汇报》被政治当局查封后，他才到《观察》来，《观察》被查封，他也被捕，关了起来。雷柏龄是卖田产支持《观察》的，听说当了股东，也被捕。解放后，《观察》改为《新观察》出版，储先生还约我作画，那时也见过雷先生，地址在北兵马司胡同。

1957年，储先生任《光明日报》总编辑时，还约我作漫画，我在《人民日报》工作很忙，分不出时间，他问我能请什么人来《光明日报》工作，我说，现在画漫画的人都有工作，不知能否调动。只有两人当时是在周扬一次讲话后当了专业漫画家，那是沈同衡和肖里，请这两位还有可能。后来知道肖里去了，为《光明日报》作漫画，终于和储安平一起被划为“右派分子”。

现在回想起来，储安平之所以想用我的画，很可能是因为我只看《大公报》和《观察》这两种报刊，接受这两报的政治观点，画又是从英国漫画家大卫·罗的漫画学来，画法和风格都和大卫·罗相近，和米谷、张文元、丁聪等画风不同。后来又知道我是刚从大学毕业不久的学生，是他能寄予培养希望的画家。

这只是我的估计。他曾为此写一篇文章提到约我作画的原因，发表在《观察》上。

方成

2004年8月30日

十几年过去，重读此文，仍让人感慨万千。历史细节，留存字里行间。岁月，也就这样流过去了。

黄苗子先生与方成一样，也是香山人。十年前的2007年1月，为吉林卫视的《回家》节目拍摄黄苗子回家，这一年，黄苗子九十四岁，方成九十岁，我陪他们二位重返故里。走进方成的左步村，在孙家祠堂前合了影，又走进阮玲玉故居。此次陪同两个九旬老人，十来天的一路拍摄，现在回想，真是后怕，万一有了闪失，怎么得了？

两年过去，丁聪先生于2009年5月逝世，人民网请方成、谭文瑞（笔名池北偶，《人民日报》原总编辑）与我一起，谈论我们眼中的丁聪。

谭文瑞先生是报人，也擅长写讽刺诗，他与丁聪、方成都有很好的合作。我们总是喊他老谭，从不叫官位，那一代的老报人不喜欢人

2007 年 1 月陪同黄苗子、方成回中山拍摄《回家》节目，后面是用牡蛎壳修建的墙

方成为丁聪百年诞辰展览题字

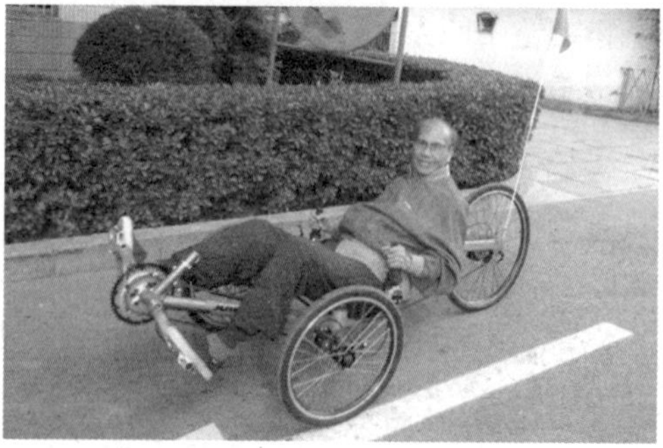

偶遇方成骑轮椅

们叫官职，更喜欢随和的称呼，觉得自己与大家心更近，更亲切。老谭身体本来一直很好，谁料想，2014 年夏天，在北戴河报社疗养所休息时，下台阶，一不小心摔倒，再也没有醒过来，享年九十二岁。

方成活得很好。几年前，他还在院子里骑轮椅，忽然碰到，我拍下他乐滋滋的样子。

2016 年 12 月 6 日是丁聪百年诞辰纪念，在上海举办展览，我去找方成请他题词，他二话没说，写下大大的八个大字：丁聪百年，漫画一生。这既是展览名称，也印在请柬上。

这两年，方成身体不如从前，见到人，想不起名字。一天，在电梯里遇到他，我说："认识我吗？"他看看，说："认识。""我叫什么名字？"他想了又想，没有说出来，只说："我知道，两个字。"听了，心里还是一阵酸痛。

不过，百岁方成每天都写一幅大字，这也是防止老年痴呆的一个好办法。每天看到方成儿子发出的大字，真为他高兴。

百岁华诞，匆匆草就此文，祝方成老头儿健康，快乐！

完稿于 2017 年 6 月 9 日，北京看云斋

冯骥才

——走自己的路，看人生风景

人生路上看精彩风景

时间过得真快，没有想到认识冯骥才先生超过三十年了。找到他送我的第一套书《冯骥才选集》，时间为 1986 年 7 月 7 日。我们熟悉后，不再叫冯先生，而是叫“大冯”，一直叫到今天。

这位个头高大的人喜欢运动，曾是篮球队员，可是，他却把更多的时间、精力，投入到艺术门类之中。他从小开始画画，居然一次又一次临摹《清明上河图》，那可真是要下不一般的功夫。他喜欢收藏民间大大小小的物件，从而奠定后来全身心投入文化保护的扎实基础。当然，对于他，最大的诱惑是文学。这一诱惑，是在十年“文革”期间鬼使神差地出现在他的面前的，令他无法抗拒。

冯骥才 1942 年出生，1966 年“文革”爆发时，二十四岁的他与顾同昭大姐结婚。新婚之际，未曾预料的风暴就来了。五十年，他们相濡以沫，在风云变幻中走过。2016 年，他们步入金婚，我收到他们夫妇题赠的《金婚图记》。翻阅图记，两个大家族在天津的风风雨雨，依次展开……

动荡岁月，沉甸甸的历史责任感促使冯骥才开始偷偷记录。他清

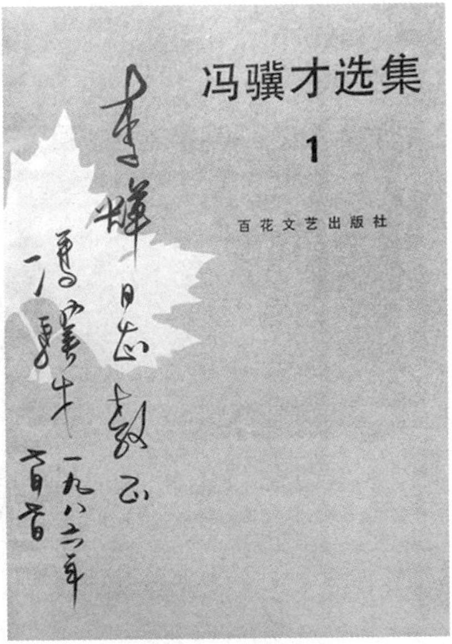

1986 年冯骥才题赠《冯骥才选集》

大冯夫妇题赠《金婚图记》(1)

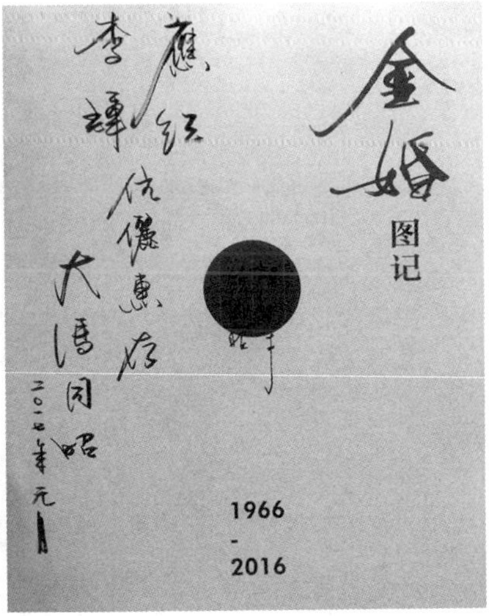

大冯夫妇题赠《金婚图记》(2)

大冯与顾大姐结识后的第一张合影

醒地意识到他们这代人，需要以不同的方式记录现实发生的一切，为了现实不被遗忘，更是为了留存历史。下面他的这段文字描述了当年的情形：

> 我把自己锁在屋里，偷偷写起来，只要有人叩门，我立即停笔，并把写了字的纸东藏西掖。这片言只语要是被人发现，就会毁了自己，甚至家破人亡，不堪设想。每每运动一来，我就把这些写好的东西埋藏在院子的砖块下边、塞在楼板缝里，或者一层层粘起来，外边糊上宣传画片，作为掩蔽，以便将来有用时拿温水泡了再一张张揭出来。……但藏东西的人总觉得什么地方都不稳妥。一度，我把这些稿子卷成卷儿，塞进自行车的横梁管儿里。这车白天就放在单位里，单位整天闹着互相查找“敌情线索”。我总觉得会有人猛扑过去从车管儿里把稿子掏出来。不安整天折磨着我。终于我把稿子悄悄弄出来，

用火点着烧了。心里立刻平静下来，跟着而来的却是茫然和沮丧。以后，我一发有了抑制不住的写的冲动时，便随写随撕碎，扔在厕所里冲掉；冬天我守着炉子写，写好了，轻轻读给自己听，读到自己也受感动时便再重读几遍，最后却只能恋恋不舍地投进火炉里。当辗转的火舌把一张张浸着心血的纸舔成薄薄的余灰时，我的心仿佛被灼热的火舌刺穿了。

（《命运的驱使》）

命运的驱使，就是让他永远停不下脚步！

1975年前后，大冯写了一系列诗歌，其中这首《路》，四十年后再读，仍然令人感动。

人们自己走自己的路，谁也不管谁，
而我却选定了这样一条路……

这是一条时而欢乐、时而痛苦的路，
这是一条充满荆棘的路。
一条宽起来无边、窄起来惊心的路，
一条爬上去艰辛、滑下来危险的路。

一条没有尽头、无望的路，
一条没有路标、无处询问的路。
一条时时中断的路，
一条看不见的路……

但我决意走这样的路，
因为它是一条真实的路。

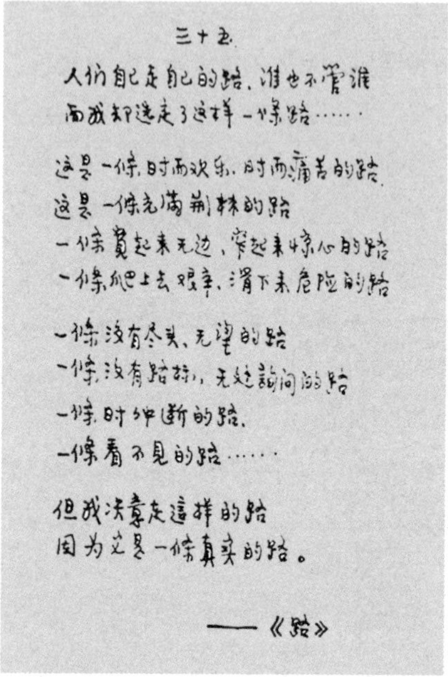
三十五

人们自己走自己的路，谁也不管谁
而我却选走了这样一條路……

这是一條时而欢乐，时而痛苦的路
这是一條充满荆棘的路
一條宽起来无边，窄起来惊心的路
一條爬上去艰辛，滑下来危险的路

一條没有尽头、无望的路
一條没有路标，无处询问的路
一條时中断的路
一條看不見的路……

但我决意走這样的路
因为这是一條真实的路。

——《路》

1975 年《路》手稿

冯骥才义无反顾地选择了自己的路。一走，就是五十年！

的确，一个人的选择，决定他应该做什么，可以走多远。从小说创作到非虚构写作，从个人收藏转而在全国呼吁保护非物质文化遗产、呼吁保护古村落等，冯骥才与现实的对应关系，对历史文化传统的爱之深痛之切的隐忧，令他不能放弃个人责任，不能让文化脉络在这一代人手里断裂。他敏感焦虑，他四处呼吁与演讲，他走进田野考察……

冯骥才走上自己选择的这条路，我们看路上精彩的人生风景。

《铺花的歧路》——不可替代的文学力量

冯骥才是一位有历史感的人，故而他的笔下总是呈现沉甸甸的历史真实。

2002年清明时节，我得知花甲之年的冯骥才要回故乡宁波慈溪，冯家祖居将交还于他。同时，在宁波天一阁还将举办“冯骥才甲子省亲展览”。我与他联系，带上吉林卫视《回家》栏目组，陪同他走进宁波，记录他的故乡之行。面对镜头，冯骥才说了这样一段谈及历史与生命相关的话，说得特别精彩：

> 作家对生命特别重视，对源头特别重视，尤其对于生命的来源，总是要追究、寻找遥远的联系，好像要触摸生命的源头。我觉得生命有时候会有漂泊感，但是故园、故土、故人给你一种安慰。我觉得这跟植物一样。植物到春天的时候，所有树枝往上长，越长越好，表现一种生命力；可是到秋天的时候，它要回到土地上，要寻找土地。所以我也希望我的下一代，能接地气。这一次把我的小孙女带回来了。她很聪明，会有一点记忆，我想给她留下一点童年的记忆。
>
> 我觉得一个人或者一个民族，他的生命一定是三段的，一段是现代时的，一段是属于未来的，一段是自己的历史。历史也是自己生命中最重要的一部分，因为历史是一种精神，我们的精神，我们的情感，我们生命的本身，实际都存在于已经失去的一段历史里面。

回到故乡，当然不只是触摸生命源头，更是体验生命行程，走进历史。

最初读冯骥才的作品，是我就读于复旦大学期间。

1978年的夏天，我们班同学卢新华的短篇小说《伤痕》由《文汇报》发表，顿时轰动社会。《伤痕》之后，反映“文革”带给民族伤痛的

《铺花的歧路》手稿

1979 年人民文学出版社《铺花的歧路》初版本，首印 5 万册

文学作品，冯骥才的《铺花的歧路》、从维熙的《大墙下的红玉兰》、古华的《芙蓉镇》等，如井喷迸发。《伤痕》之前，已有刘心武的《班主任》在时代转换之际开文学揭示精神伤痕之先声，但是卢新华的这篇小说，因其具有更广泛的社会影响，其篇名更通俗、明确，故很快被用来命名新时期文学的第一波创作潮流——“伤痕文学”。

冯骥才的《铺花的歧路》，与诸多“伤痕文学”作品一样，写了一位女红卫兵的故事。女红卫兵白慧因失手殴打一位女教师，未曾想到的是，她后来结识的男朋友常鸣就是这位教师的儿子。内疚、悔恨、悲痛，一直折磨着白慧，使她永远无法得到解脱……

与冯骥才后来创作的《雕花烟斗》《神鞭》《三寸金莲》《炮打双灯》等小说相比，长篇小说《铺花的歧路》的故事叙述能力和他对一代红卫兵内心伤痕的描写，今天再看，依旧有历史沉重感。

“文革”高潮过去，白慧上山下乡前往内蒙古的草原。已经在红旗拖拉机厂当工人的常鸣，作为技术员被派往那里的拖拉机修配厂工作半年。常鸣到医院看病，走到取药窗口时，面前出现的正是白慧，令他震惊。白慧无法原谅自己，却又无法割舍与常鸣的感情。医院里的重逢，以凄凉结局告终。常鸣在黑暗中徘徊，可以想见他内心的痛苦。

“四人帮”粉碎，普天同庆之际，白慧给父亲留下一封长信，她决定离开人世——“我走了……我决定了。”下面这段话令她父亲痛心不已：“如果人有两条生命多好！我情愿死掉以前那耻辱的一条，让另一条生命重新开始，好好开始！但可惜人只有一条生命……”

白慧还留下一封写给常鸣的信，请父亲让小说中的另外一位女红卫兵杜莹莹转交常鸣。这封信同样写得感人至深。常鸣终于读到了白慧这封发自肺腑的情书——可惜是生命告别的情书。常鸣骑上自行车一路疾驰，整整一个上午都在寻找白慧，毫无踪影。他把车停在一个空地上。对面是东大河的大湾渡口，圆形大钟在远方竖立。这个地方，正是白慧第一次约常鸣见面的地方。常鸣当年没有前来，这次却意外地来到这里。“他的幸福好像从这儿断绝的，现在却又偶然地来到这里。意味着什么呢？”这显然是冯骥才埋下的伏笔。

常鸣走到沙滩上，不远处退潮的沙地上出现一个姑娘的身影，正是白慧！

《铺花的歧路》从校园批斗，到上山下乡后白慧与常鸣在医院偶遇，再到最后海边沙滩上的最后拥抱，白慧与常鸣终于有了一个圆满的结局。我想，这是冯骥才在叙述历史真相的同时，还能够给予这一代年轻人痛定思痛之后的一种温暖。这种温暖，会让他们重新感受生活的厚爱，珍惜生命，从而赋予他们继续前行的力量。这部小说创作于将近四十年前，再读之，仍然能感受到以文学叙述历史真实的一种不可替代的力量。

经过几年的创作之后，冯骥才对作家开始形成颇为清晰的认识。1984 年，他在《我心中的文学》一文中，这样谈到一个作家应该具备的素质和架构能力：

一个作家应当具备哪些素质？

想象力、发现力、感受力、洞察力、捕捉力、判断力，活跃的形象思维和严谨的逻辑思维；尽可能庞杂的生活知识和尽可能全面的艺术素养；要巧、要拙、要灵、要韧，要对大千世界充满好奇心，要对千形万态事物所独具的细节异常敏感，要对形形色色人的音容笑貌、举止动念，抓得又牢又准；还要对这一切，最磅礴和最细微的，有形和无形的，运动和静止的，清晰繁杂和朦胧一团的，都能准确地表达出来。笔头有如湘绣艺人的针尖，布局有如拿破仑摆阵；手中仿佛真有魔法，把所有无生命的东西勾勒得活灵活现。还要感觉灵敏、情感饱满、境界丰富。作家内心是个小舞台，社会舞台的小模型，生活的一切经过艺术的浓缩，都在这里重演，而且它还要不断变幻人物、场景、气氛和情趣。作家的能力最高表现为，在这之上，创造出崭新的、富有典型意义和审美价值的人物。

（《我心中的文学》）

这是在文坛亮相不久的作家对文学的感悟。在以后的小说创作中，他一直期盼进入这个境界。

口述实录下的历史真实

从《铺花的歧路》开始，对历史的叩问，从来没有离开冯骥才的视野。20 世纪 80 年代中期，他的最重要的一部作品，是非虚构的口述历史实录《一百个人的十年》。

“口述历史实录”最初盛行于欧美。1983 年，毕朔望先生组织一批译者，翻译美国斯特兹·特克尔（Studs Terkel）的作品，以《美国梦寻》为书名出版。在缀语里，毕朔望呼吁中国的作家不妨向特克尔学习，也以这种“口述历史实录”的方式，留存现实与历史。他这样写道：

行文至此，忽念中国之大，人物之盛，思想之开拓，情感之深刻，如果弄一本特克尔式的《神州人语》之类的实录文字来，一定很有意思，也会畅销的。真希望有人费点力气来试它一试。当然，只能借意。中国有自己的国情，譬如访问对象便绝不会忽略知识分子，这是不消说得的。

（《〈美国梦寻〉缀语》）

《美国梦寻》一经出版，立即引起诸多读者和作家的关注。率先采用口述实录形式开始记录中国现实和历史的，分别是冯骥才、张辛欣与桑晔。

1984 年，张辛欣、桑晔两人合作，四处寻访、记录普通中国人的日常生活，第二年开始在不同期刊上陆续发表，然后结集为《北京人——一百个普通人的自述》出版。

而冯骥才几乎也在同时，成功地将口述实录形式引入到挖掘历史记忆的写作领域。

借不同人的个人记忆，为“文革”历史留下群体印象。这些口述实录笔下的人物各行各业都有，叙述的角度也各不相同——拾纸救父；崇拜的代价；伟大的受难者；我到底有没有罪；搞原子弹的科学家；一个八岁的死刑陪绑者；一对夫妻的三千六百五十天；失踪的少女；一个老红卫兵的自白；我不愿意承认是牺牲品；忏悔录……正是这种方方面面的叙述，使这段历史更为丰富、更为立体。可以说，其历史价值和人性呈现不可代替。

这些口述实录，1986 年开始在《收获》《当代》等期刊上陆续发表。后结集为《一百个人的十年》第一集，1987 年出版。至 2017 年，正好出版三十年。

口述实录的采访过程，也是冯骥才再次亲历“文革”历史的过程。从不同谈话对象那里，他深深感受到他们对他的信任。他为之感动，从而意识到手中之笔的分量何其重。他知道，自己不能辜负这些素不相识的人对他的信任。他有不可推卸的责任，将他们倾诉的亲身经历写下来，既是为他们，更是为自己、为历史。

冯骥才的这本口述实录，时隔多年又再版。为新版，冯骥才写了一篇《决不放弃使命——〈一百个人的十年〉再记》，最后他写下的这段话，读得令人百感交集：

> 一位读者曾写信谴责我：“你曾经信誓旦旦，要为我们一代人写

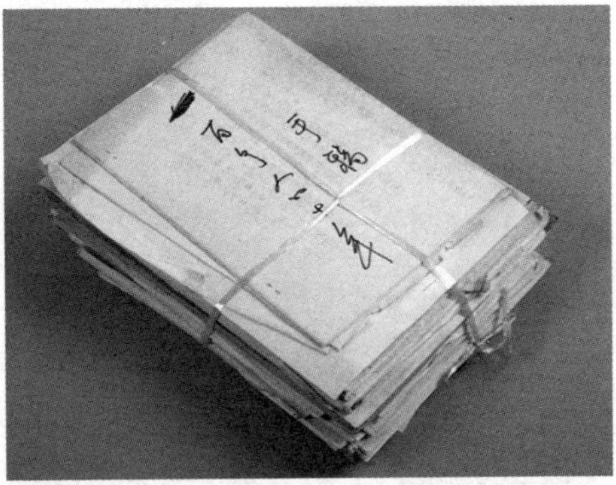

《一百个人的十年》手稿

‘心灵史’，为什么有头无尾，放一炮跑了？你死了？勇气没了？还是也做买卖去了？”

读了这信，我点燃一支烟，一直抽得烧到手指头，捉笔只给他写了一句话：

“我没权利放弃这使命！”

说得真好——“我没权利放弃这使命！”

冯骥才的确没有“放弃这使命”。二十多年后，他相续完成非虚构作品《无路可逃：1966—1976 自我口述史》《凌汛：朝内大街 166 号》《炼狱·天堂》《激流中》等。在这些作品里，他叙述自己亲历的历史，叙述新时期文学开始阶段与人民文学出版社前辈编辑们之间的场景……在他的笔下，诸多历史细节、丰富记忆为历史存照。

2017 年 5 月下旬，我前往南京看望九十八岁的杨苡老人，聊天时，她谈到了《收获》发表的《无路可逃》。她说，没有想到冯骥才的岳母就是她在天津时的闺蜜。她找出 20 世纪 70 年代冯骥才岳母的来信，又找出抗战爆发后她离开天津之前在顾家花园里拍摄的照片。老人记忆甚好，居然在一张纸上把顾家的几个孩子的名字全部写出。我将这

1938 年杨苡离开天津前在顾家花园的留影

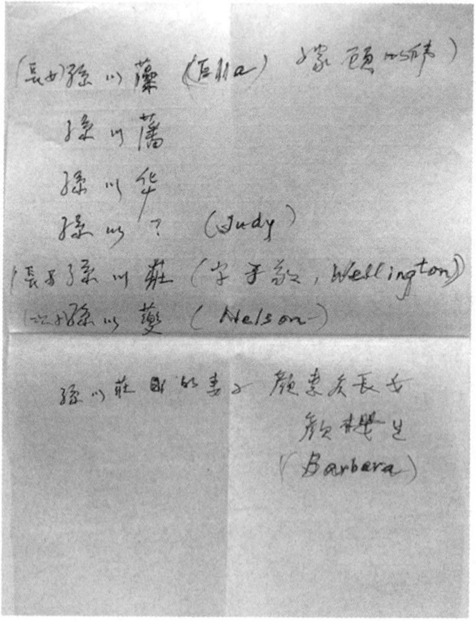

98 岁的杨苡写下孙家几个孩子的全部姓名

大冯发来顾大姐儿时与父母在一起的合影

次巧遇微信发给冯骥才，他也为之吃惊、感叹。

历史叙述的魅力就是如此诱人。人们阅读之后，总是会在不经意间重温记忆，走进历史深处，非虚构作品的力量就在于此。

不能拒绝的神圣使命

走进20世纪90年代，中国的各大城市，不知为何，一下子开始进行旧城改造。房地产的大动作，从此让曾经保留若干古城风貌的城市里的老街、胡同、弄堂、老建筑等，仿佛秋风扫落叶一般不复存在。

冯骥才清醒地意识到，天津的旧城改造必将失去曾有的风韵。早在1994年，冯骥才就组织一个团队，用照相机拍摄天津的老房子，现在，旧城改造让这个团队有了更强烈的紧迫感。

天津的旧城改造于1995年6月7日开始。冯骥才组织二十几位摄影师、十几位测绘人员，走进大街小巷，走进被拆除的建筑。这可谓是一次前所未有的田野考察和行为艺术，因为他们的拍摄和测绘，三年之后“天津老房子”系列画册出版。

1999年2月，我收到冯骥才寄来的请柬，他将在天津举办《天津老房子》画册的发布会，我前去参加。这是一次难得的聚会，听冯骥才慷慨陈词，听一位又一位参与者的讲述，他们的故乡情怀令人感动。

我喜欢这本《天津老房子：旧城遗韵》。翻阅一幅幅图片，再看到后面那些摄影师的照片。说实话，应该感谢这些参与者，他们与冯骥才同行，为自己的故乡天津城留下城市遗韵，借图片延续文脉。

2004年，冯骥才在《收获》杂志开设《田野调查》专栏。年过六旬的他，高大魁梧，一次又一次走进田野之间，在民间寻访，在工匠传人那里寻找传统的源头。这些文章后来由作家出版社以《民间灵气：癸未甲申田野考察档案》结集出版。《民间灵气》，多么好的书名。冯骥才在田野调查中感受到的正是充溢民间的灵气，是千百年的民间工匠灵气，让传统多了魅力。如今，冯骥才用笔将之呈现于我们面前。

我于2016年10月退休，应大象出版社之邀，负责北京工作室的策划出版。我首先想到了冯骥才。4月初微信问他关于文化保护的演讲是否结集出版过，他回复没有。于是，我们开始了合作，将他十多年间的演讲略加整理，以《不能拒绝的神圣使命》为书名出版。装帧设计时，我建议将他在1975年写的《路》这首诗的手稿放在封底上。在我看来，只有这首《路》，才能够体现一个文化人的精神取向，体现他对脚下这片土地的爱，为保护传统文化而拥有的强烈使命感。

“不能拒绝的神圣使命”，可以说，这是冯骥才一生的追求——从文学创作到文化保护，神圣使命，无法拒绝。

十多年的演讲，冯骥才将之分为三个阶段：2001年至2006年，民间文化遗产抢救性普查的启动阶段；2007年至2011年，民间文化遗产的记录与保护阶段；2012年至2016年，“非遗后”和古村落抢救性全面普查开始的阶段。

一次又一次地演讲，成为从花甲至古稀之年的冯骥才另外一种思想和行为的表达方式。不妨看看这些演讲的题目，每一个都穿透人心：

《民间文化工作者的当代使命是抢救》《不能拒绝的神圣使命》《我们在艰难中举步》《为人类守护住东方的文明》《和县长一起思考》《呼唤全民的文化自觉》《让灿烂的口头文学永远相传下去》《为紧急保护古村落再进一言》……

为这本演讲集，冯骥才撰写自序，题为《说出来的思想》。他坦陈为何投身于文化遗产的抢救：

我说过我要做“行动的知识分子”。我所做的事情——文化遗产的抢救，不仅需要我说我讲，需要呼吁乃至呼喊，更需要我用行动告诉人们我们应该做什么和怎样做。这样，我的演讲既有形而上的“思想”，也有与田野工作紧密相关的理论性的思考，而且近二十年来，它像一条线一直贯穿我为之奋斗的事业，我在全国各地乃至海外，所做的演讲何止一二百场。面对的人既有学界，也有社会各界乃至市民村民。因为在我们这个时代，文化抢救更需要唤起民众。为此，我的演讲，包含着我每一步思想的足迹。由于我所做的事，是与同道者共同所为，故而在这些“言论”中，自然可见我们一代文化界的知识分子为民族的文化命运而战的思想历程。

说出来的思想，就是行动的力量！

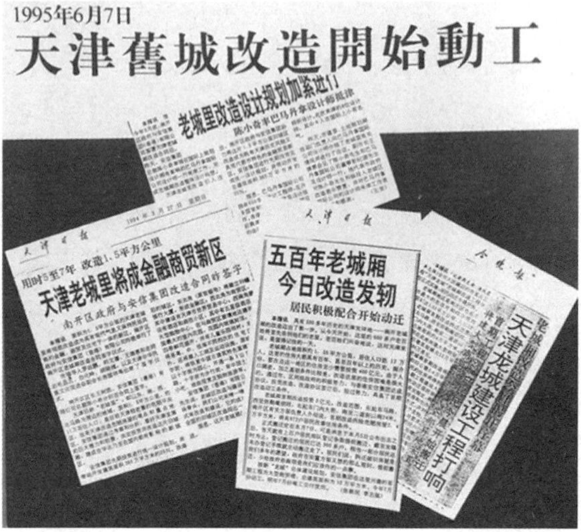

天津旧城改造开始了

摄影师（1）

摄影师（2）

摄影师（3）

研讨会合影

无法拒绝的、必须履行的神圣使命！

2017年，冯骥才步入七十五周岁。他不会放弃已经选择的路。在这条路上，他仍将继续前行！

2017年9月19日和20日，“为未来记录历史——冯骥才文学与文化遗产保护国际研讨会”在天津大学举行。他的一些老朋友、研究者、汉学家，从日本、俄罗斯、意大利、法国、德国等地来到天津大学，大家深入探讨，漫谈，度过快乐时光。为这次研讨会，我写下这样一段话：

从小说到非虚构文学的创作，冯骥才为当代文学史提供一个很高的标杆。他的创作，无论小说或者非虚构作品，都与历史密切相关。历史场景，在不同类型的体裁形式里得到富有深度的呈现，为百年中国历史，提供不可多得文本。创作之外，在二十年间，由收藏文物入手，他把视野拓展到文化保护的更大领域。他在《收获》杂志开设的《田野考察》专栏，他在将近二十年间的关于文化保护的演讲中，体现一位作家、知识分子对传统的热爱，对文化消失的忧虑和保护的紧迫感。在他一次次地呼吁和奔走之间，中国的古建筑的保护、民间传统工艺的传承、农村村落的留存等，引发上上下下的关注，他堪为文化保护的先驱。一个作家，在文学和文化保护两个领域施展身手，可谓少见。在当代中国文学、文化保护方面，冯骥才必将占据一个极为重要的位置。

完稿于 2017 年 10 月，北京看云斋

黄永玉

——每年都想做有意思的事

“我们这里的人只想做事”

时间真快，在《环球人物》杂志开设的《先生们》专栏，居然一下子到了写最后一位先生的时候。从第一篇巴金开始，二十三位先生陆续亮相，与他们交往的点点滴滴，存留在心，难以忘怀。

最后一位，我想应该写写黄永玉先生。一位九十四岁高龄的老人，从来没有停下脚步，总是在不断创作。时常与他聊天，他总是会说：“我每年都想做有意思的事。”

我想，他说这句话时，也许想到表叔沈从文 1949 年夏天写给他的一封长信。当时，黄永玉在香港，一边画画、刻木刻，一边写诗歌、散文，编电影剧本。表叔写来的这封信，令他感动。沈从文这封信，8 月 11 日发表于香港《大公报》的《大公园》副刊头条，收信人姓名隐去，以 ×× 代替，标题《我们这里的人只想做事》，署名“沈从文”。标题下面配以题花。题花为两条小船，寓漂泊之舟找到了栖身港湾之意，这题花正是黄永玉亲笔所绘。

“我们这里的人只想做事。”的确，我接触的许多先生，无论在任何环境里，哪怕身处逆境，做事一直是他们心中所系。做事，让他们内心沉稳而从容，文化的一点一滴，其实就是在做每一件事情的过程中的积累、延续。正是如此，他们的生命才没有荒废，才在文化创造中安身立命。我难以设想，如果没有这些先生的恩惠，没有他们事无巨细的教诲指点，我真的会变得非常脆弱与浅薄。对于这些先生，唯有敬重和感恩。

沈从文 1949 年夏天的来信，令黄永玉为之感动。第二年，1950 年夏天，黄永玉与梅溪从香港前往北京，时隔十几年与沈从文重逢。这次重逢，他决定离开香港，于 1952 年回到北京。

黄永玉在《太阳下的风景》中写道：“解放后，他是第一个要我回北京参加工作的人。不久，我和梅溪背着一架相机和满满一皮挎包的钞票上北京来探望从文表叔和婶婶以及两个小表弟了。”第一次来到北京，带有相机的黄永玉与梅溪游遍北京名胜，拍摄了一批风景照，更为难得的是留下了他与沈从文的合影，拍摄者则是五四时代的著名诗人冯至。

北京之行与表叔一家团聚，亲身感受新时代的兴奋，黄永玉做出了以后来北京生活的决定。返回香港后，他们写信把这一想法告诉了

大公園

我們這裏的人只想做事

關於禽獸的新聞

外國人

1949 年发表沈从文书信的《大公报》版式

沈从文，沈从文于1950年9月12日给梅溪写去一封三千多字的长信。沈从文在回复梅溪的信中说，他们的来访为自己一家带来了快乐。得知他们已有计划将来到北京生活，沈从文尤为兴奋。他说，愿意将自己的经验传授给黄永玉，还为他们两位从文学和艺术两方面设计发展方向，鼓励他们以自己的创造而尽快融于新的社会。半个多世纪后读此信，仍然可以强烈感受到沈从文似乎全然抛弃旧我之后的镇静与从容。沈从文甚至还向黄永玉提出了具体的建议：

> 读你们的来信，说到将来会来北京住下去，我是如何高兴！趁我头脑还能得用时来，有些对于工作的本质理解，有些看法，有些未能完成的理想，有些具发展性和延续性的工作经验，一定会对于永玉有

1950年沈从文与香港来的表侄黄永玉在家门前

用处的。

……

永玉将来还得到东北去走走，西北走走，看看云冈敦煌，和黑龙江的黑土，鞍山大铁矿，以及内蒙古包中的大小蒙古人，这一切对你们都需要，学画和文学全需要。可得先有个准备条件，即把身体弄好。你们两人都得在健康上也努点力。……

……

加强学习，是爱国家一个条件。国家事情多，要一个人敌十个人用。要鼓励永玉多做点事，这也就是你的创作的一部分。我两年来写信能力全丢失了，不知可说得对不对。

1953年，黄永玉带着妻子梅溪和刚刚出生不久的儿子黑蛮，离开香港，前往北京。火车抵达位于前门的北京火车站。年过半百的沈从文，一个人站在月台上迎接他们。从此，他们一起生活在同一座城市。

果然如沈从文所说，来到北京的黄永玉，很快成为《人民日报》特派记者，走进大兴安岭地区，一待就是几个月。他拍摄照片、撰写散文《森林小学》等，均发表在《人民日报》上。

黄永玉一生几乎没有空闲过，无论在何种情形下，他都会找一个突破口，做自己想做的事情。20世纪30年代末开始学木刻；40年代开始写长诗、小说与散文；50年代初写电影剧本《儿女经》；50年代在荣宝斋学套色木刻，完成著名的《阿诗玛》和齐白石肖像；60年代写“动物寓言”；70年代在干校期间躲在被窝里写《老婆呀，不要哭》，70年代末写《太阳下的风景》；80年代写一组《比我老的老头》，诗集《曾经有过那种时候》获得中国作协的第一届诗歌奖；90年代出版《沿着塞纳河到翡冷翠》《大胖子张老闷儿列传》《无愁河的浪荡汉子》……

网络上经常出现黄永玉的句子，不妨称作“黄永玉金句”。在《沿着塞纳河到翡冷翠》里，他写过这样一句话："你刚刚抵达一个地方，马上感到有一种离别的隐痛，就说明你爱上它了。"

爱，就是倾注全力做事，永远做有意思的事，这就是一个人终其一生的生命力所在。

猴票与十二生肖

2006年，丙戌年，狗年。1980年，黄永玉曾设计一幅著名的猴年生肖邮票，中国集邮公司希望他也为丙戌年再设计一枚狗年生肖邮票。黄永玉别出心裁地画了一幅狗撒尿的形象，未获通过。恰巧此时作家出版社出版珍藏版《比我老的老头》，这幅设计图便成为一枚漂亮的藏书票。画面精致，生动而幽默，黄永玉题跋："借出的书，走失的狗，惟愿认得路回来！"他把写书人、读书人和藏书人的缘分与情感，妙趣横生地表现出来。

也是这一机遇，黄永玉开始了生肖挂历的创作，一画就是十二年。

黄永玉属鼠，笔下画出的老鼠活泼、机智、可爱。他画过一幅小老鼠，"我丑，我妈喜欢"这句题跋，让人会心一笑，过目难忘。

黄永玉与动物特别有缘，养过多少动物，难以统计。如今，在家里与他相伴的，还有狗、猫、刺猬、乌龟、鹦鹉……正因为喜欢动物，他才仔细观察动物，了解动物习性，以动物入画。为画生肖，黄永玉会读不同的书，听朋友讲不同的故事。每年画一组农历年属相的生肖画，已是黄永玉乐此不疲的保留节目。猴年画猴，狗年画狗，牛年画牛……有什么相关笑话？有什么趣闻？诗文成语中有哪些可以借用？早早地，他就开始搜集、琢磨。记事本上顺手记下的一点一滴，或许有一天就孕育了生肖画的灵感，转化成笔下的奇思妙想。

子丑相连，再画己丑牛，他已是八十五岁高龄。以牛为主角的这组生肖画，依然跳跃着活力四射的机智、狡黠和艺术灵感，复有漫溢而出的情趣。一头牛是一幅山野情景，一头牛是一曲民间小调，一头牛甚至又会是俗到极点的趣闻。与画荷花、白鹤颇为不同，他赋予生肖画更多的幽默、讽刺等漫画的特征。与著名的诗画配系列“永玉六记”一样，他的生肖画显露出与众不同的思维习惯和机智，表现出他的别出心裁、大俗大雅。

谁能想到，他把牛顿也归于“牛”的行列，万有引力居然与中国人习惯牛年言吉大喊一声“牛！”紧密相关。谁能想到，在他这里，耳熟能详的成语或故事——初生牛犊不怕虎、庖丁解牛、牛头不对马嘴、牛魔王与孙悟空……或解构，或深化，或平添趣味。至于一幅牛棚中老牛受困，“坦白从宽”的横幅，将他那一代人亲历的尴尬与磨难表现出来，充满情趣的系列，忽然间多了历史沧桑感。

中国传统生肖文化，通常只侧重于热闹与喜庆的渲染，而对于黄永玉来说，生肖画既是传统的衔接，也是他对生命体验与现实思考的延续。因有黄永玉的创作，生肖文化多了快乐，多了才情，更多了思想的机智和历史的分量。

2016 年是丙申年，又一个猴年将至。中国邮票总公司想再请黄永玉出山设计新猴票。1979 年设计第一枚猴票时，黄永玉五十五岁，2015 年，他已年届九十一岁。一番认真考虑，黄永玉利用创作长篇小说《无愁河的浪荡汉子》的间歇，开始新的猴票创作。

丙申年的猴票为两枚。第一枚画面为一只猴子，它一只手抓住树枝，尾巴吊在树上，另一只手捧着一个红艳灿烂的桃子。捧桃献瑞，寄寓吉祥。

第二枚画面为一只母猴抱着两只小猴。设计猴票之前，国家刚刚宣布部分符合条件的夫妻可以生二胎，黄永玉敏感地捕捉这一信息，并将之呈现。一个巧合，当邮票即将发行之时，中国宣布全面放开二胎生育，难怪不少看到这枚怀抱两只猴的新猴票的网友，纷纷发帖惊呼："难道黄永玉提前知道要放开二胎？"一次猴票的设计，为即将来临的猴年平添了诸多乐趣。

2015 年 8 月 6 日，两枚猴票开机仪式在邮票印厂举行，而在十多天之后，黄永玉就将迎来生日，成为名副其实的九十二岁老头儿。开机仪式，我特意请来 1968 年出生、属猴的白岩松兄前来参加。人们常说属鼠与属猴的关系好，此话甚是。每次黄永玉有重要活动，如果请岩松主持，他都会尽量前来，有他主持，我们心里特别踏实。

画完猴票，一年一度的猴年生肖挂历也进入黄永玉的创作。

丙申年挂历，沿袭以往风格，将猴与历史、现实的关联予以呈现，诙谐、风趣、幽默、温馨尽在其中。

黄永玉为猴年挂历写序如下：

自从那年帮邮电部画猴子邮票到现在，三十六年过去了。那时我才五十岁多一点。今年又叫我画猴子邮票，我九十二三了，我说这是我最后一次画猴子。朋友哄我说："不老！不老！你起码还有二十年好活，再画一圈猴子还有找头……""好笑！那时候我很可能在冥王星哪条大街上哪家茶馆里跟伽利略或哥白尼喝下午茶，幽幽太空，你怎么找得我？"

融德画廊孙世平仁弟找我画生肖挂历已经十一个年头，明年再画一份鸡历就算是凑足一"纪"。今年的猴历颇费力，用足一星期时间，力不从心，毕竟老了。猴子跟人关系密切，所以常被作为玩笑对象。它捂嘴巴、蒙眼睛、堵耳朵的民间雕塑和绘画形象流传东南亚一带，用来当作孔夫子的"非礼勿视、非礼勿言、非礼勿听"的教喻。后来我在印度好像也见过这类古代雕刻，就觉得不尽然全是孔夫子的意思了。……所以我重新恭请几位猴大哥出来做些不同的动作，欢歌我们今天现代文明的新时代和新气派。

跟猴子开玩笑的材料到处都是，可惜一年十二个月容纳不下，只

2016 年丙申年猴票两枚 (1)

2016 年丙申年猴票两枚 (2)

属鼠的黄永玉和我们两只“猴”在猴票开机仪式上　左一：白岩松

好请诸君原谅包涵了。

猴年挂历，一幅幅翻阅。新时代敢听、新时代敢看、新时代敢唱……让我这个属猴的不亦乐乎。最让人没有想到的是，黄永玉居然会画猴子美容宫开业图、画花果山猴子代表大会集体玩手机图。耄耋之人，喜欢观察新事物，充满好奇心，再以妙趣横生的笔将之呈现，这样好玩儿的老头儿，怎么会老？

一年之后，黄永玉又完成鸡年挂历，十二生肖挂历就齐全了。结集出版，书名为《十二个十二月》，由湖南美术出版社出版，先后在北京的国家博物馆、长沙的美仑美术馆举办展览。

潇洒走一回，宜兴画壶去

画紫砂壶，一直在黄永玉心里念叨着。柳运宠兄的一个建议，终

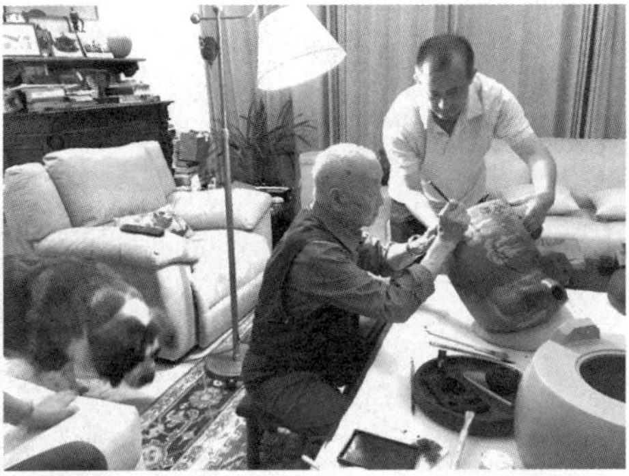

黄永玉画壶(柳运宠摄)

2017 年 11 月 26 日黄永玉画大壶

于促成了 2016 年春天的宜兴之行。九十二岁的黄永玉，4 月下旬前往宜兴，在那里一画就是一个月。他把一百多幅《水浒人物》画在紫砂壶上，他画紫藤、画人物……

听黄永玉聊天，他说他小小年纪就知道了宜兴紫砂壶。不过，当年在凤凰人嘴里，宜兴不是“宜兴”，说出来是“泥金”。老了，黄永玉越来越认可“泥金”这个叫法，多有诗意！

说这话时，他刚从宜兴归来。

“反正每一年每一天呢都安排有自己的工作，正常来讲，小说嘛

1995 年李辉在香港探望黄永玉

每天都要写，两个月三万字，再画几张插图。但是每一年自己都感觉要有一点稍微大一点的工作做，一个阶段性的小结。今年就是画这批紫砂壶。”黄永玉如是说。九十二岁的老人，连续七年不间断地写长篇小说《无愁河的浪荡汉子》，已经是很大的事情，他却每年还在想做一件“大事情”，其勃勃生机与创造力，年轻人恐怕也难以相比。2016 年春节期间，他因病住院，出院两个月后，再下决心，执意前往宜兴，完成一个夙愿：把一百多个“水浒人物”，一一画在紫砂壶上！

的确是一件有意思的大事情！

其实，对黄永玉而言，这也是一份浓浓的家族紫砂情缘。

黄永玉讲述儿时与紫砂壶（泥金壶）的故事：“我小的时候，父亲就让我欣赏泥金壶。他说，泥金壶一定要盖严，它来回转，但晃不了。转可以，晃荡不行。这个它做的像机器一样了。”讲这些话时，黄永玉手持自己画的紫砂壶，来回演示。如今，从父亲传下来的一个紫砂壶，黄永玉一直珍藏家中。一个不等形的壶，画面是一个树兜子与白色梅花。凭记忆，他向我描述祖传的这把紫砂壶。

欣赏紫砂壶，美的熏陶润物无声。儿时黄永玉，在凤凰的廊桥和大街小巷，与丰富的民间艺人的作品相遇：风筝、灯笼、龙、狮、糖人……令他喜欢一切美的造型、美的色彩、美的画面。后来，他学会木刻、绘画，造型艺术同样令他痴迷。如今，他最为大家熟悉的，莫过于那只“酒鬼瓶”。三十几年前，这个由麻袋布与泥巴的美妙集合的酒瓶，从此改变中国酒业包装千篇一律的单调局面。

画紫砂壶，他就没有停过。2017 年 11 月初，柳运宠兄又从宜兴运来十二个大紫砂壶，坐在客厅里，黄永玉一画就是好几天。一个个巨大的壶，带给人们多少喜悦。我于 2017 年 11 月 26 日去看他，他已经画好八把大壶，还有四把等着他画。他说，等这十二把大壶画好了，在万荷堂举办一个活动，请大家来看看。

多么美妙！

一个高高的励志标杆

九十四岁的黄永玉，永远在工作。

喜欢看摔跤的他，2016 年画了一百张左右的中国摔跤速写，自己觉得不满意。可是，对于我们而言，多么了不起！

《无愁河的浪荡汉子》还在继续创作，从凤凰写到福建，还将继续写到江西、上海、台湾、香港、北京……每两个月黄永玉为《收获》写一期的《无愁河的浪荡汉子》，两万字左右，自己画插图。汪曾祺在 1950 年谈黄永玉画展的文章里说到，黄永玉的记忆是他未来创作的源泉。的确，黄永玉的记忆力特别好，他叙述故事的能力也特别强。他是个画家，小说的画面感也很强，他反对任何成语，除非特别需要，不然不用，尽量不用形容词，所以他的文字跳跃性特别强。

方言写作也是黄永玉作品的一大特色。他写《朱雀城》，把湘西方言融会进去。写抗战期间的《八年》，把闽南话融会进去。记得 1995 年，我们夫妇到香港看望黄先生，逛了一天后，我说晚上有几

12 岁远离凤凰来到厦门集美学校的黄永玉

2011 年在绍兴徐渭故居前写生

个朋友请我吃饭，他说我和你们一块去吧。这些朋友都是闽南人，在桌上他就用闽南话和他们交流。方言写作，许多作家已不再运用，其实也是非常遗憾的事情。黄永玉广东话也好，等他写到香港生活时，相信一定会有同样的融会。

黄永玉时常对我说，《无愁河的浪荡汉子》肯定写不完，如果能够活到一百岁，写到一百岁，写完后你才能带我出去玩。他不止一次对我说，喜欢他这部小说的一定不止一个，如果沈从文看他的小说一定很高兴，而且会改来改去。萧乾一定也很喜欢他这个小说。

《无愁河的浪荡汉子》已经完成的篇幅里，黄永玉以具有现代汉语之美的个性化叙述，描写自己儿时的经历与漂泊，欲勾画出广阔社会背景下的历史沧桑。沧桑之中，故乡的风俗人情，个体生命的忧伤，漫溢文学的诗意。我们有理由对《无愁河的浪荡汉子》以后的叙述和

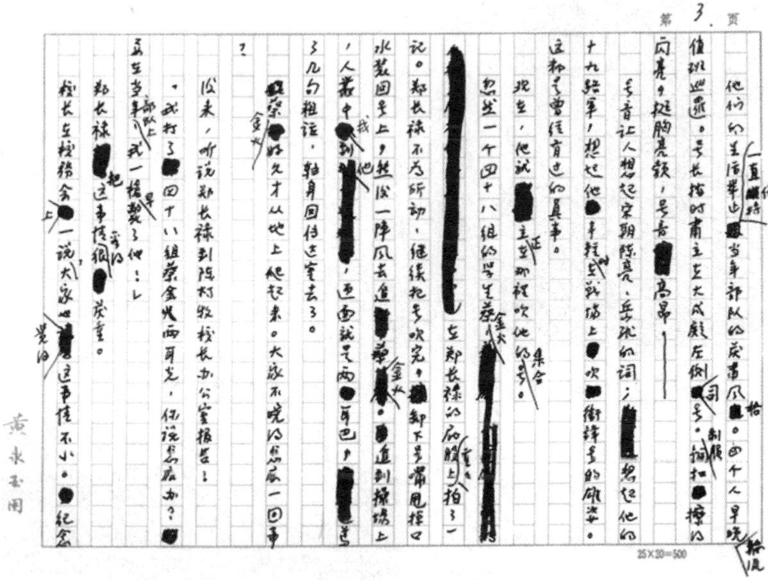

《无愁河的浪荡汉子》手稿

2014 年 10 月黄永玉在意大利

2017 年 11 月 26 日黄永玉在读书

写作中的黄永玉

格局充满期待，它必将会是一部具有民俗史、生活演进史、历史厚重感的长篇巨著。

将近四十年前，黄永玉写在《太阳下的风景》文章里的最后一段话，我特别喜欢："我们那个小小山城不知由于什么原因，常常令孩子们产生奔赴他乡的献身的幻想。从历史角度看来，这既不协调且充满悲凉，以致表叔和我都是在十二三岁时背着小小包袱，顺着小河，穿过洞庭去'翻阅另一本大书'的。"

穿越洞庭，翻阅大书。

精力旺盛的黄永玉，对我们这些年过花甲之人而言，真的是一个高高的人生励志标杆！

与之同行，是一种鞭策，更是一种激励……

完稿于 2017 年 11 月 28 日，北京看云斋

黄宗江

——卖艺黄家，艺术多么可爱!

多年前，三联书店出版过一本有趣的书《卖艺黄家》：黄宗江、黄宗淮、黄宗英、黄宗洛、黄宗汉五兄妹联袂亮相，从父母到五兄妹的故事，读一读，总有会心一笑的时候。

黄家五兄妹，我最熟悉的是黄宗江、黄宗英，其他三位，就不熟了。

看过黄宗洛演过的人艺话剧。他被誉为“跑龙套”。其实，许多小角色，他以深厚功力撑起了场面，气场可谓十足。他在张艺谋导演的《活着》里演的福贵爹，令人印象深刻。影片中，他与扮演福贵的葛优有一场精彩的飙戏，恐怕无人替代。1994 年《活着》在戛纳电影节上荣获大奖，同年黄宗洛发表《扫边老生的苦与乐》，与读者分享自己告别话剧舞台的封箱之作《遛早的人们》的感受。下面这段文字，黄宗洛寥寥数语，概括了自己话剧舞台“跑龙套”的四十年，写得真是妙：

《遛早的人们》里的瘫子乃敝人告别舞台封箱之作。粉墨春秋四十载，以跑龙套始，以跑龙套终，可谓善始善终矣！这位老爷子得的是中风后遗症——坐在轮椅上既不能说又不便于行动，充其量只能发出个别含混不清的单音，我表演上的浑身解数都使不上……难矣

黄家兄妹

前排左起：黄宗英、黄锐华（享年 99 岁）、黄燕玉（享年 103 岁）。后排左起：黄宗洛（享年 86 岁）、黄宗江（享年 89 岁）、黄宗淮（享年 62 岁）、黄宗汉（享年 83 岁）

三人同演电视剧

左起：黄宗汉、黄宗英、黄宗江

哉！意想不到的是上台以后，只要我这个人物一露头就有彩，而且掌声笑声一直不断，居然饱受欢迎，您说邪门不？！

黄宗洛把一位跑龙套的苦与乐，以如此潇洒的方式道出，这就是卖艺黄家一以贯之的风格。

写此文时，黄宗洛六十八岁。文章最后，他以“小老儿黄宗洛”署名，赋打油诗《无名草》一首，算是与话剧舞台告别：

书生本姓黄　来自飞云江
少小若呆痴　老来更寻常
路旁无名草　怡然傲风霜
化作春泥去　迎来满庭芳

告别话剧舞台，黄宗洛却在电影、电视剧里大展身手。颇为难得的是，四兄妹一起出演《大栅栏》。黄宗江饰李莲英，黄宗英饰大格格，黄宗汉饰亲王，黄宗洛饰穆大人。一张四兄妹的合影，再也无法重现了。

我认识黄宗江先生最早，算一算，已有三十多年了。当年，我在《北京晚报》当文艺记者，总在不同场合见到黄宗江。第一次见面，就很开心，完全一位“吊儿郎当”、说话随随便便的老头儿。说是老头儿，其实当时他不过六十出头儿，和我现在的年纪差不多。但他浑身充满活力，说不完的话，讲不完的故事，如果不打断，他不会停下来。后来，我编辑《五色土》副刊的《居京琐记》专栏，约请他赐稿。他很快寄来一篇《我的英语老师》。适逢燕京大学的学兄何炳棣归国访问，黄宗江与他阔别将近五十年，终得一见。一篇短文，由此开笔，勾勒出他的英语学习的教育背景。读此文，才知道他的文笔与众不同，洒脱，天马行空。

丁聪为《我的英语老师》画黄宗江与英语老师申葆青

生于北京的黄宗江，后来在天津就读于南开中学。哪里想得到，他的第一位英文老师居然是柳亚子先生的公子柳无忌的夫人。

有学兄何炳棣教授远自芝加哥来，近半个世纪没见了，人家如今是国际知名学者，称学兄未免唐突。我在燕京大学当“新人”时（英语称大学一年级学生为 Freshman），他已是研究生，但总还算得未名湖畔的同窗。何老说：你的英语居然没忘。我答：解放后直到“文革”后，几乎是一句英语也没说过，虽在“文革”中依然捞了很难听的称号，也都过去了，还是“文革”后几次出国，才又开口说洋文的，总算可以对付，还是凭的基本功或曰幼功。我首先提到的是我在南开上高中时的恩师柳太太（当时只知道是柳亚老的儿媳，无忌先生的夫人），如今总该是七老八十了，现居旧金山，听说曾返国，未得拜见为憾。何老闻听此言大悦，说自己也是在南开受业于柳。炳棣兄讲话狂放如昔胜昔，说了句英文：“I' m the first；you' re the last。”并解释说这句简单英语的意思是“我是老师的开山门弟子，你是关山门弟子。”其实开山门的当比他还早，关山门的当比我还晚；但此话确是一句尊师的动情语言。

黄宗江在南开中学的另外一位英语教师李尧林，是巴金的二哥。大学期间，我的研究对象就是巴金，读此文，备感亲切。黄宗江感慨，李尧林平易而又深情。他说，很像其弟巴老对待我辈后生：“我们从他们学习到的非仅语言文字，而是做人与做学问的道理。”在晚年黄宗江那里，巴金一直是一种精神力量的支撑。巴金所倡导的“说真话”，让这位看似洒脱、漫不经心的人，在其写作中，有了不改初心的坚持。

他之所以写这篇《我的英语老师》，是因为二十多年来，黄宗江几乎没有再说过英语。“文革”结束，学英语一时间成为全国热潮，许多人都是跟着“星期日广播英语”学习，黄宗江也不例外。主持这个节目的申葆青，成了花甲之年黄宗江的另一个老师。他说，聆听广播学习，颇为感动，还以学生身份给申葆青写信。申葆青很快回信，说她在20世纪40年代初的上海，是他的小观众。当时没有“粉丝”概念，其实就是黄宗江的粉丝。如今，黄宗江也成了她的粉丝。时间转换，就是如此美妙。

黄宗江也忘不了在文章中开开老伴阮若珊的玩笑。1938年，阮若珊从沦陷的北平贝满教会中学奔向太行山根据地，见到刘伯承。刘伯承问阮若珊：“小同志，你到了这里想学什么啊？”黄宗江妙笔生花写道：“那贝满之贝娇声地回答是：‘英文！’”刘帅大笑。

认识黄宗江，知道他在南开中学的同班同学中，有周汝昌、黄裳。巧的是，我后来与他们二位都有了往来。

与黄裳结识于1987年，二十多年间，往来颇多。为他编选《来燕榭书札》时，我写过一篇对黄裳印象的文章，题为《看那风流款款

1988 年，三代副刊编辑与副刊作者相聚于北京
左起：黄裳、姜德明、黄秋耘、邵燕祥、舒展、李辉

左起：黄宗江、邵燕祥、姜德明（李辉摄）

而行》，作为该书序言。里面我写道，黄裳寡言，文笔却五光十色，变化无穷。他很少外出演讲。不过，我在郑州主持越秀学术讲座期间，1999 年 6 月，特意邀请他和姜德明两位藏书家，分别从京沪两地前往郑州，做了一场关于《藏书与书话》的讲座。黄裳由陆灏兄陪同，姜德明由我陪同。黄裳话少，自然由姜德明先生主讲。两位先生联袂出场，也属难得。

黄裳健在时，我先后为他编选《黄裳自述》《来燕榭集外文钞》《来燕榭书札》《劫余古艳：来燕榭书跋手迹辑存》等书。2019 年将是黄裳百年诞辰，我找出他的来信一百余封，交由大象出版社列入“大象名家珍藏系列”出版，正好与他的《劫余古艳：来燕榭书跋手迹辑存》相呼应，也是了却一个心愿。

周汝昌也是《居京琐记》的作者。我最后与他往来，是在征集《来燕榭书札》之际。自20世纪50年代开始，周汝昌与上海的黄裳来往通信，内容大多与《红楼梦》相关。周汝昌的字迹难认，只能录好后，送去请他校订。早在80年代，周汝昌的视力就不好，写来的信，字都写得颇大。90年代末，他的视力更不如从前。好在老人极其认真，一封一封费力校订，现在想想，真的令人感动。老人2002年去世，《来燕榭书札》2004年才得以出版，他未能看到此书出版，真是对不住他。我想，在《先生们》里，应该写写他，虽然我们往来不深，可是他对晚辈的厚爱与谦恭，让我难以忘怀。

我于1987年秋天调至人民日报文艺部，负责《大地》副刊的杂文编辑，与黄宗江的来往更多了。

我调至人民日报文艺部，得感谢舒展先生。1986年，舒展与我受邀前往庐山，为那里举办的江西青年写作爱好者讲习班授课。我们两人住在一个房间，聊得非常投机。他问我愿不愿意到人民日报文艺部。我回答：“当然愿意。”经过一番折腾，一年之后终于如愿以偿，我成了《大地》副刊的一员，一干就是二十九年，直到2016年10月退休。

舒展本行学的是戏剧，1950年毕业于中央戏剧学院。可是，写作才是他的酷爱。50年代，他在《中国青年报》编辑《辣椒》副刊，因为发表一些被认为“不合时宜”的讽刺文章，而被打成右派，发配北大荒。“文革”之后，他从《中国青年报》调至人民日报文艺部。结识他时，他住在三里屯附近。我们家当时也在三里屯，不时去看他。舒展健谈，听他讲述文坛的诸多是非往事，听他对“新基调杂文”的批评，我对杂文界的事情多少有了一些了解。

1986 年与舒展先生结识于庐山

1988 年与舒展、邵燕祥、牧惠等漂流龙虎山

作为杂文家，舒展在 80 年代最早提出“文化昆仑”钱锺书的概念。他编选一套《钱锺书论学文选》，由广东花城出版社 1989 年出版。编选期间，他与钱锺书往来书信频繁，不时拿来让我看。这套文选，新增加钱锺书新补手稿 20 余万字的内容，可谓功德无量的事情。

来到文艺部，第二年秋天，我们在江西鹰潭组织一次笔会，邀请黄宗江、邵燕祥、牧惠、刘征、韩少华等人参加，分管副刊的副主任舒展与同事常莉等一起前往。

这是一次开心无比、令人难忘的笔会。

我们第一次走进龙虎山——《水浒传》开篇所写的地方。当年旅游尚未开发，游客极少，难得的清净。参观张天师道观，沿河漂流，美不可言。

离开龙虎山，我们前往武夷山。黄宗江与我们一行人爬山。舒展此时学戏剧的才华开始呈现，他大声问身边游客："你们知道黄宗江吗？他是《柳堡的故事》的作者。"然后，他放开喉咙，高声大唱插曲《柳堡的故事》。随着他唱，我们几位也跟着高歌一曲。一时间，武夷山回音飘荡。

回到北京，我们送黄宗江回家，才知道他住在什刹海的一个胡同小院里，我们还见到了鼎鼎大名的阮若珊。多年之后，我读文章才知道，那首脍炙人口的《沂蒙山小调》，是阮若珊作词。几年之后，他们离开什刹海，搬到八一电影制片厂的退休老干部的宿舍。

黄宗江与阮若珊的恋爱也是妙趣横生。50年代阮若珊是南京军区前线话剧团团长，准师级干部，黄宗江只是一个连级干部，还不是党员。黄宗江自己说："一个男的连级干部向一个师级女干部求婚，这在我军的历史上是史无前例的。"阮若珊认识黄宗江之前已经离婚，带着两个女儿，在黄宗江万言情书的重火力进攻下，两人恋爱了。他们二人都出生于1921年，1957年正是鸡年，属鸡的他们在本命年重组家庭，也是圆满。从此，他们一直相伴同行。

1997年，应徐城北先生之邀，我们一行十多人，陆文夫、邵燕祥、牧惠、黄宗江、阮若珊、林斤澜、唐振常、邓云乡等前往杭州参加著名的楼外楼百年诞辰庆典笔会。我的房间与黄宗江相对。他们夫妇早起惯了，每天早上不到七点，他把房门敞开，电视机声音很大，说话嗓门也大。我却是习惯于晚起，外面的噪声实在难以忍受。第一天忍住，第二天实在无法忍受，我跑了过去，大嗓门对他说："你能不能声音小点儿？把门关上？"他大概没有见过我这样不懂事的后辈。阮阿姨也说他，黄宗江连说："好的，好的。"吃饭时，我一个劲儿地

1997 年参加楼外楼百年诞辰庆典笔会
前排右起：黄宗江、陆文夫；后排右起：牧惠、李辉

道歉，他也是一笑而过。

经过一年的努力，《黄宗英文集》终于在 2016 年 12 月出版。12 月 31 日，我和黄宗江的女儿阮丹青在上海一起参加《黄宗英文集》的思南公馆分享会。本来答应出席分享会的黄宗英，突然犯病做手术，无法前来，令人遗憾。不过，我与曹可凡、韦然、赵丽宏、阮丹青、胡雪桦等几位嘉宾聊得都特别开心。

女儿丹青这样说爸爸和姑姑："他们的写作是不按套路的。他们就是活得乱七八糟，没章法，没套路，他和我姑姑都是凭着朴素的资产阶级感情在行事、写作。他们就是率真、随性、乱七八糟，把周围人搞得很狼狈，最后当然也被人原谅了。"大家听得开怀大笑。

丹青说得不错，黄宗江的生活从不按常理出牌，颇有些随心所欲的样子。

阮若珊 2001 年去世之后，美国的卢燕女士时常来京，一度传出黄宗江与她要在一起生活的消息。最终没有成功。开始，黄宗英以为是黄宗江离开卢燕，让卢燕没面子，很生气地批评他。不过丹青告诉我说："其实是卢燕阿姨不想嫁给我爸爸。卢燕和我谈过这个事。她说，她是一个很认真的人，她要是做妻子就会认真地去做，做好妻子。但是，她不希望被拖住，她还想演戏、演电影。我说，你就做黄宗燕吧（她的丈夫姓黄，她跟宗英、宗洛、宗汉都很熟），别做我后妈，我舍不得你做我的后妈。我爸爸和卢燕的事始终没有说破。"

很快，一位黄宗江的"铁杆粉丝"孙敏出现了。没有想到，两人真走到了一起。

记得是在 2004 年的年初，一天中午，大家相约到什刹海附近的文采阁，为他们两人庆贺，参加的有黄苗子郁风夫妇、邵燕祥谢文秀夫妇、我和应红、黄宗江和孙敏。黄苗子先生以隶书书写三个大字"敏江春"作为贺礼相赠。

无巧不成书。同在文采阁，这天中午，一批毕业于燕京大学的同学也在聚会，宴请杨振宁、翁帆二人，如今成为"网红"的许渊冲也在场。黄宗江曾就读于燕京大学，时间虽很短，也算校友。我们大家前去见面。

我过去曾见过杨振宁几次，见他与翁帆在一起则是第一次。杨振宁分别把我们一一向翁帆介绍。介绍到黄苗子时，杨振宁说："黄先生今年九十二岁了。"站在一旁的郁风，口无遮拦，脱口而出："我可不是二十九岁。"场面略显尴尬。不过，杨振宁镇定自若，一笔带过。大家分别合影留念。于是，也就留下了杨振宁、翁帆、"敏江春"、李辉、应红的这张合影。

后来，因为种种原因，"敏江春"这一页还是翻了过去。

黄宗江于 2010 年去世，我去八宝山追悼会与他告别。满眼看去，好多家电视台、互联网的记者都扛着摄像机，上面大多写有"娱乐新闻"字样。显然，拍明星，才是职业需要。不需要沉默，不需要哀悼，真可谓"娱乐至死"的样子。不过，这倒也符合黄宗江的性格，嬉笑怒骂，谈笑风生，"活得乱七八糟"。人生对于他，就是一场大戏。

2004年应红、李辉与杨振宁、翁帆、孙敏、黄宗江合影

2004年应红、郁风、黄苗子、许渊冲夫妇、杨振宁、翁帆、黄宗江、李辉合影

这场人生戏，在追悼会上以快乐的方式结束。

20世纪90年代初，我为华侨出版社策划一套“金蔷薇随笔文丛”，曾约请黄宗江编选一本随笔集。他为这本书起了一个很妙的书名——《你，可爱的艺术》，书出版于1994年。他于秋天写了一篇后记如下：

> 以上文字，合并了前冬结集的《剧诗集》与今夏结集的《问心集》，各有其序《〈剧诗集〉释》与《我的心里话》见前。为了合并又写了篇《序上加序》，呈“金蔷薇随笔文丛”主编李辉，他感到如此一集多序，摞床架屋，十分别扭，为我打乱重编了一下，分类与时序均妥，深为感谢。园丁李辉又说：如今称集每令人有陈仓旧谷之感，不受欢迎，不如择一佳句为书名。我乃想到自己一直艳羡的文丛已出蓝翎的《乱侃白说》与邵燕祥的《改写圣经》，颇思效颦，无奈捧心良久，颦亦难颦。忽然想到日前方写就，列入本卷最后一篇的《一谱为师》，副题为“你，可爱的艺术……”，曲出舒伯特，译出傅雷，我就以《你，可爱的艺术》为书名吧……

《你，可爱的艺术》，多么好，正切合“卖艺黄家”对艺术的挚爱与洒脱！

书名源自同一年黄宗江所写的《音盲乐语》。他在文章结束时写道：“我说过，我不识谱，但大半生以来，一直记住一行谱，那就是半个世纪前，我在旧社会从艺时读到罗曼·罗兰著傅雷译的《约翰·克利斯朵夫》，最后一卷‘复旦’的卷首扉页是乐谱一行，德文歌词译为‘你，可爱的艺术，在多少黯淡的光阴里……’”为此，他把新完成的《一谱为师》作为《你，可爱的艺术》一书的压轴之作。

读下面这段《一谱为师》中的文字，可以深深体味黄宗江与艺术、卖艺黄家与艺术之间那种融入生命的厚重，那种沉迷于艺术之中的自得其乐的境界。他们关注社会，与政治也无法隔开，可是，只有艺术才是他们生命的真正意义。

此情此境，能不低吟：“你，可爱的艺术，在多少黯淡的光阴里……”傅雷译，译做黯淡，译得何其贴切。在日军压境，政府腐败，苦做挣扎的艺人生涯，其“光阴”真是何等“黯淡”，甚至可称“惨淡”；而那一线光明，是“你，可爱的艺术……”这艺术是我们的生命，是艺术的生命，也是政治的生命，得以存活的最直接意义的生命的生命。

卖艺黄家！在他们心中，艺术多么可爱！
热爱艺术的人，生命如此可爱！

完稿于 2017 年 3 月 29 日，北京看云斋

黄宗英

——文集亮相，大爱在心

辞旧迎新在思南

2016 年最后一天，12 月 31 日，思南会馆举行了一场引人注目的活动——《黄宗英文集》读者分享会。著名导演郑君里的孩子、著名演员上官云珠的孩子、黄宗江的女儿等亲朋好友与读者朋友齐聚一堂，谈他们眼中的黄宗英。旧的一年由此翻过，新的一年如期到来，九十二岁的黄宗英辞旧迎新，再与我们同行。

《黄宗英文集》四卷本得以问世，其实源自我发的一条微信。2015 年 11 月 19 日，我到上海华东医院看望黄宗英，之后推了一条微信到朋友圈。其中说到，我想编选一套《黄宗英文集》，在她 2016 年生日之际推出。深圳海天出版社副总编辑于志斌兄看到我的微信，跟帖："哪里出？我们先挂个号。"我们很快通话，当即敲定，交由海天出版社推出。

黄宗英与深圳有缘。20 世纪 80 年代中期，她离开上海，前往深圳特区蛇口创办都乐文化公司，成立深圳的第一个独立书店"都乐书屋"。"都乐"二字缘于赵丹。1978 年，赵丹到广西柳州都乐石洞壁画旅游，挥毫写下"天下都乐"四个大字。赵丹去世之后，黄宗英

2004 年年底，离开北京前李辉与黄宗英合影

2017 年 9 月 27 日李辉看望黄宗英

来到深圳“下海”，以此命名，可谓是对赵丹的最好纪念。可是，黄宗英毕竟是演员、作家，市场她并不在行。一年之间，不断受骗，所找到的大量资金，却被人悄悄挪走。她心力交瘁，很快黯然离开深圳。尽管如此，至今她仍被深圳人视为最初文化创业“吃螃蟹”的人之一。

由深圳海天出版社来出版《黄宗英文集》，再好不过。经过一年的努力，文集终于在新年到来之际问世。文集分为四卷，分别为：《存之天下》，为亲人好友的往事特写；《小丫扛大旗》，为报告文学、电影剧本、诗歌、电视脚本等；《我公然老了》，为随笔合集，于日常琐忆中感悟人生；《纯爱》，为黄宗英与冯亦代黄昏恋的情书精选。

黄宗英总是不断地把惊奇放在人们面前。她是影星，但把耀眼的明星看得很淡，反而更看重文学创作。从 20 世纪 50 年代初她就以写作为主业了，从诗歌、剧本、报告文学到散文，她是成功地从演艺界转向文学界的代表人物。她的报告文学《小木屋》，她写赵丹、上官云珠等亲友的回忆文章，她的电视节目《望长城》《小木屋》等，堪称力作。

在许多同辈人眼里，黄宗英是一个聪颖过人的才女。在我眼里，她则更是一个对知识永远充满好奇的人。每次见到她，她总是在阅读。年过八十后，她每日仍在读书、在写日记。她告诉我，每天早上，她要听半个小时的英语教学广播。“我知道学不会了。我把它作为生活的一部分。”这种执着与坚毅，令人感叹不已。

一年时光如此飘过，完成《黄宗英文集》的编选与出版，圆了我的一个梦。辞旧迎新之际，我们愿意将它作为最好的新年礼物送给黄宗英。

“我爱了一个值得爱的人”

我在 1978 年 2 月走进复旦大学。在大学期间购买的图书中，有一本赵丹的《地狱之门》留存至今。这本书，根据赵丹“文革”后所做的系列演讲整理而成。赵丹回忆演艺生涯，纵谈同辈表演艺术家的得失，阐述对艺术规律的理解，率性而谈，生动之极。他把从事电影艺术喻为跨进“地狱之门”，不敢有半点懈怠，更有来自内心的敬畏。

没有想到，多年之后，结识了黄宗英。从她那里，我知道了赵丹的“文革”遭际和晚年故事。黄宗英把赵丹写于监狱的材料，委托我加以整理，并同意我编选《赵丹自述》，交由大象出版社出版。《赵

20世纪50年代赵丹与黄宗英

“文革”之后赵丹、黄宗英一家人

丹自述》中，除了这些“文革”交代，还收录了《地狱之门》中的演讲。赵丹没有完成一部完整的回忆录，只有以这种形式来集中呈现他的一生。

我不止一次想请黄宗英谈谈赵丹的逆境生活，但是总感到有些残酷。她年老多病，提起这些往事，无疑对她是一种感情和心理的折磨。我们约了好多次，筹划了好几年，还是迟迟下不了这个决心。最终，在她又一次重病之后，她对我说，她担心再不谈，自己有朝一日可能完全丧失敢于回忆的意志。这样，我们才就这个话题进行长谈。

赵丹画黄宗英素描

回忆与赵丹在一起的日子，黄宗英对我这样说过："我至今不悔的是爱了一个值得爱的人。我并不是称职的好妻子。朋友们说，一见宗英变贤妻良母时，准知道阿丹在外面又倒霉了——我们的婚姻，竟主要由无边的苦难支撑！"

纯爱在心

第一次见到黄宗英，是 1993 年她与冯亦代先生北京结婚时。在此之前，与冯亦代熟悉的朋友们，都为他们两位的黄昏恋感到高兴。在迎娶黄宗英之前，冯亦代一直沉浸在兴奋之中。每次去看他，他都情不自禁地要谈到黄宗英。待确定下婚期，他又多次与我商量婚礼宴请之事。后来，受黄宗英委托，整理他们之间的情书时，我才发现，细心而兴奋的冯亦代，早在信中就向黄宗英通报了他的京城朋友的情况：

1993 年，在三味书屋
左起：袁鹰、应红、冯亦代、黄宗英、李辉

以后来了两个客。第一位是《人民日报》的李辉，他是《萧乾传》的作者，我的忘年交。他看见我书柜里放着你照片，便问你的近况，我骄傲地告诉他关于你我的姻缘，他大表赞同。这样在北京就有宗江夫妇和李辉夫妇及凤姐夫妇（凤子沙博理夫妇——作者注）知道了，当然以后会有更多的人。奇怪，赞同，祝福。当然还有你二嫂和赵青一家，以及董乐山。（一九九三年六月二十一日）

他们的婚礼安排在三味书屋举行，参加者达一百余人，一时成为京城文化界盛事。就是在那次聚会中，我们夫妇与他们二位合影留念，这也是我们最早的结识。

老人们的再婚曾有失败的先例，但黄宗英与冯亦代建立于纯爱基础上的黄昏恋，却以《纯爱》一书留下了佳话。现在看来，黄宗英与冯亦代的黄昏之恋的确是难得的和谐和圆满。难以想象，如果没有黄宗英的细心照料和精神支撑，冯亦代能否从一次又一次的重病中挺过来？如果细细读《纯爱》，就不难发现，正是她的聪颖、好学，孕育

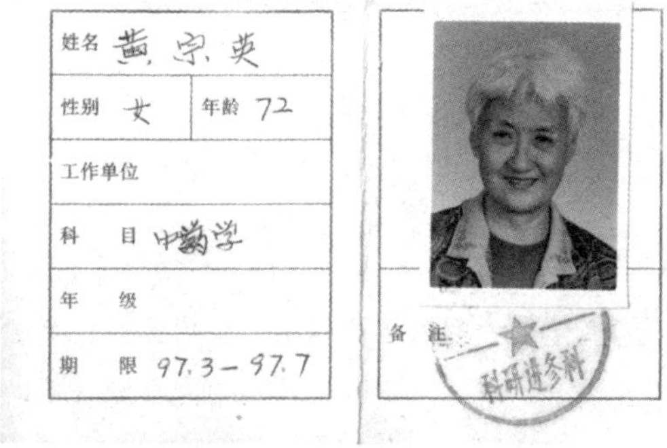

姓名 黄宗英	
性别 女	年龄 72
工作单位	
科目 中药学	
年级	
期限 97.3—97.7	

备注

科研进修科

黄宗英晚年学习中药学进修证

冯亦代与黄宗英

华东理工大学

EAST CHINA UNIVERSITY OF SCIENCE AND TECHNOLOGY

亲爱的二哥，让人揪心吊胆的二哥：

7日傍晚在电话里听王阿姨说你因感冒住进中日友好医院，我的心立刻紧了起来。因为6日在电话里一点儿也没听出你有感冒的暗示，但知道是冯陶和米粒送你的，心里稍安。但腿已被吓软得走不动路了。当时刚好洗完澡，上了床，又找不到电话本，才忍到8日早晨近9时（担心weekend她家人要睡晚觉）与冯陶通了电话，才知详细情况，并知道烧已经在退下去。

度日如年般心里折腾过来折腾过去，也不知该给你写些什么。到了今天10号了，给阿勤打通电话问了话，他才听到你已住进12楼病房，从家里人的语气里你是平安的。阿勤就劝我不要急着赶回。我今朝星期一上午和三级专家医生谈转出院回北京，他们知道你感冒后烧已经住院，就劝我再安心调理一番，郑主任说，给我用的药要半个月方见效，不要回去又病倒。我担心没有留足给你住院的钱，阿勤说他有数。我乃稍稍放心。我准备今晚打电话给冯霁龄，让他把我12月份工资2千多元先寄回去，多一点儿钱总好一些。我先让护工把这封信发了吧。12楼你在闫小萍主任的辖区吗？替我问候她们。

你的 小妹 2000/01/10 下午

黄宗英致冯亦代

了两个老人美丽的黄昏恋。鸿雁传书，演绎出的是一场动人的、纯真而炽烈的爱情。

1996年冯亦代脑血栓中风，一度失语，记忆也严重衰减。一天，我去病房探望，正遇医生来检查。黄宗英问冯亦代哪年出生，他把“1915”错报成“1951”，大家笑着说：“你这么年轻呀！”再问他哪年被打成右派，他却脱口而出“1957”，这颇让人感叹不已。从那时起，帮助冯亦代恢复说话和写字，是黄宗英的主要任务。“我演员出身，还不会教二哥发声？”七十几岁了，她执意搬到病房，用毛笔把拼音字母抄在大纸上，让冯亦代每天从最基本的发音开始练。她让我买来写字板和粗笔，让冯亦代练习写字，从笔画开始。“难我不倒”——她用毛笔写得大大的四个字，挂在他面前。冯亦代坐在轮椅上，呆滞地看着大字，黄宗英扶着他的手，一笔一笔地、上下左右地写着。写累了，他又小孩一样开始咿呀学语。她“啊”一声，他也“啊”一声；她“呀”一声，他也“呀”一声。这一幕，让人感动也心酸。

两个月后，冯亦代挺过了那一次大病，恢复说话和写字的能力。再过几个月，居然还写出了新的情书，写出了书评和散文。朋友们都说这是奇迹。但很少有人知道，这奇迹的身后站着的是黄宗英。

2004年6月，黄宗英前往上海治病，我陪她到医院探望冯亦代。冯亦代已经住院一年多，多次报病危又多次挺过来，但生命显然已慢慢走向终点。冯亦代躺在病床上，眼睛瞪得很大，但已认不出来者何人。她似乎预感到这将是最后的见面。她紧紧握着他的手，默默地握着，好久，好久。半年多之后，冯亦代于2005年元宵节那天告别人世。十一天后，黄宗英在上海的病房里，给远去的冯亦代又写了一封信，向二哥报告他们的情书即将结集出版的消息，写得凄婉而动人：

亦代二哥亲爱的：

你自二月二十三日永别了纷扰的尘世已经十一天，想来你已经完全清醒过来了。你是否依然眷顾着我是怎么生活着吗？今天是惊蛰，毫无意外地惊了我。我重新要求自己回到正常生活……亲爱的，我们将在印刷机、装订机、封包机里，在爱我们的读者群中、亲友们面前紧紧地拥抱在一起了。你高兴吗？吻你。

愈加爱你的小妹

二〇〇五年三月五日

她说，这是最后一次给他写信。我为这封信起了个标题：《写给天上的二哥》，将之作为《纯爱》的代序。

一晃十年过去，黄宗英一直住在医院治疗。她所爱过的、熟悉的人，一个接一个离她而去，她所钟爱的写作，也难以再如从前那样全身心投入。

八十多岁的黄宗英，住院期间，每天在背诗词——就像前些年在北京学英语、学中药一样。她还坚持写日记，写长短不一的随笔，并把这些短文命名为“百衲衣”，在《新民晚报》的《夜光杯》副刊上发表。对于她，阅读与写作是永远的爱，永远的伴侣。

从舞台、银幕走到文学领域的她，其实一直生活在为自己设计好的场景中。这是想象与现实交织一起的世界。回忆与梦想，务实与浪漫，沉思与激情，无法严格而清晰地予以分别。它们早已构成了她的生命的全部内容。悠悠一生，如同一幕又一幕的戏剧。她是编剧、是导演，也是演员。生活其中，陶醉其中，感悟其中。

九十二岁的黄宗英，生命列车仍将沿着这样的轨迹一直前行。

完稿于 2017 年 6 月，北京看云斋

贾植芳与任敏

——苦难爱情，依旧结出幸福果实

“植芳，我来了！”

2015 年是恩师贾植芳先生的百年诞辰。每次想到先生与师母堪称惊天地泣鬼神的爱情，就会为之感叹，为之落泪。

二十多年前，我为主编一套“历史备忘书系”，请贾植芳先生、任敏师母编选一本《解冻时节》，这也是他们夫妇共同出版的唯一的一本书。

《解冻时节》分为三部分。第一部分，“写给任敏”，贾植芳于 1972 年至 1985 年间写给任敏的书信；第二部分，“平反日记”，是贾植芳写于 1979 年至 1982 年的日记；第三部分，“流放手记”，是任敏叙述其流放的经历。三个部分，是一个家庭的文献记录，都是非虚构作品，至今读来，仍令人悲从心来。

在《解冻时节》自序中，贾植芳这样说：

我的青年朋友李辉愿意将我与老妻任敏我们这个两人世界的三种家庭“档案”材料作为他为长江文艺出版社主编的“历史备忘书系”之一出版，这些文字本来都是鲁迅先生所说的“非文学写作”，是我们这个两人世界的生活纪念，目的本来是保存自己的历史记忆，现在能有机会公开印行，交给广大的社会来保存这些属于个人而又不仅仅属于个人的记忆，我想想，觉得也好，感谢之余，也不免有许多感慨。

是在上海，我提出帮贾先生编这本《解冻时节》，他同意了，他转身走进卧室，拿出一摞信递给我："这是我和任敏的一些信，你拿去看看，帮忙整理一下。"

这批信的第一封，写于1972年5月21日：

敏：

正惦念中，接到你在襄汾车站来信，知道一路顺利，很是高兴。那天晚上车开后，我步出站台，乘车回校，九点多到了家。你走了，觉得房间分外的宽阔、空虚，但觉得你这次来，在上海住了这么一个时候，心里实在喜欢，尤其看到你身体健壮，精神焕发，这对我安慰鼓舞很大。望你在乡间健康地生活、学习和劳动，尤其要牢记毛主席教导，要学习谦虚、谨慎、戒骄、戒躁的高尚作风，在农村这个广阔的天地里，把自己锻炼好！

当年整理这些信，我的情绪一直无法平静。这些信，真实记录着一个时代。从对亲人和故乡的思念，到个人处境每日变化的描述；从购物细节，到生活叮嘱；从在印刷厂监督劳动，到回到中文系资料室重操旧业……几年时间里的个人琐碎生活，无不映衬着一个个重大历史事件。

实际上，任敏经历的磨难超出人们想象。当年因为胡风案件爆发，贾植芳率先被捕入狱。仅仅几天后，任敏也被捕入狱。一年多后，她被释放。但在1958年的年底，她又从上海下放青海。初到青海，任敏被安排到山区教小学。不到半年，上海的检举信到了青海，揭发任敏在一位上海朋友家里的时候曾为胡风集团鸣冤叫屈。于是，她再度被关进监狱。

任敏入狱时，凑巧看守所所长是山西人，她受到照顾，被安排当女囚犯头目，协助所方管理。这样，她有了一定的自由，可以里里外外随便走动。可是，最为艰难的日子来到。这便是饥荒岁月。在青海，饥饿像瘟疫一样蔓延。一位牧民犯人饿得难以忍受，便央求任敏帮助弄一碗牛奶喝。任敏想方设法偷来一碗，没想到，那牛奶是公安局局长的，结果她被关禁闭，戴上手铐。从此，她被罚从囚室里往外抬当天饿死的犯人尸体。尽管她个头矮小，体弱无力，可是，她不得不经受这种折磨，常常是每次抬完回到房间，她就会感到头晕目眩。

任敏 1962 年出狱，回到贾植芳的家乡山西襄汾，与公公婆婆一起生活。她必须承担起照顾他们的责任，是她先后将两位老人送终，而这几年，贾植芳一直被关押在上海监狱。

回到家乡，任敏到处打听贾植芳的下落。经过多方打听，她得知丈夫仍关押在上海的提篮桥监狱。于是，便有了贾先生回忆中的那个感人细节：

> 一九六三年十月，我突然收到了一个包裹，包裹的布是家乡织的土布，里面只有一双黑面圆口的布鞋，鞋里放着四颗红枣，四只核桃，这是我们家乡求吉利的习俗。虽然一个字也没有，但我心里明白，任敏还活着，而且她已经回到了我的家乡了。这件事使我在监狱里激动了很久很久……
>
> （《做知识分子的老婆》）

1966 年春天，贾植芳出狱，但仍属管制对象，任敏与他只能书信往来。直到一年多之后的 1967 年 9 月，她终于凑够钱，乘上开往上海的火车。她没有告诉贾先生她要来探望的消息。她来到贾植芳的

重逢的贾植芳、任敏夫妇

住所时已中午，贾植芳还没有回来，她静静地躲在宿舍大门后面的角落。她害怕碰到认识的人。贾植芳回来了。他刚走进大门，手提包袱的任敏突然在旁边叫了一声："植芳，我来了！"

感人的一幕。

我的叙述没有一点儿加工，甚至比任敏师母的回忆还要简略、平淡。可是，当年在他们住的那个小阁楼房间里第一次听到她回忆这些往事时，我沉默了好久。

催人泪下的家书

知道这些故事，再读他们之间的家书，便对贾先生每封信里对师母所表现出的关怀、叮嘱、细致，有了更为深切的感受。

在这些家书中，贾植芳一再强调的是生存的信念。他始终相信历史是公正的，而要等待这一公正的结果，生命是首要的。因此，他不厌其烦地叮嘱远在农村的任敏，要注意吃好吃饱，要注意休息。他用各种方式各种语言为他们彼此鼓劲。他告诉任敏："附信寄来的窗花——一对小鱼，我很感兴趣，联想到我国古代的大作家庄生的话：‘涸辙之鲋，相濡以沫。’我们各自勉励，努力学习改造，争取早日团聚。”（1973年2月10日）何时团圆，这便是他们苦难爱情中的精神支持。

请允许我摘录几段贾植芳写给任敏的家书：

这些日子没什么事，我身体精神都很健康。处理的事，也许需要上面批示，我这么想，所以还得等等，不能着急。来信说，你常想到这半年来忙于你的生活，想到我穿衣问题，等等。快不要这么想了，我常说，我们现在的唯一要务，就是集中一切力量保持两个人的身体健康，这是根本的根本，是最大的财富和幸福，穿的衣服只要能贴体和御寒就行了。你先不必为我的衣着操心，我倒是担心你腿不好，怕受寒，所以很想先把你的棉裤寄回，来信说，预备做一条，那也行，如无条件，即来信，好把旧的寄回。总之，首先要照顾吃饭，我住在大城市里，吃的总比你在乡间强些，每念及此，心里也很难受。但想到这些年艰辛的生活，对我们的改造和锻炼的意义，那收获就很大，也许这就是我们将来能再为人民和革命做些有益的事的最坚实的基础，如我所说，是千金难买的。这么一想，我觉得心胸很是开朗和广大。我想，你也应当有此体会。（1972年12月10日）

六月十二日的来信及汇来的八元钱收到了。知道你身体大健，使我精神上的负担得到解除，很甚高兴。虽然如此，但你年纪大了，加上生活的艰苦，应该从这次病中得出教训，重视生活上的保健工作，这样身体健壮，才能保持旺盛的精神力量，在生活和劳动中得到锻炼，为我们后半生的幸福，建立稳固的根基。要注意劳逸的适当安排；要加强学习，在思想上跟上时代前进。学习剪窗花很好，这也是一种精神修养，使精神上有所安排，集中，这样也能排除一些物质生活上的

艰苦，保持一种内心的安乐和愉快。（1973年6月24日）

你身体都好，我很高兴，反正我们这么拖了近二十年，两个人身体都好，并从艰苦生活中获得很大的思想收获，这就是最好的教育。还是那句老话，把我们的财力尽量用于支持生活，保持健康，你不能光吃窝窝，要吃细粮，年纪大了，乡下副食品又少，哪怕暂时不要买什么用品，一定要把经济力量集中用在生活上，精神健康，它就是我们最大的幸福。（1973年7月2日）

你这些日子生活如何，是否吃白面？要吃白面。生活上绝不能过于克苦，以致影响健康。油少，就多吃些蛋，一定要保持必要的营养水平，把身体搞好！（1976年11月5日）

什么叫“相濡以沫”？读了这些文字，我才真正明白了。

漫长、痛苦的等待，终于在1977年结束。读这之后的家书，可以一步步感受到贾植芳内心的变化。他还是那个乐观、傲然而立、不卑不亢的贾植芳，他完全有资格这样向世人宣称：

这三十年来我们经历的生活是极为严峻的，但也是对我们在政治上和思想上的成长起了巨大推动作用的，因此也是非常有意义的。所以虽然艰苦，我们却没有陷入悲观和颓唐的泥坑，我们走过来了！我们在精神上还保持着年青人的气质和纯正。这些你一定是有所认识和体会的。（1977年10月4日）

“文革”结束之后的贾植芳，又开始坚持每天写日记，从此不再间断。1979年10月5日，贾植芳在日记中写道：

今天是古历中秋节，也是二十多年来和敏在一块第一次过这个团圆节，今天听人说了一句笑话："在月亮下面人人平等"，她在市区买回一些猪头肉，两个人对饮几杯，月亮圆圆地挂在窗外的上空。

二十多年后，在复旦校园的宿舍里，他们终于一起彼此相依，坐在中秋节的月光之下。他们的苦难爱情，终于等到了月圆。

复旦校园的百年爱情

在复旦大学一百一十一年校庆时，"复旦青年"微信公众号，以《111年的浪漫复旦》为题，梳理百年之间的复旦浪漫爱情，其中说到贾植芳、任敏夫妇，起了这样一个小标题"七十年代，十年动荡中和你谈一场永不分手的恋爱"。微信文章最后所写的两段文字，是对先生与师母爱情的完美诠释：

晚年的任敏因脑中风入院，为了支付昂贵的医药费，贾植芳每天伏案著述，整理旧稿，收到稿费后就托学生送到医院，从无怨言。任敏中风后不能说话，后来逐渐连意识都没有了，但贾植芳每天都在她的床前同她说话，为她读文章。

2002年任敏离世后，贾植芳每天早上会在她的遗像前放一杯牛奶，他说这是任敏的早点。这一习惯，保留到2008年贾植芳过世。

（《111年的浪漫复旦》）

走笔至此，我眼前浮现师母追悼会上的场面。

在向师母遗体告别时，贾先生忽然双腿跪下，双手支撑地面，恸哭不已，许久不肯站起。看到这一幕，我们许多人都哭了。

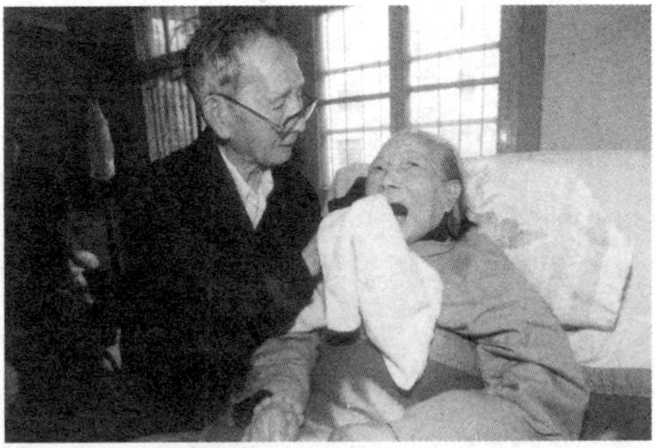

贾先生照顾病重的师母

陈思和主持任敏师母的追悼会

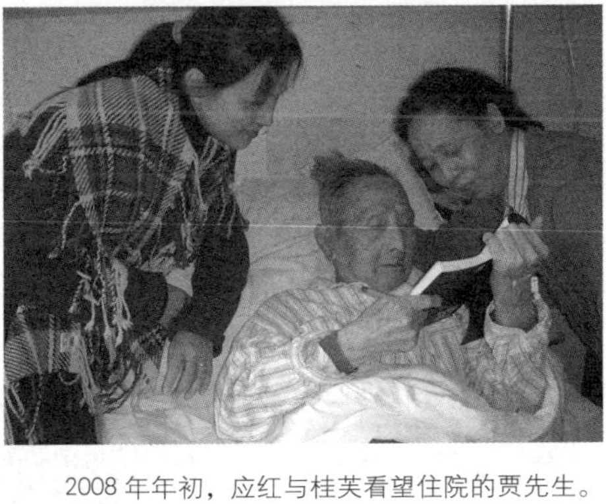

2008年年初，应红与桂芙看望住院的贾先生。这也是最后一次见面

贾先生与他的弟子们：陈思和、山口守（前排右二）、坂井洋史、张业松等

2002 年李辉在日本神户与山口守在一起

2008 年 1 月，我为江苏文艺策划的一套“中国人物系列”四种出版，其中有贾先生的《历史背影》。此时，贾先生病重住院，我们夫妇带上书前往上海看望。在病床上，贾先生翻阅这本新书，并在扉页上题跋。哪里想到，这竟然是我们见他的最后一面。4 月 23 日，获悉他病危，我匆忙赶去探望，他已昏迷不醒。第二天，先生去世。

送别贾先生的告别仪式上，我一直没有落泪。先生能够活到九十二岁，昏迷之前还能与前来探望的学生们交谈，还写下最后一篇日记。他在没有太多病痛的折磨中离去，该为他感到庆幸。可是，当最后推走他的遗体时，我还是忍不住号啕大哭。

我从来没有这样哭过。那一刻，更多的不是悲哀，而是失落——在这个世界上，很难再有他这样的先生了。

在天堂，先生不孤独，他与师母再相聚。

先生去世之后，我整理先生的来信，又一次在他那有力而难以辨认的“天书”中感受熟悉的温暖。他对学生们学习、工作的指点与关心，特别是对我和应红事无巨细的关爱、叮嘱，再次阅读，仍让我情不自已。此刻，非“感动”二字能完全概括我的心情。对于我，先生的意义早已超出了导师的范畴。

日本汉学家山口守先生也是贾先生的学生，他在写给我的一封信中叙述他参加贾先生告别仪式之后的感受：“丧礼那天，我在赶机场

贾植芳夫妇

贾植芳任敏（后排）与父亲在一起

八十年代李辉与贾植芳、任敏夫妇

1994 年贾先生夫妇合影，身后对联可谓对他们夫妇的最好概括

的车上因旁没人而直哭，司机先生是个好人，装着没听见我的哭声。我自己也没想到哭声不是从喉咙里出来而是从内心深处出来的。后来到美国开会。会议结束之前，有一位美国的大学老师过来和我聊天，知道我曾在复旦大学，就问我的老师是谁。我就说‘贾植芳老师’，但一下子嗓子哽塞，说不出第二句话，眼泪盈眶，就说不下去了。她可能猜到我这么难过的原因吧，直安慰我，甚至旁边的几个人都很同情我，竟使我更难过。”

我想，贾先生的弟子们，都有同样的悲伤与失落。

先生去世的那年年底，某天夜里，我梦见贾先生和师母两个人，说是要给先生过生日。同时梦到他们两位，这还是第一回。天亮了，我发短信告诉桂芙：“昨天晚上我梦见贾先生和师母了。”桂芙回信说：“这几天要把先生的骨灰与师母合葬。”患难与共、相濡以沫的恩爱夫妻，终于又要一起居住，永远不再分开了。

同在 2008 年 8 月，我妹妹因病去世，山口守兄来信安慰我，有一段话他写得特别好：“回想到那年我们访问你的故乡，见到你妹妹，已成了难忘的记忆。因为我是个无神论者，对任何人的逝世不能说‘安魂’或‘离开人间’这种话，但将他们的形象可埋在自己心里深处，并永远记在记忆里面，这样故人就能活在自己脑子里。有时做梦能见到他们。这几年我也死了几位亲友。晚上睡不着时，时常想他们而太难过，但后来我才想，回忆或梦里能见到故人也不坏，要不然他们会消失了。”

梦见先生和师母，说明他们没有消失。

他们怎么会消失呢？先生和师母的思想和情感，就活在这些书信的字里行间，活在他们的苦难爱情里，活在我们的记忆和梦里……

完稿于 2016 年 5 月，贾植芳先生百年诞辰之际

姜德明

——吹灭读书灯，一身都是月

每次见到姜德明先生，总是会想到“吹灭读书灯，一身都是月”这一名句。有一年，我陪《钱江晚报》记者张瑾华、马黎，前去采访黄永玉先生，画室墙上正好挂着他书写的这副对联。黄先生与记者聊得开心，高兴地站在对联旁留影。

姜德明是《人民日报》的《大地》副刊编辑，也是著名藏书家、作家。退休前几年，他出任人民日报出版社社长，以“百家丛书”为标志的一批好书，在他手中推出，他同样也是出版家。他与书有缘，可以说，书融于他的生命。

我 1987 年调到人民日报文艺部，在此之前就与姜德明认识了。初次见面开始，就习惯喊他“老姜”，一直叫到今天。我们于 20 世纪 80 年代中旬认识时，他还不到六十岁。生于 1929 年的他，2017 年适逢米寿之年，时间过得如此之快，也没有想到。

与老姜结缘，是向他约稿。我在《北京晚报》编辑《五色土》副刊，开设《居京琐记》栏目，写好约稿信，复印一大批分头寄不同作者，老姜当然也在其中。之前，读过他的书话与随笔，颇为喜欢，他如能赐稿，一定精彩。1985 年 10 月，老姜寄来一篇文章《戏单》，并附信一封：

李辉同志：

谢谢你的约稿。真的写了一篇千字文，看可用否？不合适，盼赐还。如可用，再说插图。

我同丁聪同志很熟，他去日本了，月底可回。

致

礼！

姜德明

十、廿六

文章写他留存的话剧《钢铁是怎样炼成的》的戏单。观看此剧时，早在1950年，三十几年后，他重看戏单，写下的这段话，读来令人感慨无限：

> 翻看这戏单，我的眼睛有些潮湿了。
>
> 我舍不得丢弃它，尽管戏单的纸发脆发黄了，却分明又染着我青春时代血红的颜色。就像恋人们保存着永不褪色的红叶一样，它已深深地印在我的心上了。
>
> 今后，我仍将珍惜地保存着它。三十五年来，我很少再在剧场里那样激动地看过戏了。一翻这戏单，我就想起当年的那些青春伙伴。如今我们山南海北，都已年近六旬，成了老头儿和老太婆了。我们当中有人历尽坎坷，包括已经不在人世的，都保持着青春时代的真诚。我愿借着这份戏单，留下我一生中最美好的时刻，留下那些使人难以忘怀的历史风雨。
>
> （《戏单》）

喜欢这篇与收藏相关的文章。我当即去信，请他寄来照片，以便请丁聪画插图。老姜很快回信：

李辉同志：

拙稿承用，谢谢！

照片奉上，用后祈赐还，或由丁聪兄退我亦可。他还有东西要退我。

致以

敬礼

姜德明

十一、四

丁聪很快为《戏单》配了一幅精彩插图。

一份戏单，留存青春时光。在戏单里，老姜感悟生命，重温他们那一代人从风雨坎坷中如何走过。一切，如今归于历史云烟。

由此可见，无论藏书还是藏戏单，对于他，就是个人兴趣所在。

丁聪为《戏单》画的插图

1998 年与姜德明聊天

我常常觉得，一个人的兴趣，决定着他的文化情怀与走向。显然，正是这种留存老物件的兴趣，才使老姜在前辈唐弢之后，成为当代藏书丰富、藏名家书信丰富的一位著名藏书家。

老姜的生活与书无法分开，最能把谈话深入下去的，无疑就是书。从最初结识他，到与他在一个报社工作，三十年来，每次交谈，书总是我们之间的主要话题。书的版本变迁，作者的命运遭际，逛旧书摊淘书的乐趣……“有意思！真有意思！”说到这些事情，他常常喜欢连声感慨。这一时刻，我看到他的脸上总是洋溢着兴奋、陶醉。

一种痴情，一种物我两忘的境界。每当这种场合，我习惯于在一旁静听。我知道，对于自己，这不仅是知识的补充，更是对性情的陶冶。

如今，收藏已经成为一种时髦，一种与市场相连的行为。可是，对老姜而言，藏书从一开始就只是他个人的兴趣与爱好，是他偏爱历史、景仰前辈文人的方式。没有这样一种与书的天生痴情，他就不会把业余时间和有限财力，几乎都用在了逛旧书摊和古旧书店。他喜欢收藏五四时期作家们的签名本，他在有意无意之间搜寻到一些孤本、珍本。这些不被重视的书，曾经受到冷落。可是，一种对文化的特殊情感，使老姜具有与众不同的眼光，了解它们本身应有的价值。可以

2017 年年初，姜德明在家中

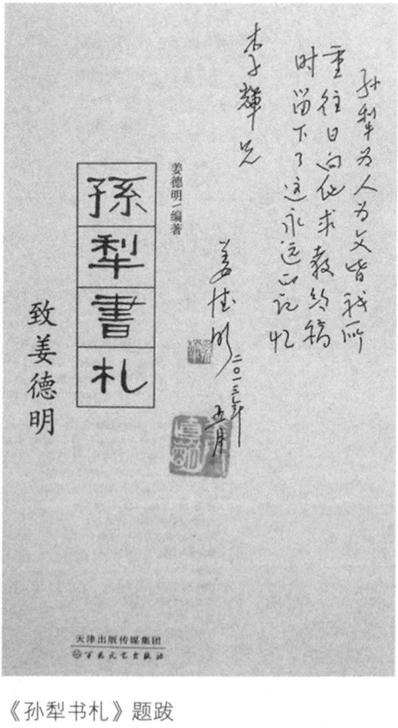

《孙犁书札》题跋

《辅助美育——听姜德明说书籍装帧》题词

说，我们应该看重的，恰恰是藏书家身上所体现的对文化的热爱，这才是他生命的一部分，是真正文人与书之间纯粹、真诚的情感。这种兴趣与爱好，不会因外在的种种干扰而改变。

人与书的相知、相通，乃至相爱，如老姜在《戏单》中所说，是恋人之间的永不褪色的红叶。

老姜珍藏大量文化前辈写给他的信，分别用文件夹将它们一一整理出来。一次，在他家中聊天，谈到高兴时，他拿出文件夹让我欣赏。叶圣陶、茅盾、俞平伯、巴金、孙犁……这些前辈文人的来信，无不谈到书，可见他们把姜德明视为知己、一位文化的对话者。在来往的信件中，他们谈书，谈掌故，谈那些不大时髦却仍然令他们迷恋的话题。书，如此这般将两代文人的情怀联结在一起。

我有幸能与老姜结识三十多年。

我常说自己是个幸运的人，在不同关口，总有前辈们耐心开导与启发，建议做一个合适的题目，让人沉静下来。老姜就是这样一位可爱可亲的前辈。

早在大学期间，我就喜欢《唐弢书话》。其实，老姜也是书话高手。20 世纪 80 年代，他为北京出版社主编一套“现代书话丛书”，首辑推出八大家，分别为鲁迅、周作人、郑振铎、阿英、巴金、唐弢、孙犁、黄裳，可谓现代书话最为系统而集中的呈现。从复旦大学毕业后，我到《北京晚报》工作，因为喜欢书话，也尝试写一组书话小品。正好《中国青年报》副刊约我开设一个专栏，我起名为《人 · 地 · 书》专栏。一写，就是两年。我把这些书话，以及其他文章，编选后送给老姜看看。写这些书话时，还不到三十岁，可见幼稚。老姜却对我厚爱有加，读过几遍，答应出版，并来信就书的体例等提出建议：

李辉同志：

大著草读三、四，有以下意见：

一、有几篇与全书体例不合，应抽掉，如曾卓、吴泰昌、张辛欣等篇。还有白杰明一篇。

二、年代一律用阿拉伯文字，不用汉字。请改。

三、页码得重新标过。

四、写一富鼓动性的内容提要来。

五、封面有何考虑？望示。

《书评研究》望早进行。

匆致

敬礼

姜德明

八、廿二

《人·地·书》书影

老姜心颇为细致，在信末又补充一句："来我处改原稿亦可，可免往返寄稿之麻烦。又及。"多年之后，再读此信，依然感动。何其有幸，能够与如此细心的前辈交往，自己的毛病一直是毛毛躁躁，粗心大意，与前辈交往，在他们身上感受注重细节，对自己或多或少有所补正。

信中所说封面，我想到请唐达成先生题签。很快，唐达成写来"人地书"三个字，印在封面上。《人·地·书》出版于1988年，这是我的第一本书话集。出版时，我已于头一年调至人民日报文艺部。办公楼在十号楼，二楼是文艺部，一楼是出版社，这样，与老姜可谓朝夕相处了。将近三十年之后，我才忽然想到，他为我出的第一本书，应该请他题跋才好。他在扉页上写的这句话，既是厚爱，更是鞭策：

为前辈作家写生是李辉兄所长，令人称羡。

姜德明

二〇一六年九月

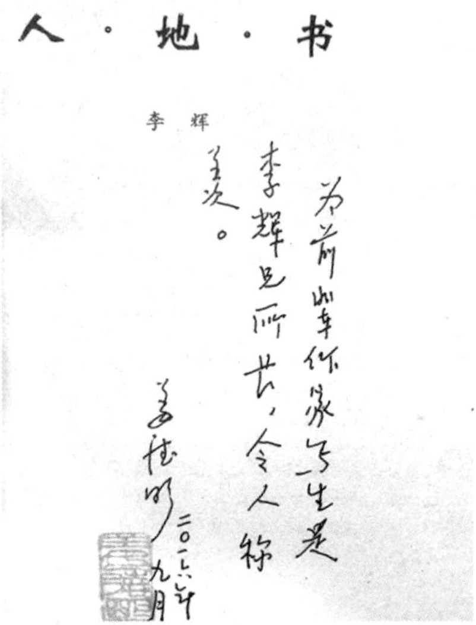

多年后，姜德明在《人·地·书》上题词

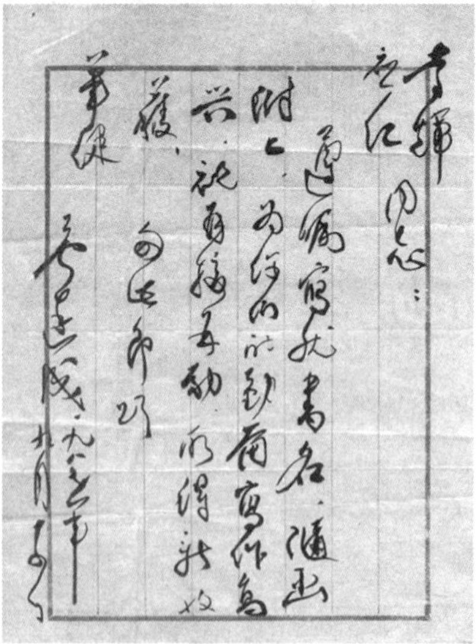

唐达成先生为《人·地·书》封面题签一事复函

在上面这封信中，老姜建议我《书评研究》早日进行。

在此之前，我刚刚完成萧乾的传记。萧乾1935年毕业于燕京大学，其毕业论文是研究书评，该论文1936年由商务印书馆结集出版，即《书评研究》。大学毕业，经沈从文推荐，萧乾接替沈从文前往天津编辑《大公报》副刊，书评成为他的一个重点。他邀请众多名家、书评家、读者谈他们眼中的书评，如叶圣陶、沈从文、巴金等。他在副刊上发表不同风格的各种书评。可以说，在萧乾编辑的版面上，书评成为副刊的一道亮丽风景。我把这一想法与老姜交流，他建议加快进行。我将之分为三辑。第一辑，“书评研究（萧乾）”；第二辑，“作家、书评家、读者谈书评”；第三辑，“萧乾编发书评选萃”。书名确定为《书评面面观》，并请萧乾先生写一篇序，题为《未完成的梦》。我为此书写了“编后记”，最后一段写道：

> 此书有它的新的意义，旧梦的追寻，也能给人新的回味。但，人决不是梦的依恋者，需要的是从梦中走出来，将昔日的梦化为今日的现实。在这个意义上说，我决不是对萧乾旧梦的偏爱，而是设想着这本书的问世，会使更多的人，用踏踏实实的工作和丰硕的果实，来充实、来完成前辈所未完成的“梦”——书评。
>
> （《书评面面观》）

在老姜的推动下，《书评面面观》于1989年4月出版。

恰恰就在这一年的年底，老姜的一个建议，让我从此摆脱情绪的焦虑，走出写作的低谷。

这一年秋天，萧乾曾写来几封信，苦口婆心地开导我。他在两封信中分别告诫我：“人，总应有点历史感，其中包括判定自己在历史中的位置。心猿意马？我认为缰绳不可撒手。在大雾中，尤不可撒手。这几年你真努力，你应肯定自己的努力。要有个‘主心柱儿’，不因风吹草动就垮。”“我写信，就是劝你定下心来，多抓几把稻草，这样才不至沉沦。你应为自己设计一下。越是这样，越是需要设计一下自己的 life。”萧乾的信，令人感动不已。

在这个秋天，我常常到楼下老姜办公室里聊天。一次，他对我说，你何不去图书馆找找《国闻周报》，当年丁玲失踪、被捕之后，沈从文的《记丁玲女士》就在上面连载。他告诉我，这个连载后来结集时，有过不少删节，你可以去校勘一下。

多好的建议！在图书馆里精心校勘，可以让人的情绪不再焦虑，心情会渐渐沉静。我历来喜欢翻阅史料，从来不觉得枯燥，相反，诸多乐趣尽在其中。随之，将近几个月的时间里，我常常坐在图书馆，借出《国闻周报》，一页翻过一页。读后，再将它们复印，细细阅读、校勘。在故纸堆里看文坛风云，在沈从文与丁玲的半个世纪的交往故事里，追寻文人之间的恩恩怨怨。《记丁玲女士》连载之后，赵家璧先生通过巴金找到沈从文，在“良友文学丛书”中以《记丁玲》上、下两册出版。

《记丁玲》上、下两册，我分别从唐弢、范用两位先生那里借来，将之与连载进行校勘，发现删减部分多达数百处，字数也在几千字上下。

校勘需要耐心，从而也令人充实。

校勘之际，我忽然想到，何不通过采访和书信往来，请熟悉的前辈讲讲他们眼中的沈从文与丁玲。于是，1990 年成为我过得无比充实的一年。巴金、张兆和、施蛰存、赵家璧、萧乾、冰心、凌叔华、陈明、刘祖春、汪曾祺、林斤澜、徐迟、周明……在他们的回忆中，历史的恩恩怨怨，渐次分明。看似个人之间的友谊破裂，其实，恰恰是那一代文人身处历史旋涡之中的不同呈现。

历时一年多，终于完成了这段难得的历史追寻。《恩怨沧桑——沈从文与丁玲》一书，由百花文艺出版社 1992 年 11 月出版。请老姜为本书写序，那是必需的。我去找他，他应允了。

老姜的序写得颇长，详述他与沈从文、丁玲各自的交往，场景与细节描述颇为生动，留存他眼中的二人印象。在序的后面，老姜写到对我的建议：

> 我同本书作者李辉同志相识的时候，彼此还是编者与作者的关系。后来他调来我们单位，彼此又成为同事。我们年龄有别，业余爱好却有些相似。有暇时我们常常在一起海阔天空地聊天，但八成离不开现代文学，离不开作家和书刊。我们都有很多美丽的梦，想弄这又弄那。……有一次，我把自己早想做而无精力做的事告诉他，希望他来完成。当年我曾经想找出最早发表沈从文记丁玲的《国闻周报》，据以校勘辑录出被国民党审查机关删割的文字，我以为这是很重要的工作，应该有人来做。少壮派的李辉一口应承了。从此，他默默地伏案工作起来，而且随着时间的推移。他的目光亦有所发展，结果远远超过了我原先设想的规模，不仅仅是研究著作了，已经完成了一部有血有肉，有风有雨，有恨有爱，有情有理的可供广大读者欣赏的文学读物。作者找了多少不易找到的书刊啊，又跑了多少路去访问各位知情者，我很羡慕他那旺盛的精力，也佩服他的见识和工作热情。
>
> （《恩怨沧桑——沈从文与丁玲》）

我真心应该感谢老姜。没有他的这番建议，就不会让我静下心细细校勘，在校勘与寻访中走进历史，细细体味那一代人的心绪。也是因为有了这本书的写作，我的写作风格有所调整与改变，两年后，在《收获》杂志开设的《沧桑看云》专栏，由此而延伸。

老姜说得不错，我们开始是“编者与作者”的关系，很快我与他也成了“编者与作者”。90年代中期，我与思和兄策划出版“火凤凰文库”系列，请老姜编选《流水集》列入其中，于1997年出版。

约二十年后，请他在《流水集》扉页上题跋如下：

写散文，我追求清淡如水。

姜德明

二〇一六年九月

2000年，我为大象出版社策划一套袖珍版“大象漫步书系”，再次约请老姜编选《猎书偶记》，列入其中。老姜为这本《猎书偶记》，写了一篇颇为有趣的前记。好在字数不多，恕我全文录下：

集近两三年写的随笔，编完这本记书人书事的《猎书偶记》，拍拍手松了一口气。完成一件工作总是愉快的。因想张守常教授托我转交谢兴尧先生的《太平军北伐丛稿》留在舍间几天了，这是一本新书，理应让研究太平天国的专家先睹为快。说走便走，拿起书就上路了。

谢老今年九十五高龄，这天睡到上午十时才起身。我问他天天如此吗？他说不是，昨夜失眠，今天起迟了。我说何不吃点安眠药。谢老说，他什么药也不吃，现在的药吃了也不管事。这是老人的幽默吧，意指市面上假药的泛滥。

顺问老人对电视连续剧《太平天国》的看法，回答说看过了，那是玩艺儿，娱乐么，怎么拍都可以，不必反对。这同历史是两码事，若讲历史可就没那么好玩了。

又讲到他有时还写点毛笔字，不过几句题跋之类。别的不敢动了。

老人问我还常写东西吗，我说偶一为之。他忽然冒出一段北大往事。那年，他用三十元买了一套梁启超的《饮冰室文集》，是线装本，装满了一辆人力车。见到胡适时他讲到此事，随口说了句，好像《饮冰室文集》里也没有太多的东西。胡氏大不以为然，很严肃地跟他讲起梁氏的学问，认为那也代表了一种新思潮，不应对故人这么漫不经心。这件事对他影响不小。

莫非谢老有意在写作上想指点于我？因为我写书话亦时涉前人。

管他是与不是，我为《猎书偶记》写“前记”正没词儿呢，何不记下这段小掌故。

我就怀着这样一种不安的心情，把本书献给高明的读者。

二〇〇〇年十月北京

再读前记，老姜的叙述绝妙。借九十五岁高龄老人谢兴尧（原人民日报图书馆馆长）的一段故事，谈学问与写作的关系。老姜的文字，少雕琢，平淡而朴实，却耐人寻味。多年后，请他在《猎书偶记》扉页上题跋：

我喜爱袖珍小册，可惜如今已绝版。

姜德明

二〇一六、九

与老姜同住一个大院，他的藏书成了我的“强大后盾”，颇有“近水楼台先得月”的便利。有时写文章，缺少老书或者旧杂志，打电话询问，老姜不出几天，就会找出来让我去取。

一年，我曾推荐主政山东画报出版社的汪家明兄出版吴朗西翻译的《童年与故乡》，该书由丰子恺先生书写译文。后来，由《读库》的张立宪兄重新打造，出版精装版。我从老姜处借来几本《漫画生活》，发现《童年与故乡》连载始于1935年2月（《漫画生活》第六期），而非1936年。该书最初的译名，既非“从前”也非“童年与故乡”，而是“过去”；作者的译名为“古尔卜兰生”，而非“古尔布兰生”。

读黄永玉怀念钱锺书的文章《北向之痛》，提到当年在上海他曾与钱锺书一起，受到左翼刊物的严厉批评。询问老姜，他很快找到

1948年的“同代人文艺丛刊”第一集《由于爱》杂志，送我阅读。杂志中，批评黄永玉的文章题目为《谈黄永玉的木刻倾向》，批评钱锺书的文章题目为《从围城看钱锺书》。由此，我写下长文，收录在《传奇黄永玉》一书中。

在“沧桑看云”系列中，我曾写过一篇关于田汉的《落叶》。多年之后，老姜还记得此事。一次去看他，他拿出一个大信封交给我，里面是他整理出来的与田汉相关的资料，并附信如下：

李辉：

找出几份材料，记得还有，不知放在何处。这些可能没用，我不想保存了，请随便处理便是。

姜德明

多好的前辈！时时想着我写过的人物，清理资料，总会给我留下一些什么。在我，真是莫大的福分。

将近二十年前，我曾一度主持郑州越秀学术讲座，请一些名家黄永玉、杨宪益、唐振常、龚育之、李锐、梁从诫、黄宗江、蓝英年、陈思和、陈村等前去演讲。我想到，应该请黄裳、老姜二人同去，两代藏书家一起谈藏书体会，那该多好。与老姜讲过之后，他写来一个便条如下：

李辉兄：

奉上小丁画稿，拙文请你校正一遍，怕有误。谢谢！

河南讲话还是以后再说吧，身边有点事，怕走不开。请谅。

姜德明

不过，他们两人的郑州之行，最终如愿以偿。1999年6月，陆

1988 年，三代副刊编辑与副刊作者相聚于北京
左起：黄裳、姜德明、黄秋耘、邵燕祥、舒展、李辉

灏陪同黄裳从上海前往郑州，我陪同老姜从北京前往郑州，两位藏书家联袂做了一场题为“藏书与书话”的演讲。老姜健谈，主要由他多讲。不过，黄裳虽然不健谈，那天却也讲了不少，是我听到他说话最多的一次。

这些年，老姜出了书，总会留下一册送我。或签名，或题跋若干，袒露心迹，留存记忆。在我看来，这些都是难得的情怀。

完稿于 2017 年 5 月 5 日，风沙之后，北京看云斋

李泽厚

——才华横溢，历经沧桑

6 月 13 日，李泽厚先生的生日。这位生于 1930 年的湖南人，迎来了八十七岁大寿。

时间过得太快，八十年代初我到北京工作时，李先生刚刚五十出头，一转眼，他走进了耄耋之年。当然，那个二十几岁的我，如今也年过花甲。

在复旦大学念书，老师讲授美学课时，李泽厚的名字总是与朱光潜、宗白华、蒋孔阳等人排在一起。五十年代的美学争论中，他才二十几岁，却格外引人注目。他的论辩文章，在于他的思维敏锐，才华横溢，其学术功底、思辨能力，与前辈相比毫不逊色，走到八十年代之后，他的佳作迭出，早已超越前人。谈论李泽厚时，不少人将他称为当代中国的一位真正具有开创性的、富有深度的思想家、史论家，这一荣誉，他当之无愧。

大学期间，读李泽厚的第一本书《中国近代思想史论》，便为他的思想深度和叙述风格所打动。人民出版社于 1979 年出版此书，对于我们这些刚刚走进大学的年轻学生，无疑是及时雨。此时，我与陈思和在恩师贾植芳的指导下，开始合作研究巴金。与其他同时代作家不同，巴金“五四”时代接受无政府主义思潮影响，积极投身于中国

李泽厚肖像

乃至世界性的无政府主义运动。巴金翻译大量克鲁泡特金等人的作品，甚至希望自己能成为中国无政府主义的理论家、思想家。我们的研究，需要从近代思想史的演变入手，试图解释巴金如何接受西方思潮影响。适逢李泽厚这本专著出版，令人耳目一新。早在五十年代，他曾经出版过关于康有为和谭嗣同的专著，这本史论，是近代思想史研究领域的延续和拓展。细细阅读，我们渐渐走进近代思想的历史演变，他的许多精彩论述，启迪我们，令我们的思路为之宽阔。正是他的对思想史的阐述，使我们对年轻巴金的思想脉络有了较为清晰的理解。

前些年，胡洪侠兄主持《深圳商报》“文化广场”，策划了一次“私人阅读史（1978—2008）”活动，请三十余位人士谈阅读印象，每人推荐三十本书。三十本书中，我推荐最重要的五本书，分别为巴金的《随想录》、李泽厚的《中国近代思想史论》、黄仁宇的《万历

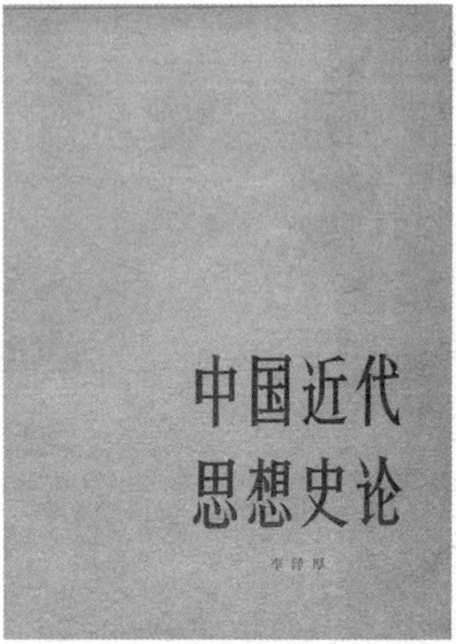

《中国近代思想史论》

十五年》、威廉·曼彻斯特的《光荣与梦想》、李锐的《庐山会议实录》。接受商报记者采访时，我这样谈到当年阅读《中国近代思想史论》的印象和对我的影响："这是我比较早了解近代史，尤其是了解近现代史之间如何过渡的一本书。书中的一些见解对当时的我是非常有帮助的，它奠定了我的历史观，让我对近代思想有了一些了解，包括梁启超等思想家对后来历史发展的影响，以及太平天国、严复等思想的过渡，这些都是当时的历史课程没有介绍的。"

大学的最后一年，1981年，李泽厚另一本专著《美的历程》由文物出版社出版。《美的历程》堪称一本惊艳之书，横空出世，令人爱不释手。与史论贯穿的历史思索、缜密分析相比，这本书赢得更多的读者。李泽厚以美为脉络，将文物、文学、音乐、建筑等不同领域完全打通，叙述源远流长的中国文化之美。他在书中提出不少有意思也有趣的概括，如狞厉的美、气势与古拙、音乐性的美、山水意境、无我之境、有我之境……对于刚从"文革"过来的年青一代学子来说，他们看到了一番完全不同的景象。

李泽厚为《美的历程》写的卷首语，即便时隔三十多年，如今读来，仍然令人激动不已：

中国还很少有专门的艺术博物馆。你去过天安门前的中国历史博物馆吗？如果你对那些史实并不十分熟悉，那么，作一次美的巡礼又如何呢？那人面含鱼的彩陶盆，那古色斑斓的青铜器，那琳琅满目的汉代工艺品，那秀骨清像的北朝雕塑，那笔走龙蛇的晋唐书法，那道不尽说不完的宋元山水画，还有那些著名的诗人作家们屈原、陶潜、李白、杜甫、曹雪芹……的想象画像，它们展示的不正是可以使你直接感触到这个文明古国的心灵历史么？时代精神的火花在这里凝冻、积淀下来，传留和感染着人们的思想、情感、观念、意绪，经常使人一唱三叹，流连不已。我们在这里所要匆匆迈步走过的，便是这样一个美的历程。

以流畅、普及的形式，将美的历史告知读者，在这一点上，李泽厚与朱光潜是很好的衔接。早在二十年代，朱光潜以《给青年的十二封信》与青年谈心理学，后来又出版《谈美书简》。几天前，我前往甘肃张掖的河西学院，在与学生座谈和主持“贾植芳讲堂”演讲时，我一次又一次向学生推荐李泽厚的这本《美的历程》。一本深深影响我的书，一本富有开创意义的书，需要一代又一代的年轻学生去阅读，去感悟，然后写下自己的心得。

回到三十年前。我到《北京晚报》编辑《五色土》副刊时，开设一个《居京琐记》栏目，专门请居住在北京的文化界人士写他们生活于此的酸甜苦辣。我去信请李泽厚赐稿，很快他回复一信：

李辉同志：

惠书奉悉。居京琐记，我很爱读，但未必能写好，当勉力为之，唯时日未定。

匆复

敬礼

李泽厚

十、廿

这是在 1985 年 10 月。那时的前辈，对年轻人的来信，总是有求必应，哪怕没有文章来，也会简略回复几句。许多年后，读前辈的信总是让人温暖，就是这个原因。

大约也是在此期间，文化界曾有批评李泽厚的声音，我去信问候他。他回复一信，也寄来一篇散文：

李辉同志：

来信收到。谢谢你的关心。那些对我不会有什么（重要）影响。

寄上小稿件。如发表，想看一次校样。请勿删改。如不合用，请退稿。

匆匆

握手

李泽厚

一、廿六

信仍寄和平里九区一号

他寄来的散文，便是《地坛》。

他写地坛，是因为长达二十多年居住于地坛附近，但他马上要乔迁，搬至西城，这令他不禁感慨。开篇写道：“住在地坛附近二十多年了，不觉得什么；如今要搬走，却分外地留恋它起来。”这种依依不舍的情感，与美相关，更与历史相关。他说，地坛在他心中，“却是一块圣地”，因为“文革”期间，地坛伴随他度过艰难岁月：“记得‘文化大革命’那年月，上午开完乌烟瘴气的各种批判会、‘学习’会、小组会，下午我总要一个人到这里来散步、透气，也想一些自己愿意想的问题。”我揣测，在这样一个被誉为“圣地”的地方，他“愿意想的问题”，想必就写进了《近代中国思想史论》和《美的历程》之中。

《地坛》不到千字，今天来看仍是一篇美文：

> 在这里，我看到许多次桃李花红白盛开，然后是落英遍地；也欣赏过黄叶满秋、西风萧瑟；真是“春花秋月何时了，往事知多少”。特别是黄昏日落，这里人很少，稀疏的树林、宽阔的道路、宁静的气氛，可以使人心旷神怡，悠然自得。平常生活空间小，生存质量低，这时似乎突然得到了解放和充实，感到非常愉快。所以，即使风雨冰雪，即使有一堆事要做，下午能抽空，我总要来的。

读《地坛》一文，我十分喜欢，怎会不用？按照李先生意见，寄去校样。认真的他很快寄回校样，并附信告知，他将在春节后离开地坛，搬到西城。

> 李辉同志：
>
> 改样奉还。我春节后搬家，新址是西城区皂君庙社科院宿舍三楼一门九号。
>
> 匆匆
>
> 握手
>
> 李泽厚
>
> 二，二

1985 年丁聪画李泽厚漫画像

文章发表之前，我请丁聪先生为之配图，上为李泽厚肖像漫画，下为地坛大门。《地坛》一文，于 1986 年 2 月 10 日发表，正好是大年初二。很快，我收到李泽厚的来信。毕竟是学者，他对自己的文章似乎并不满意。文中写到地坛北门外变成高楼，地坛里面也增添了“好些亭台水榭”，他在信中说：

李辉同志：

晚报看到，谢谢。忙于搬家清整，该文匆促草成，如有何反响，请告。文中“水榭”一词似夸张，实为水池旁之回廊，“高楼”一词亦应为“楼房”。可惜均无法再改正了。谦谦。

祝

快乐

李泽厚

初二

中年李泽厚应该是住在地坛附近的和平里时期

很快，李泽厚搬离和平里，离开与之相伴二十多年的地坛公园。人虽走，一篇《地坛》，却留下了他在地坛的美好记忆。

文章发表后，我去信告知稿费一般比较慢。信中，我顺便对《走向科学的美学》一书的译者序言谈了我的看法。时间久远，已不记得说些什么，但李泽厚回信毫不责怪我，反而致谢，今天再读，令人感动：

李辉同志：

来信收到。稿费不着急，但我要几张那天的报纸，请寄“学院南路皂君庙社科院宿舍三号楼一门九号”。

所提“走向科学的美学”译序意见很好。当年因应反污染高潮中出版社的要求，为争取出版，译者勉强为之，事后想修改已来不及了。如重版，当嘱译者改写一下。谢谢你的批评。

匆匆

握手

李泽厚

2017 年春天刘再复与李泽厚合影

二，廿八

以后有机会当再为晚报效力。谢谢你的约稿。

其实，不只是李泽厚，有不少老前辈对年轻人提出的意见，总是虚怀若谷，坦诚相对。

记得 1987 年，我买来一本大百科全书外国文学卷，书中只有中文索引，却没有英文索引，查找起作者或者作品十分不便，作为介绍外国文学的工具书来说，这应该是个欠缺。冯至先生是这套书的主编，我与他熟悉，写信时顺便向他提了这个意见。没有想到，几天后，老人就给我回信："大百科全书外国文学卷，编时比较仓促，缺点不少，很不理想。你的建议很好，现在中国出版界问题很多，一本书出来了，难得再版；纵使再版，也难以容许改正或补充。但是我重视你的建议。"（1988 年 1 月 15 日）重读此信，老前辈的谦恭坦诚，令人感动。

与李泽厚先生并无深交，之后许多年没有见面，却时在念中。七年前，有朋友去看望他，我带去珍藏三十多年的三本书，请他签名留念，也算圆了心愿。

年初，在“先生们”系列里，写了一篇关于刘再复先生的文章，通过刘先生，不时获知李泽厚的近况。他告诉我，他与李泽厚住在一个城市，他们经常相聚、对话、深谈历史、思想、文化的诸多话题，成为彼此精神的支撑，令他们沉稳而坚毅。

去年10月，我也退休了。二十年来，我与大象出版社一直长期合作，先后出版各类图书超过两百种，我仿佛已是其中的一员，友谊温暖于心。大象出版社决定在北京设立工作室，请我负责张罗，怎能推辞？我约请绿茶兄与我一起运作，工作室名称定为“大象客”，绿茶请胡颖兄设计了一个非常漂亮的“大象客”标记。

“大象客”开始运行，得到不少前辈与朋友的支持。《汪曾祺自述》与《汪曾祺画传》两种，冯骥才长达十六年的文化保护演讲集《不能拒绝的神圣使命》，“贾植芳讲堂”2016年的演讲实录《写好一个“人”字》，都已问世。

李泽厚先生大寿之际，匆匆草就此文，祝他生日快乐，健康长寿，再续杰作！期待很快与两位先生见面！

完稿于丁酉端午节，北京看云斋

梁漱溟

——用风琴弹奏思想的声音

思想家，拥有自己的风琴

梁漱溟先生在我眼中是一个伟岸的存在。20 世纪 80 年代初我来到北京工作，竟然没有想到前去拜望，一直为之遗憾。虽未见过，作为思想家、教育家的梁漱溟，其精神活力与人格力量，可谓 20 世纪的一个奇迹，令人敬仰。

叔本华曾说过，思想家的可贵在于精神力极强固，能把所有的东西克服或同化，融进他们的思想体系。因之，他们的识见虽是愈来规模愈大，但已做有机的关联，全部隶属在他们的思想总体系之下。“这种场合，这些思想家的固有思想，就如同风琴的低音主调，任何时刻都支配一切，绝对不会被其他音调所压制。”（《关于思考》）那些未能走出书本的学问家，缺乏的正是一架自己的风琴。

梁漱溟拥有一架自己的风琴，用这架风琴弹奏自己思想的声音。他受过社会主义思想的影响，也曾沉溺于佛学；他研究过印度哲学，也研究过西方哲学。然而一旦他在儒学中发现自己的位置，并创立新儒学思想，那些曾先后影响过自己的知识和学问，就如同叔本华所说，全部隶属于他的思想体系之中。它们不再可能改变他的思想，相反，他和古往今来的所有思想家一样，把它们化为自己所需要的成分，从而形成他思想的完整性。当他确定了自己的选择，完成了一个有别于其他人的理论体系，一个赫然存在的生命，就在梁漱溟身上体现出来。对于他，这一生命构成从此不会消失，它是实实在在存在的。也许显得孤傲，也许显得寂寞，但都不会因之而改变。

梁漱溟显然有一种宗教式的使命感。最初创立新儒学时他内心是否已经充满圣徒一般的使命感，我们不太清楚，但他在年近五十时却敢于这样表示：当今世界唯有自己是孔孟儒学的继承者和复兴者。他说："孔孟之学，现在晦塞不明。或许有人能明白其旨趣，却无人能深见其系基于人类生命的认识而来，并为之先建立他的心理学而后乃阐明其伦理思想，此事唯我能作。"他还这样说："前人云：'为往圣继绝学，为来世开太平'，此正是我一生的使命。"他是这样自信、自傲。正是有这样一种与众不同的使命感，他才会对新儒学如此迷恋，在这一点上，他真正具备了大儒的素质。在大半个世纪的思想旅程中，历代大儒心中充满"天将降大任于斯人"的这种豪情，同样充溢在梁漱溟身上。

思想家必须这样。他心里始终应该拥有激情，因激情而坚韧。他不能丝毫怀疑自己的思想，不能因外界的压力或者变化而改变初衷。他可以吸收新的养料，但前提和出发点，是为了丰富自己的理论，而非其他。具有这样特点的思想家，其独立人格才会形成。

五四时代的最大特征不是别的，恰恰是一个个思想家以朝气蓬勃的精神面貌出现在 20 世纪的中国。且不管他们各自的信仰如何，体系如何，思想深度如何，一个社会应该给所有思想者以相同的机会，让思想在碰撞中闪光，让思想家在充分的自我中达到精神的平衡与发展。一个既造就革命家、政治家也造就思想家的时代，其精神状态才是健全的。五四时代正是这样一个时代。

梁漱溟有幸出现在这样一个时代，因此，他的使命感，他的宗教

晚年梁漱溟

般的热情，他的人格，才有可能得以充分体现。

在信札中重温记忆

未曾拜见过梁漱溟，但有一个契机，却让我与梁先生的公子梁培宽先生，有了深入接触，从他那里我感受到谦和、严谨、认真。

走进新千年，我为大象出版社策划一套“大象人物聚焦书系”。这套书，怎么能没有梁漱溟？我请汪凌女士负责撰写。她走进位于北大承泽园梁培宽家中，请他提供相关图片。没有想到，梁培宽先生不仅提供图片，还拿出一大摞梁漱溟晚年批注的友人来信。汪凌告诉我之后，我喜出望外。此时，我正开始做“大象名人珍藏”系列，第一本是黄裳先生的《劫余古艳——来燕榭书跋手迹辑存》。梁漱溟这本暮年批注手札，多么好！当即约定，我要前去看望梁培宽先生，那是我第一次走进他的家。

1976 年，梁漱溟走进八十三岁高寿。在他看来，这个年龄该是重睹旧物、归纳一生的时候了。于是，他以翻阅旧札的工作开始暮年的怀旧之旅，也是借此重温历史，打捞记忆。于是，他也为我们留下这样一份特殊礼物——“梁漱溟批注友人来信”。

三十年过去了，就在2007年的一个夏日，在梁培宽家中，这些信札原件摆到我的面前，让我一一翻阅。我的眼睛不由得为之一亮。对于一个对历史有着浓厚兴趣的人来说，还有比这更让人陶醉的吗？遥想当年，人到暮年，历尽沧桑的梁漱溟，日趋浓厚的怀旧情绪无法排遣，他从箱底找出多年间的友人来信，静静细读，凝神回味，兴致一来挥笔批注，此时此刻，必有一种怅望千秋、萧条异代的苍凉感充溢心中。

经梁漱溟批注的友人来信达数十通。写信者包括欧阳竟无、胡适、黄炎培、陈铭枢、熊十力、马一浮、冯友兰、张申府、叶麟、唐君毅、黄艮庸、陈仲瑜、云颂天等政界、文化界人士，其中，大多为梁氏的同辈友人或学生。来信时间，最早者在1916年前后，最近者在1976年，历史跨度长达六十年。

梁氏批注或寥寥几字，或数行，或整页。一般在来信原件上以毛笔直接批注，但有时也单独附加一笺，详加说明。批注或署名，或不署名而改加盖名章。名章为“梁漱溟印”，四字系隶书，阳文。批注有时注明时间，有时则无。批注内容不一，或介绍来信背景，或批改信中文字，或借题发挥，对往事、对当事人予以点评。

一批与1926年前后北伐战争有关的来信，引起我极大兴趣。来信者主要为他的朋友陈铭枢——时任国民革命军第四军第十师师长；学生徐名鸿、黄艮庸——时在陈铭枢麾下从军。

陈铭枢，字真如，系北伐名将，自1925年起即担任国民革命军第四军第十师师长，北伐战争开始后，他所率领的第十师在攻打吴佩孚军的汀泗桥、贺胜桥战斗中立下战功。然而，陈铭枢不只是一员就读过保定陆军军官学校的战将，他还对佛学颇有兴趣并有所研究，这

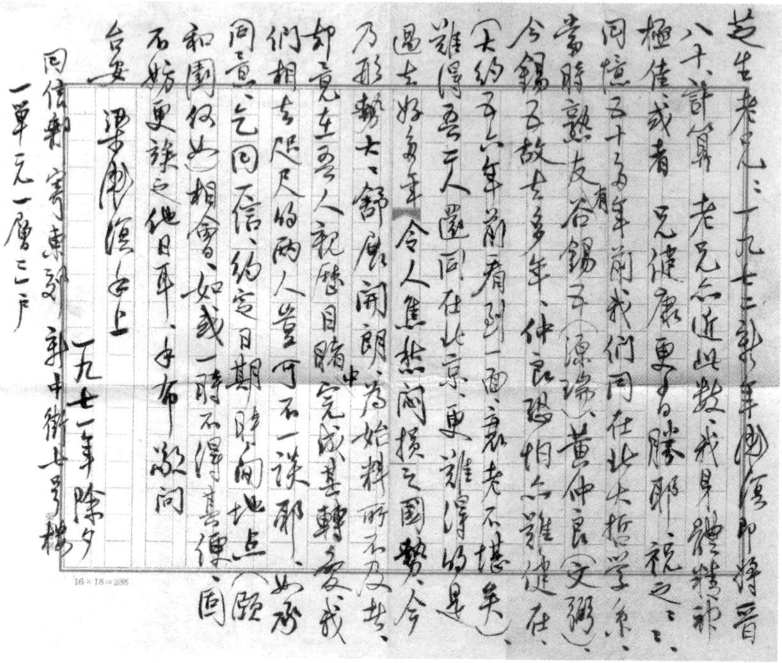

芝生老兄：一九七二新年漱溟即將晉八十，計算老兄亦近此數，我身體精神極佳，或者兄健康更勝於我耶，視之，、同憶五十多年前我們同在北大哲學系，當時熟友有谷錫五（源瑞）、黃仲良（文弼），今錫五故去多年，仲良恐怕亦難健在，（大約五六年前看到一面，衰老不堪矣），難得吾二人還同在北京，更難得的是過去好多年令人焦慮之國勢，今乃形勢大大舒展開朗，為始料所不及者，卻竟在吾人親眼目睹中完成其轉變，我們相去咫尺的兩人豈可不一談耶，如所同意，乞回信，約定日期時間地点（頤和園似好）相會，如或一時不得其便，不妨更談之他日耳，手布 敬問

台安

梁漱溟手上 一九七一年除夕

回信郵寄東城新中街七号樓 一單元一層二戶

梁漱溟 1971 年致信冯友兰

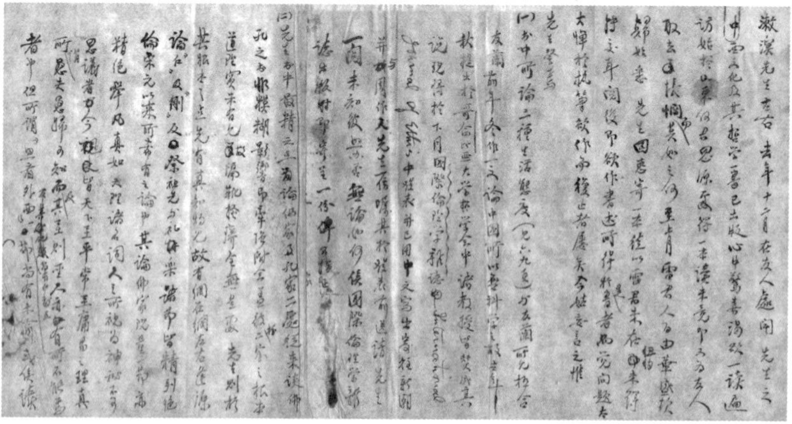

冯友兰致信梁漱溟

也是他与梁漱溟在北伐战争前得以结识并成为朋友的原因。正因为如此，当他就任第十师师长一职后，特邀梁漱溟与熊十力南下共事，二人虽未前去，但派遣三位得意弟子王平叔、徐名鸿、黄艮庸由北京前往广东，投笔从戎，辅助陈铭枢。关于这一背景，梁漱溟在陈铭枢的一组来信前，特单附一页予以说明：

> 据我所闻真如游学日本陆军时，曾从桂伯华先生听讲佛法，甚勤恳。桂先生临终嘱其归国后宜从南京欧阳先生问学，以故当其一度脱离军队时即投入内院欧阳先生门下。值其时熊子真（十力）亦在内院求学，彼此甚相得。子真既经我介绍入北大讲唯识。一九二三年与平叔、艮庸同住缨子胡同我家。真如即于是年北来访我结交，其后遂有一九二五年从广东以革命之义相督责，而平叔等三人南下从戎之事，自是而后彼此关系日密，以迄于一九六五年真如身故，后计有四十余年。至今箧中所存真如手札独多，虽不必皆有保存价值，亦姑存之备考。
>
> 一九七六年八月廿一日　漱溟识

梁漱溟说“所存真如手札独多”，可惜此次辑录只发现五封。其中三封为陈铭枢致熊十力的信，梁氏在一封信前批注道：“此为一九二三年真如从南京来访我于缨子胡同时偶然留存之一笺。”陈铭枢此三信虽是致熊十力，但均谈及梁漱溟，且论及佛学和印度哲学，在一信后他还特地写道：“诸函皆可转呈梁先生更希就近代承教于艮庸、平叔两先生。”这大概就是三封信得以保存于梁氏之手的原因。

另外两封均写于北伐战争期间，也是写给梁漱溟、熊十力二人。一员北伐名将的两封私人通信，留下了诸多难得的历史细节。

其一，梁氏批注为：“此为一九二五年平叔、艮庸、名鸿初到广州时，真如兄来信。信写于入湘接洽唐生智之途中。（名章）”其二，梁氏批注为：“此为真如统军北伐之时，行军途中来信。一九七六年八月（名章）”前信日期注明“十五日”，无月份年份；后信注明“七月三日”，无年份。两封信均涉及陈铭枢由粤赴湘，负责游说湖南军阀唐生智（字孟湘）与北伐军合作事宜，由此分析，应写于1926年。

信前两页，毛笔行书，字大，较简略，应写于前，只提及“此次到广州匆匆适奉使湘省”一句。信后三页，钢笔行书，字极小，约两千字，详告徐名鸿等三弟子近况，以及对他们三人的各自评价等。据史料，唐生智于1926年6月在衡阳率军正式参加北伐军，宣布就任国民革命军第八军军长兼北伐军前敌总指挥。显而易见，陈铭枢的奉使之行圆满成功。

在7月3日写给梁漱溟和熊十力的长信中，陈铭枢以大量篇幅阐述自己对国民革命和北伐战争的态度，并介绍了自己奉使湖南的情况。他写到与唐生智的接触与印象：

> 平叔等次永兴留候司令部，弟独往衡州会唐孟湘，谋军事。孟信佛极深，持念极切，志宏愿大，胆略才识矫然不群。然好用权术，是其大病。（惟弟能窥见之耳）又其作事火辣，不易得人亲爱。（但其部曲训练之良，团结之固，一时无两。）弟自维庸愚，平昔惓惓慕才之念，以为于孟差为得之，故爱护之惟恐不至。然深虑其技痒不除（指权术），致患根本；又以其崇佛，未易以胡益阳曾湘乡之说进；耿耿我思，忧何以辍，环顾宇内，每不禁其涕之涔涔下也！此意非两兄谁与嘱之！

由引文可见，行军途中的这位北伐名将，胸中块垒，不便与军中人士泄露，只能持笔向两位京中友人倾诉。“孤舟夜泊，人静水流，思怀不寐，缅书寄意。明日赴战，奉讯又未知何日也？弟陈铭枢顿首，七月三日午夜笔于潇舟中。”今日再读信中最后几句，当年此情此景，仍令人感慨万分。正是这样一封感人的长信，为北伐复杂的军事形势

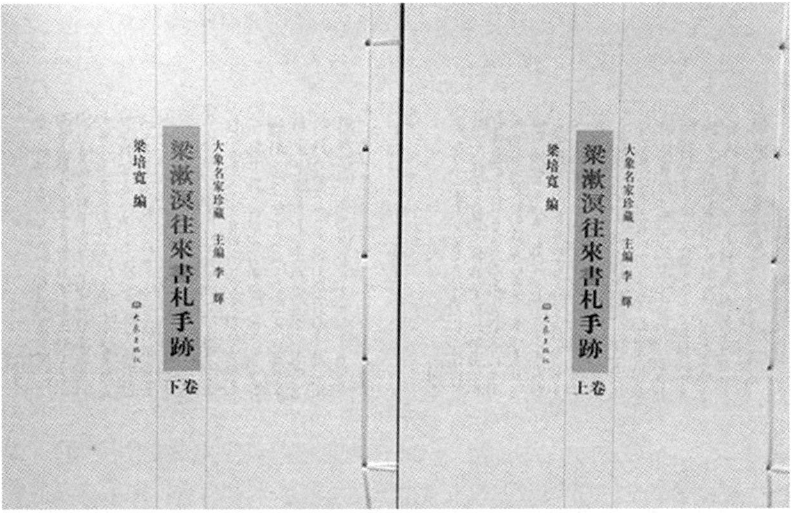

《梁漱溟往来书札手迹》上、下两卷

和政治博弈留下了一份珍贵记录。唐生智后来与蒋介石时分时合，其间种种举动，或许也可佐证陈铭枢当年对其性格所做的透彻分析。

梁漱溟这批书札，以《梁漱溟往来书札手迹》为名于2009年出版。梁培宽希望我为此书写序，只能勉力为之。出版过程中，梁培宽的来信对诸多细节等，颇为认真严谨。寄去的校样他看了两编，随后致信于我：

李辉先生：

"往来书札"校样共看了两遍，终于今日（十四）交出，由但汉琼同志取走。其中应作改动的均一一用红笔标明修改。至于是否恰当，以及有无疏漏之处，还希望先生再看看，把把关为好。另有几个问题需与你商讨：

一、信件标明年份是个难题。有的解决了（靠查日记、查信件内容等方法），有的只能推断为什么年代。这如何标明？似有两种办法：“二十世纪五十年代”是一种；另一种办法是写为“一九五×年”。现在我采用的是后者，以为似较简明，不知是否恰当。

二、“相关人士简介”又有少量改动或补充，因为后来又查明了一些原来不清楚的事，但字数仍控制住，没有增加多少。

三、关于先生执笔的《代序》一文，末后提及“朝会”活动情景，引用了汪东林的《梁漱溟问答录》中的一段文字，而这段文字是汪东林先生据《朝话》一书中的一段文字，“加工”而成。“加工”就往往失真，如汪书中有“抑扬朝气”的话，即令人费解（“朝气”只须“扬”，何须“抑”）。因此，还是以引用《朝话》书中原来文字为好，这样才更真实，才是先父本来的话。（现将《朝话》中《〈朝会的来历〉及其意义》一文，复印一份，随此信寄上，供参考。）

此外或许还有些不大不小的问题，待先生最后看校样时，如果发现了，需要我处理时，即请以电话与我联系，尽快解决。

国庆前去重庆开会，去之前两三天正好送来校样。而校改工作只有待重庆返回之后才着手，因此被延误了约十天，至今才得完成。这是应当说明，并表示遗憾的。

顺祝

编安！

梁培宽上

十月十四日

为此书，梁培宽写了一篇后记，前面略述缘由：

先父梁漱溟的若干师友故旧来信，在他手头已存放很久很久。这些数十年前的旧信他十分珍视。先父故去后，笔者曾加以清理，并妥为收存，可收存至今已近二十年，仍不知当如何处理，为它们寻得一

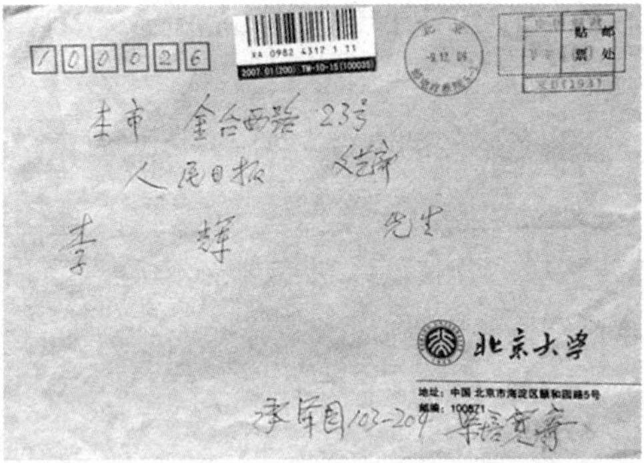

梁培宽来信信封

个合适的“归宿”，才与先父的心意较为相副。

今年五月的一天，李辉先生在汪凌同志的陪同下，首次来访，目的是看看那些旧信。在翻阅了那些纸张多已泛黄的书札之后，他似乎毫无犹豫，就表示值得出版，并且要原色影印。这有些出乎笔者的所料，而事情竟这样说定。随后在李辉先生的关心与安排下，开始了本书的选编、扫描等工作，李辉先生且欣然命笔，为本书写了序言，于是本书终得印行问世。

李辉先生来访时，曾以他的文集《人生扫描》一册相赠。待我读过之后，才恍惚有悟，原来他是位对“往事的追寻”有偏爱之人，而且这种“追寻”是必至于“人物的内心”而后止的。那么，那些早年手札得以在此书中与读者相见，就不能不归之于这种“追寻”精神，而再往下追去，就要“追寻”到李辉先生处了。此书得以问世，应当感谢李辉先生，自是当然。

选编工作由笔者负责，其结果是：书信分为三部分，即第一辑为先父梁漱溟致故旧师友及其他人士的书信；第二辑为故旧师友等致梁漱溟的书信；第三辑为家书。还须在此说明，致师友故旧书信（第一辑）或他们的来函（第二辑），其各自编排次序大体依照彼此结交早迟与各人的年齿而分先后。

有梁培宽的鼎力支持，这本名家珍藏系列才得以顺利出版，因此我向他表示深深的感谢。

这本书出版后，朋友萧然读后，写下书评《逝去的时代，逝去的生活》，并为之感叹不已：

> 读这本书，首先吸引我的是前辈们美妙、飘逸的书法。在我看来，今天的绝大多数所谓书法大家，无论功力还是境界，已经无法与梁漱溟那一代人企及。这一方面是今天的启蒙教育已经无法复制过去，毛笔、砚台早被电脑、鼠标取代。而另一方面，在基本功以外，书法的最高境界是“气”，今人之“气”，俗字占了上风，因此即便字也可以漂亮，但终究飘逸不起来。

萧然兄说得不错。飘逸是一种境界，与精神力量和人格力量相媲美。时隔多年，再翻这本《梁漱溟往来书札手迹》，感受依旧真切。

“朋友相聚处就是我的家”

读《〈朝会的来历〉及其意义》一文，梁漱溟描绘的与学生朝会的场景，令人神往不已。1924年他到曹州主持高中部仅仅半年，回到北京，就有十几位山东的高中学生跟随而来，足见他天然具有吸引力和凝聚力。他和这些学生一起在什刹海租房同住共读，开始了一个重要的交流形式——朝会。每天早上，他与这些学生静坐共读，并即兴讲授心得。之后，这种形式坚持了多年，《朝话》即由这些讲授记录结集而成。梁漱溟这样写道：

> 在北平师生共约十人，我们在什刹海租了一所房，共同居住，朝会自那时就很认真去做，大家共勉互进，讲求策励，极为认真。如在冬季，天将明未明时，大家起来后在月台上团坐，疏星残月，悠悬空际，山河大地，皆在静默，惟间闻更鸡喔喔作啼，此情此景，最易令人兴起，特别的感觉心地清明、兴奋、静寂，觉得世人都在睡梦中，我独清醒，若益感到自身责任之重大。在我们团坐时，都静默着，一点声息皆无。静默真是如何有意思啊！这样静默有时很长，最后亦不一定要讲话，即（使）讲话也讲得很少。无论说话与否，都觉得很有意义，我们就是在这时候反省自己，只要能兴奋反省，就是我们生命中最可宝贵的一刹那。

呈现在我们面前的，正是一个充满诗情画意的场景。师生之间，竟达到如此美妙、如此令人神往的境界！

梁培宽写道，自有朋友团体之后，父亲曾说："于是我的生活几乎是成了两面的了：一面是家庭，一面是朋友；一面是家庭之一员，一面是朋友团体之一员。""朋友相聚处就是我的家。"

说得多好。

梁培宽在后记中写道，先父昔日青年朋友逐步步入暮年，或因政治运动的风吹雨打，或因体弱多病，竟然多先于先父离开人世——

陈亚三先生因肺癌1964年病逝于北京，终年六十九岁。

黄艮庸先生，1966年8月以莫须有的"逃亡地主"罪名，被红卫兵押回广东，途中于车厢相连处不时遭到"提审"，"不是文斗，直到不能支持"。在番禺老家五年，捡粪挣工分糊口。1972年得免除"监督劳动"，抱病回京。1976年11月病故。据先生家人称，他曾表示愿留京侍奉老师；返故里终老，须待老师百年之后，不料竟先于老师而去。梁漱溟致信田慕周，写道："艮庸二十岁从游于我，垂五十七年之久；其他人或早死，或随我较晚，或中道分手，皆不及他。”

云颂天先生 1965 年退休。1970 年 9 月与 1976 年 6 月，两度长途跋涉自四川来京看望老师。1983 年中风复发，病故于重庆，享年八十二岁。据先生子女说，中风复发后，先生已举步维艰，但仍嘱子女为其购车票，打算再次赴京拜望老师。先父尝写道：“颂天为学恳切为己，师友侪辈无不钦重其人。自一九二四年远从广东来投我，同学共处达数十年，愚自忖受朋友之益，必不能不念及颂天也。”

梁培宽感叹，先父暮年写成《略记当年师友会合之缘》一文，怀念昔日师友之情，流露于字里行间。由此可见，梁漱溟生活中不可一日无师友。

梁漱溟暮年读信，是与历史对话，是与友人另外一种形式的倾谈。岁月苍老，梁漱溟深知，他和学生已不大可能重新相聚如早年那样闲谈切磋了。我想象着，在暮色茫茫的秋日余晖下，他以复杂心情细读这封信札。往事不再，来日不多，弟子的真诚与感伤想必同样让他激动不已。

朋友相聚处就是我的家！

父亲梁漱溟，常在儿子心中

《梁漱溟往来书札手迹》出版后，我想到，何不请梁家公子编选一本他们笔下的父亲？书名为《父亲梁漱溟》，交由长江文艺出版社于 2014 年出版。

编选过程，同样是读儿子们眼中的父亲。梁培宽、梁培恕两位先生非常配合。没有想到，梁培恕曾经在人民日报社国际部工作过，可惜无缘相见。在编选这本书时，他写来一信如下：

李辉先生：

万分抱歉，上午寄快递时竟将家兄致你的信函等三纸遗漏。想来你已察觉并带来不便。

我五十年代在人民日报国际部工作，此后调动几次，最后在社科院退休。今秋曾去宿舍区与老同伴聚会。半世纪过去，尚及见面者不足半数，可叹。

祝

工作顺利！

梁培恕上

2009.10.7

很快，梁培宽编好《父亲梁漱溟》一书，全书文章分别为梁培宽、梁培恕二人所写，包括梁培宽的《先父梁漱溟与北京大学》《“我的生命就寄于责任一念”》，梁培恕的《谨记先父梁漱溟》《“十年浩劫”中与人良性互动》等十余篇文章。虽然只有十万字左右，却呈现父亲的可敬可亲，写出父亲处在时代旋涡之中刚正不阿、坦荡、执拗的性情与人格力量。有这样的父亲，他们骄傲！

2009 年 12 月，长子梁培宽为《父亲梁漱溟》写了一段卷首语，说得真好：

受命编一本小册子介绍先父，便从我们兄弟二人过往所写的长、短篇中摘取十万余字。文体不尽相同，但全属记述先父不同时期生活、活动的旧作，期于将他“形于外”地呈现在读者面前。

先父尝说，东方之学（儒、释、道三家）虽有不同，但同是反身向内认识自己，与西学之向外用力（认识和利用物）正相反。又说，东方之学收效在改变人的气质，窃以为这就是平常说的有涵养。

当前社会于东方之学颇疏远，倘若通过先父这个人使读者对东方之学有一种感知，坦白说，那正是我们所期待的。

梁漱溟先生 1988 年去世，享年九十五岁。

时间过得太快。生于 1925 年的梁培宽先生，今年已是九十二岁高龄。生于 1928 年的梁培恕，也年届九十。前段时间我与梁培宽通话，他声音洪亮，身体依然健康，着实令人高兴。

父亲梁漱溟，常在他们心中……

完稿于 2017 年 4 月初，北京看云斋

刘再复

——沉稳淡定中前行

刚刚走进2017年，来京的陈杰女士送给我一个好礼物：《两度人生——刘再复自述》。这是柳鸣九先生策划的一套“思想者自述文丛”，由河南文艺出版社推出。陈杰是出版社总编辑，送我这样一个礼物，再好不过。

快三十年没有见到刘再复先生了。人在天涯漂泊，我也时常怀念他。令人高兴的是，2016年10月，一位友人前去参加香港书展会与刘再复见面，我特地请他代为转交两本拙著，另有1988年我与他的几篇访谈录。很快，收到刘再复从香港发来的邮件，对我厚爱有加，令人感动：

李辉兄，托志明兄带来的大著《巴金传》等两种已收到，谢谢。……在海外27年，倘若见到你的文章，我都拜读。谢谢你还给我《人民日报》的相关材料尤其是你的采访录，我正苦于找不到。我到香港科技大学“客座”已两个多月，一月底返美。在落基山下，我已习惯孤绝的生活，于象牙之塔中，读书反而更有心得。七十五岁了，该说的话就说，不情愿说的话就不说，这也算是得大自在了。

刘再复11月13日，香港清水湾

1988 年李辉与刘再复合影

不久，刘再复又托人带来书信与一册香港三联书店新作《吾师与吾友》。信中特地提到，这本《吾师与吾友》与北京三联书店的《师友纪事》略有区别。捧读来信，又见手迹。与刘再复认识是在 1984 年，算一算时间，三十二年如此飞快地过去。

刘再复生于 1941 年，我认识他时他才四十三岁，正值年富力强、风华正茂之际，第二年，他出任中国社会科学院文学所所长兼《文学评论》主编。说来也是机缘巧合，我在《北京晚报》工作时，与《文学评论》的编辑王信先生常有联系，也由此认识解驭珍老师。解老师是王朝闻先生的夫人，之前曾担任北京日报文艺部副主任，此时担任《文学评论》编辑部主任。去的多了，解老师和王信老师建议我不妨调到《文学评论》当编辑。我求之不得。大学三年级时，我与陈思和的第一篇研究巴金的论文，1980 年发表于《文学评论》，能够来此工作当然不错。我当即向晚报提出调动申请，但未获批准。现在想来，顺其自然也许是最好的选择。虽未去成，但与《文学评论》的好几个编辑都成了好朋友。

一次开会场合结识刘再复，我与他的交往由此开始。这一年 7 月，刘再复来信并附寄聂绀弩为他所写律诗一首，另有虞愚先生的《步聂老原韵》一首：

李辉同志：

您好！

认识您感到很高兴。刚刚读了你发表在《文艺欣赏》上的大作，过些时候还要好好拜读您在《文学评论》上的论文。

呈上聂老为我写的律诗和虞愚老先生《步聂老原韵》的诗。虞愚是有名的书法家，古律诗人，原是佛学院教授，现为哲学新研究员，因明学的研究很有成绩。如果能两首一起发最好，如有困难，也不必勉强。聂老还给我写了三首绝句，我想给别的报刊。

有空来我家玩，我傍晚极闲。

即颂

文祺！

刘再复

一九八四年七月三十一日

聂绀弩的诗，是为刘再复的散文诗集《深海的追寻》而写，题为《新芽》，发表于1984年8月13日的《五色土》副刊："春愁郁郁走龙蛇，一度沉思一朵花。天地古今失绵邈，雷霆风雨悔喧哗。我诗常恨无佳句，君卷何言不作家。深海料难寻野草，彼诛陈腐此新芽。"可见聂绀弩对刘再复的散文诗颇为欣赏，评价甚高。

刘再复与聂绀弩都住在劲松小区，两家相距很近。晚年聂绀弩于1981年出版《中国古典小说论集》。其中，研究《红楼梦》的系列文章，如《论探春》《论小红》等篇，令刘再复颇为欣赏。刘再复以研究鲁迅起步，同样酷爱《红楼梦》。漂泊海外多年，他完成《红楼四书》。时隔多年，重回故乡闽南，他在厦门大学九十周年校庆论坛上所做的演讲，题目便是"《红楼梦》的哲学意义"。因此之故，刘再复与聂

新芽

——读刘再复散文诗集《深海的追寻》

聂绀弩

春愁郁郁走龙蛇，
一度沉思一朵花。
天地古今失绵邈。
雷霆风雨悔喧哗。
我诗常恨无佳句，
君卷何言不作家，
深海并难寻野草，
彼诛陈腐此新芽。

1984 年 8 月 13 日《五色土》副刊

绀弩一家来往密切。他曾告诉我，正在搜集聂绀弩的资料，聂绀弩也把一些资料交给他整理，他准备为此写一本书。此时的刘再复，精力旺盛，思想活跃，他发表《文学研究思维空间的拓展》一文倡导文学批评方法的变革。《论文学的主体性》与理论专著《性格组合论》，更是引发一场文学理论的论争。

这一年，刘再复出版散文诗集《太阳·土地·人》，找出来重新阅读，仍能强烈感受到一个诗人的历史激情。他写《王国维之死》，以精粹的诗句勾勒一个人的悲剧：

学术上的启蒙家，政治上的蒙昧者；新的先驱，旧的忠臣；一半朝前向往，一半向后顾恋；在书本上驳斥着陈旧，在现实中恐惧着新生。不可调和的矛盾，凝成了大苦闷，终于撕碎了你的心，胀裂了你的灵魂，并酿成了昆明湖这一节严酷的悲剧。

生于福建泉州南安的刘再复，对故乡先贤李贽、林则徐、严复、林纾、辜鸿铭等倾注了深厚情感。他写李贽的散文诗，读后难忘。他写道：

我曾谴责我的故乡，徒有那么柔美的青山绿水，徒有名声那么响亮的江南秀地，竟不能收埋自己天才的儿子，竟不能收埋勇敢的心、抹去孔夫子与道学家神圣之光的手、不顾自己的弱小去顶撞大黑暗的

1984年刘再复散文诗《太阳·土地·人》封面

肩膀，竟不能收埋直声撒满天下的思想解放的先驱……

……

但我仿佛听到墓坟里的灵魂在辩护：请不要怪罪故乡，请理解故乡不能收埋遗骨的悲哀。那时的文字狱株连得那样广，任何带有真理的文字都难以幸免，黑暗沉重得可以把高山压弯，就是三个故乡的怀抱，也保护不了我的生，阻挡不了我的死。

我该用什么来安慰这正直的灵魂？我只有告诉他：思想家死了，但思想并未同死。……这郊外坟前的小径上，不是依然走来踏着小草的一代又一代的人吗……

（《坟前的小径依旧常有人来——访李贽墓，怀李贽》）

我曾几度前往泉州，曾寻访李贽故居，也曾在北京通州区海子公园拜谒李贽墓。现在再读此文，对刘再复的故乡情结与历史忧思有了更深的理解。

难忘 1985 年胡风去世之际引发的风风雨雨。眼见熟悉的前辈相继辞世，我忽然意识到，如果不抓紧时间请胡风的朋友们回忆往事，很可能诸多历史场景与细节就会随之消失。我请教恩师贾植芳先生、曾卓先生等，并得到他们的支持，就在这一年，我开始四处寻访胡风的朋友们。当时并没有想到会写一本书，只是觉得，以口述历史的形式予以留存。1987 年，走进三十岁的我，才意识到有必要将之写出来，梳理盘根错节的历史冤案。历时一年多，数易其稿，终于在 1988 年夏天完成《文坛悲歌——胡风集团冤案始末》一书，率先发表于第四期的《百花洲》杂志。

此时，我正与刘再复做一次笔谈访问，寄回清样时，他对《文坛悲歌——胡风集团冤案始末》一书予以鼓励：

李辉兄：

2016 年 1 月“六根”一起在泉州寻访李贽故居

呈上清样，有些地方不得不改，请您再克服一下困难，真抱歉。这种对话影响太大，不得不如此。

《文坛悲歌》，我读后深为感动。您以正直的心灵唱出了一曲历史的悲歌，这是您人生的一次重要完成的重要塑造，一切经历过苦难的知识分子都会感谢您的。您的作品资料很丰富，分寸感掌握得很好，对历史事件的驾驭是成功的。您的作品还有一点长处，就是通过胡风，您把一代知识分子的命运展示出来了。我希望今后会有出版社出版一套历史文献的纪实文学大系。

我匆忙赶写了一个初稿，请您再斧正，我还要加工。

敬颂

撰安

刘再复

一九八八年十月

人民日报出版社决定出版拙著《文坛悲歌——胡风集团冤案始末》。谁来写序？我首先想到刘再复，没有比他更合适的人选了。他研究鲁迅，而胡风曾是鲁迅晚年最信赖的年轻朋友。他对历史有透彻的理解，对文坛错综复杂的关系、脉络，也有自己独特见解。岁末，他寄来序言，题为《历史悲歌歌一曲》。序言中，他对我厚爱有加，令人感激。“这与其说是驾驭历史的能力，不如说是履行历史责任的正义感”，他的这句话对我触动很大，也是这些年促使我继续非虚构写作的一种动力。

在序言中，刘再复用大量篇幅谈胡风与鲁迅的传承关系：

> 我翻阅了这部书稿后，心情一直沉重。尽管我与胡风毫无瓜葛。胡风在三十年代就投身左翼文艺运动，信奉马克思主义，而且追随鲁迅（他对鲁迅的追随又是非常自觉的）。他作为鲁迅的自觉的、坚定的追随者，最早发现机械决定论将导致革命文学走入死胡同。照理，他走入新社会后是会很愉快的。但是他却遭到空前的痛苦，这除了社会的原因外，还有他个人的原因，他太认真，太执着，太热切了。他对革命总是那么关注，那么热情，为了社会主义文学事业，竟然写出了三十万言的意见书。且不说内容如何，能写出三十万言的意见书，而且是充满着建设性的意见，这要花费多少心思呵。既有敏锐的“革命文学”危机感，又有切实的建设革命文学的责任感，这是多么可贵呵。但这种危机感与责任感，却使他遭到不幸。胡风的人格是很特别的（其实正是很正常、很健康的）。无论是从知、还是从情、还是从意的角度来看，他的人格都很有光辉。从“知”上说，他提出“到处都有生活”的命题，可见他对文学艺术的真知灼见。这比某些闹腾了一辈子文学而不知文学为何物的“文学理论家”，实在是高明很多。从“情”来说，他确信，他的“精神奴役创伤”的命题，包含着最深挚的爱和同情。从“意”来说，他的坚忍是不言而喻的，他的“主观战斗精神”，正是一种意志力量所激发的韧性精神。他总是知其不可为而为之。他的心理构成显得比我们正常、健康、成熟。
>
> （《历史悲歌歌一曲》）

刘再复

将近三十年过去，这些论述依然显出其智慧，充满对人的深刻同情，对历史的透彻理解。

拙著于1989年春天出版，书名改为《胡风集团冤案始末》，特意请黄永玉先生题签。拙著出版后，3月曾在中国社科院大楼的一间大会议室举办研讨会，人民日报出版社社长姜德明和刘再复等不少人与会发言。这次见面，他赠送黑龙江教育出版社前不久出版的新著《刘再复集》，分别为如下几辑：文学理论、文化研究、文学史研究、鲁迅研究、文学批评、文学创作，可见他的领域之广，视野之宽。从事理论研究之人，却能让人读出诗人情怀。多年之后，再读他写的师友杂忆，可见他的情怀依旧。

刘再复为拙著写序，题为《历史悲歌歌一曲》，“历史悲歌”显然比“文坛悲歌”更有分量，故在香港、台湾分别出版时，书名更名为《历史悲歌》。几年后，日本岩波书店将之翻译，分为上、下两册出版。在我而言，终于完成一段颇为艰难的历史叙述，对所有帮助我的人，深为感激。

三年之后，1992年春天，我在瑞典将近两个月时间，一边在大学讲课，一边云游北欧，对瑞典汉学状况大致有一些印象。正是从马

1992 年年底刘再复寄来的新年贺卡正面

悦然和盖玛雅几位汉学家那里，知道刘再复的漂泊情形。刘再复早在1988年应邀访问瑞典，出席诺贝尔文学奖的颁奖典礼，归国后，我曾与他有过一次瑞典之行的对谈。没有想到，我的第一次出国就是瑞典。我到瑞典时，刘再复刚刚离开，我与他未能谋面，好在通了一次电话，了解他的大致状况。

同年年底，盖玛雅访问北京，告诉我刘再复又回到瑞典了。盖玛雅返回瑞典时，我请她带去一封信和一盒茶叶。很快，刘再复寄来自己印制的新年贺卡。照片上，背后一片金黄色树叶，映衬着刚刚五十出头的刘再复，看上去他仍如过去一样沉着而淡定。时隔三年多，再见熟悉的笔迹。“请盖玛雅带来的信和茶叶收到了。谢谢你在我漂流海外的岁月中总是怀念着我。”好在有文化相伴，有乡愁相伴，有知己般的学者、作家相伴。如他在《两度人生》中与吴小攀兄的对话，与李泽厚先生的对话，对高行健作品的深入研究和《红楼四书》的写作，他从来没有寂寞。二十多年来我们虽然没有见面，但他出版的书我搜集若干册，《鲁迅论》《人论二十五种》……读书如读人，曾有的友情依旧温暖于心。

没有想到，漫读《两度人生》，蔓延出这些零零星星的往事记忆。

三十年时间，就这样流走了。

完稿于2017年2月2日，丁酉年正月初六，北京看云斋

骆宾基

——香港往事如烟，晚年“走火入魔”

走进现代文学馆

6月中旬，我收到骆宾基女儿张小新寄来请柬，才知道，6月19日是骆宾基（本名张璞君）先生的百岁诞辰！这一天，中国作协将在现代文学馆举办骆宾基百年诞辰纪念座谈会。

走进现代文学馆，迎面是一幅巨大招贴，晚年骆宾基的照片与我们相对。时间真快，我认识骆宾基先生是在1984年，当年他才六十七岁。三十多年，这么快就过去了！

这一天，见到了不少前辈和朋友。萧乾先生的夫人文洁若、胡风的女儿晓风、周明、张守仁……多年不见的《北京晚报》同事司马小萌也来了。她特意带来骆宾基写给她父亲司马文森的书信，转送小新。那天我第一次见到骆宾基的儿子张书泰先生，我请他和小新一起与司马小萌合影留念。为萧红《呼兰河传》和骆宾基小说《幼年》插图的赵蘅大姐也来了。这一时刻，认识的或者不认识的人，都在缅怀那位从东北黑土地走来的作家。

骆宾基百年诞辰纪念座谈会由文坛才子李敬泽主持，美女作家铁凝做主旨发言。她说的这段话，令人欣赏：

在多种风格的探索中，他逐渐形成了鲜明的“骆宾基式”的特色：抒情的、略带忧伤的回忆性语调，北方壮阔寂静的风景与朴实亲切的世态人情。他是含蓄的、节制的，他的作品如引而不发的绷紧的弓，有着契诃夫式的沉着、幽默和微妙。他曾追求幽默，但并没有流于油滑，他直面残酷的现实，但他的作品中却少见血淋淋的描写，在那些充满了人生辛酸的场面中，也从未失去对人生的肯定。在他的创作中，始终不变的是那份黑土地的情结。黑土地就像是一种精神，或明或暗、或深或浅、或远或近地沉潜在他的作品中，激发和召唤着他充满灵性的笔触。他是一个有根的作家，他的根深深地扎在黑土地中，深深地扎在他的时代和人民中间。

中国作协主办的骆宾基百年诞辰纪念座谈会
右起：李敬泽、张炯、何鲁丽、铁凝、陈建功

从东北黑土地走出来，许多年后，一个作家的文学力量，依然还在。

“黄金时代”——萧红往事云烟中

骆宾基百岁诞辰那天，距香港回归二十年只有十一天。

七十几年前，太平洋战争爆发，香港沦陷。烽火香港，骆宾基独自一人陪伴萧红走过最后的四十四天。这段日子里，萧红讲述自己一生的故事，这也是骆宾基第一次如此深入地了解萧红的人生经历。萧红去世，骆宾基后来写下《萧红小传》，巨细无遗地记录他与萧红相处的那些日子，留下萧红的口述历史，可谓难得。

两年前，香港导演许鞍华以萧红为故事主线，拍摄一部《黄金时代》。这部电影，怎能不去看？

我有幸在八十年代初开始采访文学界前辈，电影中一个个出场的人物，除鲁迅、许广平、萧红无缘相见之外，其他大部分人物，我几乎都曾采访过、见到过：胡风、梅志、聂绀弩、萧军、端木蕻良、骆宾基、丁玲、白朗、罗烽、舒群、周海婴……我与他们的关系或疏或密，或深或浅。印象最深的是，在聂绀弩逝世之后的一次座谈会上，萧红生命中的三位关系密切之人：萧军、端木蕻良、骆宾基，一起与会并相继发言。文坛前辈之间的情感纠结或者恩怨，在八十年代的氛围中，不是花边谈资。度过劫乱的人们，有太多新的问题需要面对，往事早已如烟飘然而去。相关者不会想到，一些年后，总是会有人重新审视、梳理、演绎曾经的是是非非。当然，无论以何种方式再现，已不可能与当年景象完全合拍，也不可能是当事者复杂内心的真实呈现。所谓真相，所谓细节还原，所谓人性挖掘和拷问，与当事人已经无关。

2002 年，胡风诞辰百年之际，复旦大学召开胡风研讨会特邀梅志由京赴沪参加。机会难得，我请吉林卫视的《回家》栏目组，跟踪

丁聪绘萧红肖像

2002 年，梅志与周海婴夫妇重访上海鲁迅故居

1985年我们结婚时，端木蕻良题字“黄金时代”

拍摄梅志的这一次特殊意义的“回家”。在梅志前去参观鲁迅故居时，我特地请周海婴夫妇前来陪同。承蒙鲁迅故居的友人关照，破天荒地允许摄制组走进故居拍摄。这一年，梅志已经八十八岁，但仍能清晰地回忆当年亲历的一切。她指点着熟悉的位置：坐在这里吃饭，坐在这里与萧红聊天……印象最深的是，梅志说，在得知她怀孕后，鲁迅不止一次告诉梅志，应该注意这，应该注意那，应该吃些什么药，一个生活化的鲁迅形象，油然而生。

两年后，梅志在九十岁那年去世，她对我讲过的萧红与鲁迅的故事，一直难忘。九年过去，周海婴先生也去世了。曾经在大路新村故居里生活过、出现过的人，一个接一个都走了……

看过电影，那些熟悉的人好多天都在脑海里闪来闪去。一天早上，我忽然想起，翻阅一下留存的与萧军、端木蕻良、骆宾基三人相关的史料：签名本、书简、题字……未曾想，找到端木蕻良1985年送给我们夫妇新婚的题词，居然题写的恰恰是“黄金时代”四个大字。看到题字，我一下子愣住了。难道30年前的端木蕻良先生，预感到会有一位导演许鞍华，对萧红情有独钟，并为她拍摄一部纪录片性质的传记电影，片名就是《黄金时代》？！

凝望题字，我真的有了一种历史“穿越”之感。

读骆宾基儿子的回忆录，知道初到香港的骆宾基其实是得到端木蕻良的大力帮助，才在香港落脚：

> 一九四一年皖南事变后，他流亡到香港，开始写作长篇小说《人与土地》。当时他所带的钱不多，过了些日子就付不起店钱了。只得请求同是东北流亡作家的端木蕻良的协助。端木委托人为骆宾基付清店钱，为他安置了住处。同时还在自己主编的《时代文学》上刊发了骆宾基的长篇《人与土地》，使得骆宾基能够凭稿费维持生活。

萧红在香港的最后日子，到底发生了哪些事情？恐怕不是我们这代人所能厘清的。按照一些人的看法，在上海和武汉期间，对不起萧红的其实应该是萧军。可是，烽火香港之际发生的事情，却令与萧军关系密切的所有朋友都把指责对准了端木蕻良。不能原谅端木蕻良的人中有萧军、骆宾基、胡风、梅志、聂绀弩、舒群、白朗、罗烽……许多年间，面对各方的指责，端木蕻良心中最大的隐痛莫过于此。

几十年过去了。萧军，1988年去世；骆宾基，1994年去世；端木蕻良，1996年去世。萧红短暂的生命行程中，与之关系最为直接的三人，在另一个世界与她再聚首。

金文新考，令他“走火入魔”

1984年年初，我认识骆宾基时，他已经身患半身不遂。

他住在前门西大街的一幢临街高楼，当年沿和平门、前门、宣武门一线的马路南侧，依次排开一幢幢形状一模一样的高楼，故北京人俗称“前三门”。我初到北京时，一些文坛前辈都住在“前三门”，如胡风、骆宾基、陈敬容等。与萧军、端木蕻良的住所相比，骆宾基的房子逼仄一些。虽然行动不便，他却坚持为我倒茶。或许因为患病，他的字写得斗大一样，密密麻麻，不过，看上去乱成一片，其实每个字并不难认。

写小说的萧军、端木蕻良、骆宾基，晚年都远离了小说。萧军整理与萧红的往来书信。端木蕻良把目光转向《红楼梦》研究，撰写曹雪芹传记。骆宾基则走得更远，几千年的金文让他着迷，真的如同走火入魔一般。

骆宾基的晚年写作或多或少也与萧红相关。他对端木蕻良一直无法原谅，这种情绪从未淡去，而是渗透在他笔下描绘的战火香港的场景之中，渗透在细节的还原之中。

此时的骆宾基，早已不写小说，而是转而研究古金文。我们对坐，他滔滔不绝地谈研究古金文的体会，我如听天书一般。采访归来，为他写了一篇“作家近况”，题为《骆宾基：抱病钻研古金文，艰辛撰文五十万》，发表于1984年4月27日的《北京晚报》：

> 一叠厚厚的书稿放在桌上，这不是小说，而是一般人难以欣赏的学术著作——《金文新考》；坐在桌边的作者，则恰恰是以写小说著称的作家骆宾基。
>
> 五十万字，如果是小说，这个数字对他来说，并不为多；可如此

枯燥、烦琐的考古著作，这个数字确是令人惊叹的。更何况，年近古稀的老人，半身不遂已有六年，这就更令人钦佩！这五十万字，是他的心血、智慧和毅力的结晶。

半身不遂之后，骆宾基基本上停止了文学创作，转而集中精力研究古金文，在一些问题上，对历代金文学家的观点，提出了自己的看法。现在，他身体恢复尚好，但走路仍然不便，每日拄着拐杖散散步，算是他的锻炼活动。他说自己脑子还比较清醒，只是眼力欠佳，精力不够，容易疲倦。但他不愿寂寞下去，手中的笔还要写下去。近几年，除撰写学术论文外，骆宾基还写了一些回忆录，浙江人民出版社今年将出版《难忘的往事》，收入他近四五年间写的文章。

骆宾基晚年一直对研究金文情有独钟，也坚信自己的这一研究，是对中国最古老文字的最新解读。可惜，我没有学问，一点儿也不懂。

一年多之后，骆宾基写来一信，告知他在美国的《中报》发表《说龙》一文，提到《北京晚报》报道罗马尼亚万达先生一家的故事。万达是中国通，以研究畲族历史而著称，所写《畲族历史与民间文学》提到畲族信奉“龙狗”的传说。这篇文章，引起日本汉学家伊藤敬一的关注，并将之翻译成日文。他们相互通信，彼此切磋。骆宾基写道：

李辉同志：

久不见，你好！

今接日本东京大学教授伊藤敬一先生二次寄来影印件，提出我于1985年5月23（日）、24（日）、25（日）连载在《中报》（美国纽约版）上的《说龙》中所引“《北京晚报》八四年八月十七日所载《一家子都说汉话的罗马尼亚人》”“万达”关于《畲族历史与民间文学》一书的论点，而因此提出一是“万达”的原名英译或罗马尼亚文怎样写？二是现在（万达）在中国还是已回罗马尼亚担任职务？我

1984 年春天的骆宾基

曾以学院式的问题，留待后考来答复。自然还有别的一些烦琐问题，有的答了有的未答，结果未答的此次又提出来求援。伊藤教授这种认真的学风实在又很感人。况且他正在辛勤译此，在我们国内还未有机会发表的《说龙》。所以不避琐碎，决定一一专函求解。关于“万达”的两个问题，只有拜托阁下便时查询，打电话相告了。我的电话是 342829，依赖您的帮助了！麻烦你！

专此祝安

骆宾基

(1985) 9 月 8 日

接到信，我请“本报专访”的编辑，找到作者问“万达”的罗马尼亚语写法，写信回复骆宾基。为“走火入魔”研究金文的他做这一点儿小事。

北京的出租汽车

三十几年过去，北京如今生活之便利，吃饭、出租车、通信等，早已超出当年人们的想象。

回想八十年代初，从上海来到北京，很少有饭馆，天刚黑就很难找到一个亮灯的饭馆了。单位食堂以面食为主，买米饭需要单独的米饭票。冬天北京人吃的，以大白菜、萝卜之类为主。犹记得，冬天来临，卖大白菜的地方总是排着长队，各自买好拉回去，放在家里，可以吃上一冬天，直到来年春天。

印象中，排队买大白菜的确是大小胡同的一大景观。

“文革”结束不久，经济改革开始起步，过去以国营为主的行业，在北京却变化颇为缓慢。北京生活的诸多不便，可以说比比皆是。1984 年，我在晚报编辑副刊，开设一个《居京琐记》专栏，我写好约稿信，复印百十份，特意约请在北京的文人撰稿。来稿中，大多是谈北京生活的难处。

第一篇发表的是韦君宜《京沪生活比较论》，谈北京与上海生活的差异。

萧乾写来多篇文章。《“泡”》谈的是在三里河浴池理发的经历。十几个顾客排队，却只有一两个理发师在工作，一位年轻人悠悠地抽烟，然后慢条斯理地拿起工具。萧乾的这段话，写得颇为形象：“转过身，朝我们这一大排等待着的顾客中间最前边的一个，用下巴努了努，就像电影里古代酋长对奴才的一种神态。”文章发表后，萧乾来信告诉我，理发店专门向他道歉。萧乾还写来《向城市建设部门进三言》，他提出三条建议：一、屋顶何不成花园？二、该有座北京市的博物馆了。三、楼房要有一个保修期。

萧乾住在长安街木樨地二十一号楼，巧的是，后来建设的首都博物馆就在他家对面，也是一个难得的缘分。

国营行业的改革的确积重难返，许多来稿都是谈北京的不便之处。

当年北京出租车只有国营，不方便之处可想而知。骆宾基寄给我的第一篇文章，就是谈北京的出租车，题为《“的士”和“巴士”》，他附信一封如下：

李辉同志：

总算匆忙中，遵命赶出这篇《“的士”和“巴士”》来，只是删了又删，还是长一些，现寄上由您斧正！

专此祝好！

骆宾基

84.5.6

校样请寄我校对。

打出校样寄去，我建议改名为《谈谈出租汽车》。骆宾基寄回校样时表示同意：

李辉同志：

题改为“谈谈出租汽车”较好。实际上香港通称“的士”，既可引进“巴士”一词，“的士”也应引进，因而我还是以为“的士”与“巴士”更好。

文中排错处，已作了订正。《哀悼与怀念》一文，转田为慰。

专此祝

好！

骆宾基

84.5.14

《居京琐记》栏目是个自由开放的议论空间，骆宾基对北京出租车行业的空置等状况，可谓痛心疾首。他写道：

以前我在《初到哈尔滨的时候》一文中，曾经提到哈尔滨的单辕马车和出租汽车，它们是开到人跟前招揽生意的。驾驶人员多是白俄，他们像“骆驼祥子”，在车主那里租车，为多挣钱，常常一天工作十小时以上，使用率很高。这是和工业化时代的机械运转速度节奏相符的。机械运转等于劳动转化为资金，而机械停止运转，等于金钱的损失，而这种损失的大小，又是和停顿运行的时间多少成正比例的。

现在的出租车，停止运转坐候呼叫，又岂止三五小时的浪费？这种使用率极低所浪费的时间，岂不就是国家资金、利润的损失？这种无形的闲置而“停产”的数字损失，如果统计起来，一定是惊人的！

骆宾基举了一个具体例子：

例如今年二月三日是农历正月初二，夜晚有香港的侨友，年近六十且有寒腿病的出版公司的编者来访。饭后已有醉意，临走我请同餐的文友代我送别。

前门西口就是出租汽车站，而侨友又住在华侨饭店，当会“照顾”。哪想到，一如往日，尽管场上停车密密麻麻，售票亭也有三四人之多在一起闲谈，但仍然回答是“有车没有人开”！不过听说是华侨饭店的住客，又一变冷漠的口气告以“等一个小时之后会有车开回来的”！数九寒天，要在街头等候一小时？不过这已经是回答得够体贴人的了！

难道三五十辆“的士”闲置“待业”，竟仅一辆出租车在轮班执勤吗？

骆宾基文章发表出来，引起读者强烈反响。《兵临城下》的编剧白刃先生是福建泉州人，他随之也寄来一篇文章《也向出租车开一炮》。

白刃第一句写道：“读了骆宾基同志的《谈谈出租汽车》很有同感，觉得也有话要说。”在文章中，白刃举了三个不同例子，都是无法叫到车，即便托熟人联系，要双程车费才有可能。海外亲友来京，前往同仁堂买药，出租车也为之刁难。不同事例，无不证明北京出租车行业的问题。白刃最后写道：

> 现在的出租车，比“文革”前多了几倍。但大都闲之后没人开，司机哪里去了？……我问过另一位司机：广州早有招手即停的出租汽车，司机每天收入很可观，北京为什么不学？回答：“怕我们发财！怕人家说搞资本主义！”
>
> 一语道破了！原来是留恋大锅饭和铁饭碗，不肯搞承包责任制，不愿搞按劳取酬！归根结蒂，还是“左”的思想加上官僚主义作怪。

熟悉张洁多年，不少次她都会谈到前辈骆宾基。

骆宾基与张洁的父亲是挚友，可以说也是张洁文学写作的恩师。张洁发表的小说处女作《从森林里来的孩子》，是在骆宾基的帮助下完成的，篇名也是骆宾基给取的。张洁曾写过一篇文章《帮我写出第一篇小说的人》，叙述骆宾基对她写作的指导。在一次《北京文学》的颁奖会上，张洁谈到骆宾基的帮助，谈到编辑傅雅雯的支持：“《从森林里来的孩子》最先投稿《人民文学》杂志社，被责编退稿，与崔道怡先生无关。那是我的第一篇创作，当然很幼稚，而退稿更说明，我没有文学创作的才分，于是稿子就撂下了，我也熄灭了自己的文学之梦。骆宾基同志知道后，不但亲审原稿，还写信给我，信中多有鼓励、称赞，并让我转投《北京文学》。很幸运，我得到了傅雅雯老师的支持、认可，甚至一字未改地发表了。我对傅雅雯老师始终心存感激，如果没有她，我肯定死了写作的心，那么文坛也就没有一个叫做张洁的人，在这里胡蹦乱跳了。”从这些言谈可以看到，张洁对前辈骆宾基的那份深深的感激。的确，如果不是骆宾基的鼓励，我们就看不到《爱是不能忘记的》《沉重的翅膀》等力作了。

感谢骆宾基的慧眼识珠！

1986年3月，我约请张洁在《五色土》开设一个专栏，她命名为“杂拌儿”。她寄来开篇前言《写在〈杂拌儿〉之前》，随后，陆续寄来文章，其中，就有一篇谈北京出租车的文章《谱儿》。三十年后，重读骆宾基、白刃、张洁三人谈出租车的文章，想到如今遍布北京的滴滴、首汽约车、携程专车、神州租车、共享单车等，真是恍若隔世。不限于此，方方面面都在改变人们的生活节奏……

可以说，正是当年许多人的批评、抨击、讨论，才一点点地推动北京各个方面的渐次变化。纪念骆宾基先生百年诞辰之际，我留恋八十年代与前辈文人温暖交往的日子，感怀他们高度的社会责任感。走笔至此，谨以此文献给那个难忘的年代……

2017年7月25日，北京看云斋

潘旭澜

——严谨与史识

时间无情，潘旭澜先生离开我们转眼已有十年。十年前的那个7月，听到他去世消息我真不敢相信。1932年出生的潘先生，2006年11月是他七十四周岁诞辰，可是，只有四个月，他也没有等到。当年冬天，我去上海，与潘先生女儿潘向黎联系，前去复旦潘家，听向黎谈父亲最后岁月，在先生书房里，再次感受他曾经带给学生们的温暖。

认识潘先生是在1979年，大学二年级，潘先生为我们讲授当代文学史。第一次见他，吓我一跳。将近一米八个头的潘先生没想到那么瘦，瘦得像一张厚纸，真担心走在路上，来一阵风，会把他吹走。这一年，潘先生只有四十七岁，但他烟几乎不离手，脸颊深陷，一点儿不像中年人样子。潘先生是泉州人，口音虽重，但他讲话慢条斯理，一个字一个字地吐出来，我们倒也听得懂。

潘先生学问做得非常扎实，资料收集功夫十分了得。八十年代中期，他用将近十年时间，带领一些老师和弟子，倾力主编《新中国文学词典》，我的大学同窗徐学清、梁永安等都参与其中。这本书1993年终于问世，一些曾被认为不合时宜的人名、作品介绍，依旧收录其中，在我看来，至今这本词典仍无人超越。“一个人下决心，相对地说，比较容易。认定一个目标，不达目的便不罢休，走了弯路，回头重来。做得不好，推倒再做。不需协调补发，不必瞻前顾后。只要决心不变，花上十年八年，乃至泡上一生，也无怨无悔。……有很多次，当我心理承受力接近临界点时，想起一位老编辑出版家的话：‘傻子才去编词典，编词典不是人干的事，而是圣人干的事。’”现在想来，潘先生真有闽南人的执着、坚韧和巨大的心理承受能力，历经各种艰难辛酸，持之以恒地完成这本词典。在我眼里，他就是那位出版家所说的“圣人”，为研究者提供可能，更是为了留存当代文学史的本来面目。

研究杜鹏程小说是潘先生最初的主要课题。1959 年，他与曾华鹏先生一起合作《论杜鹏程的小说》论文，之后，又完成《评〈在和平的日子里〉》《论杜鹏程短篇小说的人物创造》等论文。潘先生回忆，50 年代杜鹏程在北京曾看望胡风，并致信路翎，钦佩《洼地上的战役》的艺术成就。1955 年，与胡风、路翎的交往，差一点儿使杜鹏程陷入逆境。之后，杜鹏程创作《保卫延安》，因为彭德怀在庐山会议上被打成反革命集团，这部小说成为一部“反党小说”，杜鹏程从此无法逃脱厄运。

研究杜鹏程二十年之后，潘先生 1978 年 4 月才在西安与杜鹏程第一次见面，从此他们来往通信多年。就在 1980 年下半年，潘先生为我们开设专题课，集中谈杜鹏程的创作。他谈作品理解，谈与杜鹏程的书信往来，听后，我很羡慕他能与作家有如此深入的交往，心想，这些书信如果有一天整理出来，那该多好！

专题课结束，我们都要完成相关作业。这一年的 11 月 29 日，我写好《谈杜鹏程创作的风格》递交潘先生。在文章中，我这样谈对杜鹏程作品的印象：

如果说杜鹏程在《保卫延安》及其他一些作品中已经形成了粗犷、

1981 年，潘旭澜与杜鹏程在上海复旦大学合影

豪放、炽烈的风格，那么他在一些短篇小说如《夜走灵官峡》《工地之夜》等作品中，则力求运用细腻、婉转、含蓄的手法，着重从生活的侧面，折射出壮观的时代画面，从平静、恬淡的气氛里透露沸腾的生活。虽然这种纤细、清新的风格并没有形成，但已成为杜鹏程创作中新鲜的气息，使他的创作风格开始丰富起来，开始有立体的感觉，这是杜鹏程创作研究中一个值得注意的现象。

……

以上简单的分析，并不能完全概括杜鹏程的特色，但至少能给我们这样一个印象：杜鹏程的风格不是单一的，他的豪放、粗犷、热烈的风格之外，已经出现了一些新的风格因素，即：细腻、婉转、清新。令人遗憾的是，杜鹏程没有将这些特点加以充分的发挥，使它们能更加熟练，精巧一些，并能将这些特点同已经形成的风格揉和起来，成为柔中有刚、刚中有柔、刚柔相间的风格。

潘先生以研究杜鹏程见长，我的作业对杜鹏程作品特色提出不同意见。没想到，潘先生对之不仅没有意见，反而对这个不成样子的作业用红笔做了不错的点评：“写得严肃认真。分析颇为细致、深刻。条理清楚。”时隔三十六年，找出这份作业，重读之，其实幼稚得很。潘先生的批语，却令我感慨万千。这显然是潘先生对学生的厚爱。他愿意鼓励你，看到你的一点点进步和一点点不同想法。有这样的先生，是学生的幸运。

毕业之后离开复旦，与潘先生来往并不多，但如有新作出版，我会寄去请他指点。记得《萧乾传》出版后曾寄去一册，潘先生很快回信于我，多是鼓励的话。这封信应该还在，可是，找了许久也没有找到。九十年代，潘先生不时出版新作，从《新中国文学词典》到他的散文集《咀嚼世味》《小小的篝火》《太平杂说》，总是忘不了寄给我们夫妇。

潘先生是学者，也是散文高手，重读他的作品，总是引发诸多感慨。

我与泉州算是有缘。大学期间，与陈思和开始研究巴金。三十年代初巴金来到泉州，与创办黎明中学、平民中学的一批信仰无政府主义的朋友，如丽尼、陆蠡等相识。《爱情三部曲》《春天里的秋天》等作品里，都基于泉州故事而创作。巴金晚年，还把一大批书捐赠于泉州的黎明大学。可以说，我最早是从巴金作品中知道了泉州。最近二十年，另一个与泉州关系更为密切的人是黄永玉先生。从十三岁到二十岁，自湘西漂泊闽南的黄永玉，从安溪、德化、泉州城、仙游……少年成为青年，他把泉州一直视为第二故乡。黄永玉正在创作的自传体长篇小说《无愁河的浪荡汉子》，他足足写了将近八十万字！这一年之间，我先后五次来到泉州，为这部书而来，为“我的文学行当——黄永玉作品汇展”而来。

自九十年代初多次来到泉州，直到 2016 年才第一次如此近地走

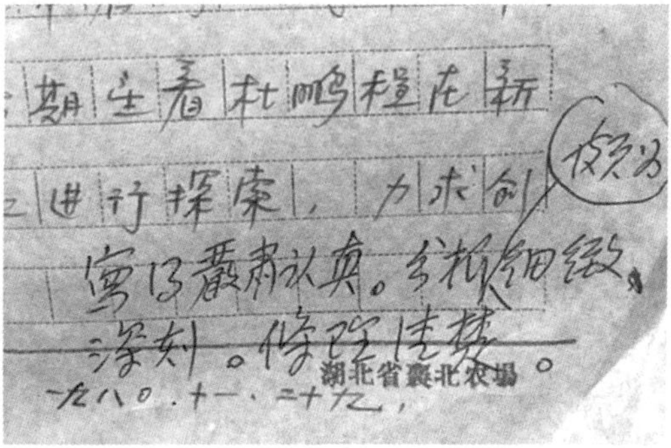

潘旭澜先生在拙文后面的批语

到东西塔面前。仰望东西塔，才知道黄永玉在小说中对它们的描绘，渗透于情感之中。可以说，对于外乡漂泊者，对于所有泉州人，东西塔的分量之重超出人们想象。1995 年 11 月，我收到潘先生寄来的散文集《咀嚼世味》。书中有一篇《东西塔，您好》，重新阅读，即可知道，东西塔就是他心中难以割舍的、沉甸甸的情感。这篇文章写于 1987 年 7 月，是他在离开多年重返泉州之际。他这样写到东西塔的特殊意义：

> 一想起泉州城，脑子里——不，心底里马上浮现历尽沧桑、饱经风雨雷电的东西塔。
>
> 当我还是一个瘦弱的初中生，赤脚挑着旧藤箱和老棉絮，清早从山村出发，下午到了丰州，又喘又乏，既饿且渴，抬头望见了您，就感到您慈祥的目光在凝视我，鼓励我。于是，像吃了仙丹，精神振奋，沉重的行李也变轻了。
>
> ……
>
> 我许多年没有见到您了。然而，当我站在北京的白塔，西安的大雁塔，杭州的六和塔，敦煌的舍利塔，呼和浩特的五塔，以至日本奈

1995 年 5 月潘先生出版《咀嚼世味》书影

良的东大寺塔，京都的醍醐寺塔下时，都隐隐约约看到了您。

……

东西塔，您好！我回来了。东西塔，您听见了吗？

一声呼唤东西塔，万般思绪尽在其中。我们外乡人，可能只有读懂了东西塔，才能读懂泉州人。

就在《咀嚼世味》书中，我读到潘先生与杜鹏程最后时刻的相逢——他再次走进西安，却无缘与杜鹏程相见。

1991 年 11 月初，潘先生应邀前往西安参加杜鹏程文学研讨会。他说，这些年，知道杜鹏程身体不好，偶有通信，却没有想到专程去探望，总想到还有机会。谁料想，一下火车，他得到这样的消息：

列车一到西安，我就快步出站，急着想同你见面。万万没料到，

> 一坐上小车，陕西作协来接我的年轻朋友，第一句话就说：“老杜没了。”我脑子顿时一片空白，随后知道，就在此时，你正在化为灰烬。连遗容也没能见到。既然如此，不重形式的我，有必要克服许多困难来西安吗？接着就再三深悔，为什么前几年不下大决心来同你见面呢？我太主观，只从善良的愿望出发，不曾想过你会走得这么快。我不必要的顾虑也太多，怕去了正好碰上你住院，更怕见面时你激动起来病症发作。

人就是这样容易错过。回到上海，潘先生写下这篇文章，《寄空中：致杜鹏程》，杜鹏程当然读不到了。

1981 年是我们在复旦的最后一年。也就是在这一年，杜鹏程来到上海，走进复旦校园潘先生家中。潘先生在《十年前的照片》中，这样写到杜鹏程与女儿潘向黎的一番对话：

> 又将我两个女儿叫到眼前，端详了一番，对她俩说：“看起来更像妈妈，要是只像爸爸就糟了。”大家都笑起来。他问我那正在读中学的大女儿：“小同志，以后想干什么？”“想学文学。”“你现在条件好，只要肯努力，将来搞评论、研究，一定会超过你爸爸。”“搞评论、研究没趣，看的人少，像你的小说选入课本，大家都读，那才有劲。”“打好基础，长大了，好好干，你也一定会超过我的。”我大女儿不好意思地摇摇头。

杜鹏程当然没有想到，这个中学生后来真的成了作家，散文、小说都颇为出色，小说《白水青菜》获得鲁迅文学奖。很喜欢潘向黎的随笔，从唐宋诗词到品茶论道……潘先生虽然走了，他却培养了一个好作家，潘家父女两人堪为故乡泉州的骄傲。补充一句，与潘先生不同的是，潘向黎说话语速远远超过父亲，与她在一起，可以听她一个人一直说下去，除非你还来得及插嘴。

潘先生自称泉州南安的农家子弟，其实，他的父亲是一名中医，惠及乡亲。不过，收入并不多，贫困依旧。潘先生考上复旦大学，幸好三哥潘曙澜三十年代下南洋，有自己的木材行，这才有了固定经济援助，潘先生得以完成学业。女儿潘向黎生于泉州，在写泉州的一篇长文中叙述此事。她这样说父亲受到哥哥的恩惠："一个心比天高、天分也高而命运多舛的少年就此冲出了大山和愚昧、暴力的重重包围，来到了上海，迎来了属于他人生的阶段性的海阔天空。"读此文，感受女儿与父亲一样对故乡的深厚情感，下面这段话我读了又读："如果没有海上的这条路，父亲的困境会演变成灭顶之灾，世界上根本不会有我这个人，侥幸地来到这个世界上，此刻以一个泉州人的身份为泉州和大海奋笔疾书，眼中噙着感怀身世和知恩难报的热泪。"我猜想，当潘向黎写下这段文字时，一定感受着父亲温暖的目光，因为父亲与她一样有浓浓的故乡情怀与感恩之心。

潘先生真正引起文化界和读者广泛关注的作品，并不是杜鹏程研究和《新中国文学词典》，而是《太平杂说》。

《太平杂说》由百花文艺出版社 2000 年 6 月出版，当月，我便收到潘先生寄来的新著，捧读再三，深为潘先生从文学评论转入历史随笔写作而感叹。我的家乡在湖北，儿时常常听姥姥讲她听到的"长毛"故事。上大学之后，陆续读过几本关于太平天国的书。王元化先生也是湖北人，他与父亲王维舟一起翻译的《太平天国革命亲历记》，曾送我一册，但我也只是翻一翻，了解皮毛而已。潘先生为写《太平杂说》，依旧如研究文学一样，阅读了大量相关书籍，然后以深入浅出的方式娓娓道来。他试图以自己独到的思考，还原历史本相，拨开曾经困扰于心的迷雾。

一个著名文学评论家，忽然转向谈论历史，如今被称为"跨界"，当年当然也引发不小议论。潘先生在《太平杂说》前言中，谈到自己

鲁迅文学奖获得者潘向黎

刚刚发表第一篇短文后就受到一些人的非议，认为他是“隔行论史”。潘先生却不这么认为：

> 不是只有赞同、鼓励，在报刊上热切评说，也有位老先生在我才发表第一篇时就嘲笑我“隔行论史”。我觉得他所嘲笑的，正是应当提倡的。就整个学术文化界，尤其是中国的学术文化界而言，我主张要大大提倡跨学科参与——隔行论X。这个X，依学术发展的需要和学人的主体可能而定。也就是说，要隔行而不隔山，相邻相近相关的学科，有什么值得论而你又论得出的，尽可以去论。不能论或不想论就短说，杂谈，七嘴八舌。这对激活学术，大有裨益。有些学术领域，如果没有隔行者参与，本行的学人长期受圈内绝对主流观点的塑造、制约、熏陶，很难有自由思想和独立认识。即使有，受到种种“关系”、利害的制约，很可能就欲说还休，胎死腹中。即使写了，圈内也很难让它正式露面。

时间过去快二十年，跨界写作已成为中国文化界颇为盛行的局面。文学家谈论政治、历史，评论家创作小说、诗歌，画家从事文学，作家成为画家……正是不同人的跨界，才如潘先生所说，外行可以摆脱同行内部的束缚，换一个角度思考，拓展思想与文化的空间。在文史跨界写作上，潘先生率先走到前台，一本《太平杂说》，与杜鹏程研究、文学史研究相衔接，拓展新的历史视野。毫不夸张地说，因为这本薄薄的书，人们会不断想起潘先生，再听那些撞击心胸的声音，感悟走进历史深处的思考。

十年之后，写就小文，缅怀先生，感激先生厚爱。愿我像潘先生一样，沉稳而执着，以思考滋润内心，用写作继续前行……

完稿于 2016 年 12 月 25 日，北京

邵洵美

——鲁迅冤枉我了，我从来没有代笔

无缘得见邵洵美

无缘见到邵洵美先生。潦倒落寞的他，在承受了牢狱折磨和“文革”震慑的一连串磨难后，于1968年告别了这个世界。十年后，当我1977年有幸参加高考走进复旦大学时，上海哪里还能见到他的身影？最初的文学教科书里，也难寻他的名字。读他的作品，是在后来；知道他的故事，主要是借助于他的同时代人的回忆。不同的人，不同的讲述，一个人的命运，泼墨而成一片五色斑斓：美妙、飘逸、传奇、委屈、感伤、悲凉……

我所交往过的文化老人中，唐瑜、马国亮、黄苗子、丁聪等先生，都与邵洵美熟悉。早在20世纪的30年代，他们与邵洵美相交往，一起活跃在上海文化圈。年龄上邵洵美比他们大不了多少，文坛辈分却算得上他们的前辈，编辑文艺刊物，则是既合作又竞争。丁聪先生曾对我这样说过：“当时上海有两个画报系统，良友出版公司属于广东帮，有《良友画报》等好几个刊物。时代图书公司属于上海帮，有张光宇、鲁少飞、叶浅予，以漫画家为主，邵洵美做老板，刊物有《上海漫画》、《时代漫画》、林语堂的《论语》等。”

丁聪、黄苗子虽在“良友系”工作，却与“时代系”的关系也颇为密切。譬如黄苗子先生，谈到邵洵美，他总是怀着感激与敬重。1929 年，他在香港还是中学生，向叶浅予主编的《上海漫画》投稿并获采用。这对他是一个极大的激励，两年之后，他与父母不辞而别，只身来到上海，随后成为文化圈的一员。在他的记忆中，邵洵美爽快而慷慨，既有才识，又有财力，他引进世界上最新印刷机，用上好纸张，装点出上海期刊出版的一片美丽亮色。

丁聪不止一次在聚会中兴致勃勃地回忆一件往事。在 20 世纪 50 年代初，邵洵美拥有中国最好的一套彩色印刷设备，可时代变迁，他已不再可能拓展业务，遂决定出让设备。丁聪时任《人民画报》副总编辑，他专程从北京前往上海，与邵洵美洽谈转让事宜。丁聪印象中，走进新时代的邵洵美，早已没有了以往的潇洒和飘逸，曾被鲁迅讽刺和批评过的他，似乎预感到自己迟早会被新时代抛弃的结局，故显得落寞，甚或有些焦虑。他已经不再可能从事出版，这套设备没有了用武之地。他与丁聪没有讨价还价，以不高的甚至相对低的价格，让丁聪把这套设备运回北京，交由《人民画报》使用。丁聪说，之后，他再也没有见到过邵洵美。

与项美丽的浪漫故事

邵洵美与项美丽的浪漫故事，被项美丽写在英文长篇小说《潘先生》之中。

1935 年，Emily Hahn 与妹妹两人刚到上海，几天之后，在一次聚会上她与邵洵美相遇，两人彼此吸引。谈话间，邵洵美当即为她起了“项美丽”这个中文名字。美的欣赏，诗意的语感，缺一不可。一个中文名字，印证彼此的美好。与邵洵美结识，项美丽改变只是来

邵洵美

项美丽

华旅行的计划，她让妹妹归国，而她独自一人留在上海。从此，中国情结，难舍难弃。

因为邵洵美，项美丽开始熟悉上海，熟悉中国。因为邵洵美，项美丽结识了林语堂、沈从文、张光宇、全增嘏、吴经熊等，在中国学者、作家、画家的圈子里，一个漂洋过海的外来者，如鱼得水……

我藏有两册林语堂等人编辑的英文刊物《天下》（1936 年），上面刊有沈从文小说《边城》的英译本。译者为两人，一位是项美丽，另一位是邵洵美（笔名辛墨雷）。这时距《边城》发表不过三年，是《边城》的第一个英译本，可谓翻译及时，项美丽与中国现代文学的渊源之深，可见一斑。

邵洵美的女儿邵绡红笔下的项美丽，更是一位奇女子。毕业于燕京大学的杨刚，1938 年时任《大公报》记者，借住项美丽寓所，身为中共地下党员的她，在项美丽和邵洵美的帮助下，以最快的速度将毛泽东新发表的《论持久战》译成英文，率先发表在项美丽编辑出版的英文杂志 *Candid Comment*（《直言评论》）上。邵绡红写到，抗战爆发，上海成为“孤岛”之后，项美丽还同意邵洵美的朋友、国民政府的一群情报人员住进自己家中，不时与重庆方面电报联系，直到被租界警察识破，才紧急转移……

在中国生活将近九年——上海四年有余，香港四年——项美丽有着写不完的中国故事。这位《纽约客》的专栏作家，用一篇又一篇文章，为美国读者开启一扇遥望中国的窗户。她去过的一座座城市，中国民众的日常生活，抗战爆发前后外国人在中国的生存状态，生动呈现在项美丽的笔下。当然，在回忆类作品中，吸引读者的更多的是个人经历：与邵洵美的异国恋，乃至沉溺鸦片后的挣扎与摆脱。太平洋战争爆发后，她所爱的英国驻港情报官员查尔斯，被日本人关进集中营，项美丽假冒是邵洵美的妻子，方才未被关押，几年间，她带着女儿卡罗拉，使尽浑身解数与日本军官周旋……

旅居中国期间，项美丽最有影响的著作莫过于1941年出版的《宋氏三姐妹》。在她之前，还没有别人能享有她那样的机遇，可以与宋氏三姐妹直接交往，搜集大量第一手资料。中国正在进行的抗战，吸引全世界的目光，太平洋战争的爆发，更让成为盟国的美国民众对在美国留学过的宋氏三姐妹的故事产生浓厚兴趣。一本《宋氏三姐妹》，生正逢时。

据统计，项美丽一生共编著十二种关于中国的著作。小说、特写、回忆录、传记、绘本等，内容各异，体裁各异。在她笔下，中国故事仿佛总也写不完。

值得高兴的是，这些年介绍项美丽的文章越来越多。在邵洵美夫人盛佩玉的回忆录中，在邵绡红的作品中，我们不断读到项美丽。远在纽约的董鼎山先生，在1988年写过一篇《项美丽的传奇生涯》，此时，项美丽还健在，而且住所距董宅不远。董鼎山在文章中，说过这样一句："项美丽涉足世界各个角落，我相信她于老年对中国的留恋还是最深的。"

董先生所言甚是。哪怕到了九十岁高龄，项美丽在美国家中见到邵绡红，说起中国，依旧留恋。

鲁迅冤枉我了，我从来没有代笔

知道邵洵美后来的行状，是读了恩师贾植芳先生的回忆文章《我的难友邵洵美》。

"他身材高大，一张白润的脸上，一只长长的大鼻子尤其引人注目。他穿了一件古铜色又宽又长的中式丝绸旧棉袄，敞着领口，须发蓬乱，颇有些落拓不羁而又泰然自若的神气。"这是贾先生1950年第一次见到邵洵美时留下的印象。这一年，也是邵洵美把最好的印刷设备忍痛割爱之际。落拓不羁，泰然自若——呈现在我们面前的，是与丁聪记忆有所差异的另一种状态。

状态虽有不同，一个文人的大起大落乃至命运的不可预测性，留给后人的感触总有相近相似之处。黄永玉先生虽没有见过邵洵美，却对其人生旅程的辉煌与悲怆有一种透彻的感悟，为此，他还特地写过一首短诗《像文化那样忧伤——献给邵洵美先生》：

下雨的石板路上
谁踩碎一只蝴蝶？
再也捡拾不起的斑斓……
生命的残渣紧咬我的心。
告诉我，
那狠心的脚走在哪里了？

……

不敢想

　　另一只在家等它的蝴蝶……

在诗中，黄永玉以一个艺术家的体验，将邵洵美由盛及衰的文化使命，浓缩为一个凄美的词——“忧伤”。

在描述邵洵美的文章中，最感人、最具有历史冲击力的，莫过于贾植芳先生的《我的难友邵洵美》。读过不止一遍，每一次读之，心中都有无限感慨满溢而出。

贾先生与邵洵美都曾关押在提篮桥监狱。贾先生写道，50年代末，

黄永玉献给邵洵美的诗

他与邵洵美在狱中同囚一室，邵洵美怕自己来日无多，希望贾先生日后如有机会，一定替他说明两件事：一、1933 年萧伯纳来上海访问时，由他出面宴请并花费四十六块银圆，出席者有鲁迅、林语堂、宋庆龄、蔡元培、杨杏佛等，但在公开报道中，他的名字未被提及。二、他的文章均由自己亲自执笔，而非鲁迅所批评的是请人捉刀代笔。

两件事情均与鲁迅相关。由此可见，在邵洵美心中，三十年代初期他与鲁迅之间发生的隔阂、争论，一直是无法释然的一个心结。哪怕穷困潦倒，身处逆境，耿耿于怀的仍是这两件陈年往事，而此时，鲁迅已去世二十多年。

可以理解他的这一心结。尽管与鲁迅有过争论，他却并非像后来人们想象的那样，与鲁迅“老死不相往来”。相反，当时的文坛，文人之间一方面可以在刊物上公开而平等地互相争论、批评乃至讽刺挖苦，现实生活中却并不一定都是仇人。邵洵美要澄清的第一件事，还原出当年上海一个真实的文化氛围。

在我看来，第二点误会的澄清，对于邵洵美本人更为重要。

邵洵美这样对贾先生说：“还有一件，我的文章，是写得不好，但实实在在是我自己写的。鲁迅先生在文章中说我是‘捐班’，是花钱雇人代写的，这真是天大误会。我敬佩鲁迅先生，但对他轻信流言又感到遗憾！这点也拜托你代为说明一下才好。”

一个写作者，难道还有比澄清自己不是“捐班”更重要、更紧迫的事情吗?

该为邵洵美庆幸。幸好他在狱中遇到了文学同行贾植芳，而贾植芳先生历来又以坦诚、正直、豪爽而著称——可以相信，正是在几个月的接触中，邵洵美感到贾先生是可信之人，才会与之恳谈，予以拜托。许多年后，贾先生写出了这些，他没有辜负邵洵美的委托。模糊的历史场景，扭曲变形的人与事，由此变得清晰而恢复常态。

“赶快写定我们的战史”

感谢邵大姐邀我为邵洵美的这本《时代讲话》作序，使我可以先睹为快，看到历史远景中我们从不知道的另外一个时评家邵洵美。

书名为《时代讲话》，与《时代》画报相关。

《时代》画报创办于1929年，此时，*TIME*（《时代》）周刊已在美国获得成功，邵洵美将画刊取名为《时代》是否有意借鉴于此，不得而知，但《时代》画报贴近于新闻性则是显而易见的尝试，这里也成为他最初议论时政的主要平台。由此而后，从《时代》画报，到《论语》杂志以及中、英文姊妹刊物《自由谭》（英文版名为*Candid Comment*），邵洵美一直没有放弃自己的新闻职责，他力图让一位诗人的敏感，帮助自己参与到时事的辨析之中，他的身上体现着一个文人的现实精神。

《时代讲话》中的作品，首篇《容忍的罪恶》发表于1931年九一八事变日本侵略东北之后；末篇《明朝浴》发表于1949年时代转换之际，写作时间跨度近二十年。二十年间，中国乃至世界发生的诸多事件，几乎都在邵洵美的观察与议论之列。在当年知识分子议政的潮流中，邵洵美虽不像邹韬奋、储安平等一些著名时论家那样耀眼，他却以自己的方式发出了声音，这声音早已融进历史的交响。现在，邵绡红女士将这本时论集命名为《时代讲话》，表达的正是她对父亲的理解与尊重，她让读者得以有机会，听到半个多世纪之前一位诗人兼出版家的“时代讲话”。

翻阅邵洵美这本《时代讲话》，我不时想到贾先生转述的邵洵美的第二个委托。原来邵洵美的确是自己在撰写时评。可以说，这本《时代讲话》，将邵洵美当年不为人知的另外一个写作领域——时论的成果，集中呈现在我们面前。

当年邵洵美发表时论，大多署“郭明”等笔名，因此很少有人知晓那些文章出自这位“新月派诗人”、出版家之手。议论时政，实为“五四”以来现代文人的传统，邵洵美也不例外。在从事文学创作及编辑《新月》《诗刊》等文学刊物之外，时政也在他的视野之内，诸多现实话题成为他议论针砭的对象。

关于时论的写作价值，邵洵美自己这样说过：

> 要研究一个时代的文化、政治及社会状况等，每每注意到那个时代所有发表的言论。一个时代的言论，有时简直可以代表一个时代的历史。所谓“言论”当然范围极广：象征的或抒情的如诗；寄托的或叙述的如文；冠冕的或形式的如公事文件；通俗的或片断的如民间歌谣的征集，时人言行的记录……不论积极或消极，它们都正面地或是反面地显示着人类被当时的一切所引起的心理反映。

说得真好。后人如我者，重新阅读这些时论一番感慨油然而生：他所议论的现实已成过往，而他的笔留存了历史。如他上面所论，这历史，既是随时间记录下的时政演变脉络，更是一个作者与现实的心理对应关系，两相映衬，使我们可以更深入地了解一个时代具有的代表性的精神状态。从这一角度来说，《时代讲话》既是历史读本，也是颇具个人化的读本。

一位时论家之所以关注现实，就在于其有热情、有担当，在与当政者的对应关系中，始终保持独立思考的姿态，用自己独到的观点表达个人思想。写作时论的邵洵美，涉猎广泛，论题或深或浅，均与国内外大事相关。对于他来说，在时局动荡不宁的日子里，重要的不是议论是否全面、深刻或者激烈尖锐，而在于个人能否拥有一种自我言说的权利。

时论写作不仅重在锐气，也需要一定的预感与预见，而预感与预

徐悲鸿画邵洵美

见，则有赖于广博学识和敏锐思考。能否一叶知秋，应是对时论家是否出色的一个考验。《时代讲话》呈现出来的邵洵美，恰好证明了他具有这一能力。

凡关注现实并热衷于发表时论的人，必然有着强烈的历史责任感。目光所及，既有自己身边每时每刻的现实世界，又有穿越时空之后未来的场景，在他们那里，两者不可分割。评说时政，实际上也就为后人留存了历史。显然，邵洵美十分清楚这一关系。邵绡红女士回忆说，父亲在晚年曾对自己的作品的价值，发表过这样的看法："我的东西只能起一种作用，便是说，留作一种资料，说明中国历史上曾经有过这样的一种东西，它反映了某些人的思想……将来或者把它们拿给文史资料参考编辑的负责人去看看，有没有用……"所言极是。

正因为有着强烈的历史感，当抗战刚刚获得胜利时，邵洵美便立即发表时评，以《赶快写定我们的战史》这一明确的标题，呼吁国人

邵洵美创办的《自由谭》

勿只顾欢呼胜利，而忘记对战史的整理。他将与同胞所亲历的抗日战争，放在中国漫长历史背景和世界范畴来考察，突出其重要性，强调撰写这一战史的紧迫性。他这样说：

以抗战的时代性而言，我们的“抗”，抗之能持久，抗的区域之广，不输给当今任何国家。以抗战的永恒的可宝贵性而言，前有晋人，宋人，明人的南渡，都未能北返，而我们于不十年间，河山还我，风景不殊，似亦可较诸历朝历代为无愧。明乎此，吾人实无理由觉得沮丧。哀莫大于心死；不知认识战争的，莫谈建设和平：所以我们要呼喊“写定战史”，而且要赶快地写定。

……

二十五史之对于我们，撇开它永恒的文学价值不谈，只是史料，只是死的史。新的，活的史呢，为现代人所能懂得，适合于现代人意识形态的史，似乎犹待写定。

时隔六十多年，邵洵美在《时代讲话》中发出的这一声音，听起来，似乎还是那么清晰、有力。读这番话，不由让人顿生感慨。时至今日，抗战史的“写定”远没有完成，但是，今人的诸多努力，如史学家杨天石、袁伟时、杨奎松等人孜孜不倦于历史梳理，如新闻人崔永元等同人以“我的抗战”系列致力于汇集抗战幸存者的口述实录，如作家张正隆等以纪实文学打捞抗战传奇……无不是在履行着各自的历史使命，在朝着“写定”的目标前行。不妨说，今人所做的这些，其实都与邵洵美 1945 年发出的呼吁遥相呼应。

具有历史感的人，彼此的心永远相通。当年撰写时论的邵洵美，会想到今天的人们，与他能有这种历史衔接吗？

2017 年 4 月，北京看云斋

沈从文

——徐志摩友情常在心中

五十年，当年情景犹在眼前

沉寂三十年，“文革”结束之后的沈从文，渐渐开始引起人们关注。美国年轻学者金介甫（Jeffrey C.Kinkley），曾在1977年撰写《沈从文笔下的中国》，获得哈佛大学博士学位，可谓“海外沈从文研究第一人”。1980年10月，从未远行过的沈从文，第一次有了访问美国的计划。在夫人张兆和的陪同下，这一去就是一百天有余，1981年2月中旬才回到北京。在美国，沈从文先后在耶鲁大学、哥伦比亚大学、普林斯顿大学、芝加哥大学等十五所大学做了二十三次演说。一个沉寂多年的著名作家，奇迹般站在异国他乡的讲坛上。

逗留哥伦比亚大学期间，沈从文终于与老友王际真重逢，距两人上次见面，已有半个世纪之久。王际真已从大学退休二十年，为人孤僻，独居家中，不大与外界交往。沈从文四处打听，终得见面。

介绍沈从文与王际真认识的是徐志摩，时间远在1928年。这一年，在美国教学的王际真回山东探亲，徐志摩请沈从文在上海接待，从此，两人时常通信，英文信由王际真从美国寄出。如有新作，沈从文也会在第一时间寄去。半个世纪，多么遥远！老友重逢，王际真从抽屉里

1981 年 2 月沈从文在美国斯坦福大学

拿出沈从文20年代的两本旧作《鸭子》《神巫之爱》，沈从文为之感动。最令他感动不已的是，王际真居然找到 1931 年 11 月 23 日沈从文寄来的一封信，告知他徐志摩在济南遭遇空难的噩耗。

沈从文回忆说，11 月 21 日他正在青岛大学杨振声先生家，忽然得知徐志摩 19 日在济南遭遇空难的噩耗，第三天即给王际真写信。他知道这位好朋友，一定牵挂着徐志摩。全信如下：

际真：

志摩十一月十九日十一点三十五分乘飞机撞死于济南附近“开山”。飞机随即焚烧，故二司机成焦炭。志摩衣已尽焚去，全身颜色尚如生人，头部一大洞，左臂折断，左腿折碎，照情形看来，当系飞机堕地前人即已毙命。廿一此间接到电后，廿二我赶到济南，见其破碎遗骸，停于一小庙中。时尚有梁思成等从北平赶来，张嘉铸从上海赶来，郭有守从南京赶来。廿二晚棺木运南京转上海，或者当葬他家乡。我现在刚从济南回来，时二十三早晨。

整整五十年过去，两位老友重读此信，徐志摩的音容笑貌，又在

徐志摩、林徽因与泰戈尔

眼前浮现。

回到北京，沈从文 1981 年 8 月写下长文《友情》，其中一句说得十分感人："志摩先生是我们友谊的桥梁，纵然是痛剜人心的噩耗，我不能不及时告诉他。如今这个才气横溢光芒四射的诗人辞世整整有了五十年。当时一切情形，保留在我印象中还极其清楚。"

徐志摩的友情，常在沈从文心中。

第一个帮助沈从文的人——郁达夫

沈从文 1923 年只身一人，从湘西来到北京，追求文学梦想。这一年，他二十一岁，可谓当年的"北漂文青"。

1923 年到北平开始闯荡文坛的沈从文

一年之后，郁达夫接到沈从文的来信，得知其滞留北京的处境艰难，他专程前来看望。前些日子，电视台《见字如面》节目中，朗诵的便有郁达夫《给一个文学青年的公开状》，这封公开状，就是写给沈从文的。我在撰写黄苗子郁风传记时，从郁风那里听到这个故事，她说，是沈从文本人亲自告诉她的。

沈从文告诉郁风，那是一个下雪的上午。他在桌旁裹着被子写作，一个人推门进来，原来就是郁达夫。他说接到沈从文来信，专门来看看沈从文的情况。看到沈从文果然如同信中所言，在一种艰苦的环境中坚持着文学梦想。房间没有火炉，沈从文冻得发抖，见到郁达夫，他几乎一时说不出话来。郁达夫见状，马上把自己围着的毛围巾取下，把雪花抖掉，然后披在沈从文的身上。接着，郁达夫拿出当时并不算少的五块钱，请沈从文到饭馆吃饭，并把所找的零钱都送给了沈从文。郁达夫回到哥哥郁华家中，脑子里一直无法抹去所看到的沈从文的景

帮助沈从文的郁达夫

况。他不把这看作一个孤立的事情，他认为这是这个现实社会的悲剧的一角。他当即写下了这篇著名的《给一个文学青年的公开状》，为受到社会冷遇生活艰难的青年鸣不平，进而抨击社会的黑暗和不公。郁达夫写道：

> 比较上可以做得到，并且也不失为中策的，我看还是弄几个旅费，回到湖南你的故土，去找出四五年你不曾见过的老母和你的小妹妹来，第一天相持对哭一天，第二天因为哭了伤心，可以在床上你的草巢睡去一天，既可以休养，又可以省几粒米下来熬稀粥，第三天以后，你和你的母亲妹妹，若没有衣服穿，不妨三人紧紧的挤在一处，以体热互助的结果，同冬天雪夜的群羊一样；倒可以使你的老母不至冻伤，若没有米吃，你在日中天暖一点的时候，不妨把年老的母亲交付给你妹妹的身体烘着，你自己可以上村前村后去掘一点草根树根来煮汤吃。

草根树根里也有淀粉，我的祖母未死的时候，常把洪杨乱日，她老人家尝过的这滋味说给我听，我所以知道。现在我既没有余钱可以赠你，就把这秘方相传，作个我们两位穷汉，在京华尘土里相遇的纪念罢！若说草根树根，也被你们的督军省长师长议员知事掘完，你无论走往何处再也找不出一块一截来的时候，那么你且咽着自家的口水，同唱戏似的把北京的豪富人家的蔬菜，有色有香的说给你的老母亲小妹妹听听，至少在未死前的一刻半刻钟中间，你们三个昏乱的脑子里，总可以大事铺张的享乐一回。

郁达夫看望沈从文归来后所写的这封信，发表于 1924 年 11 月 16 日《晨报副刊》。一个多月后，《晨报副刊》发表沈从文的《一封未曾付邮的信》，被认为是他最早发表的作品。想必这与郁达夫的文章有关，《晨报副刊》成为沈从文早期发表作品最多的副刊，包括小说、诗歌等。

副刊情缘

沈从文以新诗创作走进诗坛。1925 年 9 月，他致信徐志摩，两人相见，从此建立友谊。徐志摩生于 1897 年，只比沈从文大五岁，但他在文坛的影响如日中天。晚年沈从文在《忆徐志摩先生》一文，描述他与徐志摩的第一次见面情景：

我算是熟知志摩先生仅余的几个旧人之一，从 1925 年 9 月里，和他第一次见面，就听到他天真烂漫自得其乐，为我朗诵他在夜里写的两首新诗开始，就同一个多年熟人一样。第一次见到徐志摩先生，是我读过他不少散文，觉得给我崭新深刻动人印象，也正是我自己开始学习用笔时。就不知不觉受到一种鼓舞，以为文章必须这么写，不同当时流俗所赞美的浆声灯影里的秦淮河一类作品，才给人眼目一新的印象。事实上我那时即乐意学习，也不会能收到丝毫效果的。那是新月社还未成立，无什么出版物。新月社同人集会，也近于散场冷落的情形时。他的住处似还在松树胡同七号一所小小洋式房子里，住处后有个小小院落，齐腰栏杆边放上几盆菊花和秋海棠。一面墙上挂满了绿叶泛黄的爬墙虎，应当是已到深秋还未大冷的时候。我这么一个打烂仗出身的人，照例见生人总充满一种羞涩心情，不大说话。记得一见他，只一开口就说："你那散文可真好！"他就明白，我是个不讲什么礼貌的乡下人，容易从不拘常套来解脱一切拘束，其实还刚起床不久，穿了件条子花纹的短睡衣，一面收拾床铺一面谈天，他的随便处，过不多久就把我在陌生人前的羞涩解除了。只问问我当前的工作和生活，且就从枕边取出他晚上写的两首诗，有腔有调天真烂漫自得其乐的念起来。

依旧是这一年的11月，编辑《晨报副刊》的徐志摩，从来稿中发现散文作品《市集》，颇为欣赏，将原来的笔名"休芸芸"改为沈从文。发表时，他特意写一段"志摩的欣赏"为之推荐：

是多么美丽、多生动的一幅乡村画。作者的笔真像是梦里的一支小艇，在波纹瘦鳞鳞的梦河里荡着，处处有着落，却又处处不留痕迹；这般作品不是写成的，是"想成"的。给这类的作者，批评是多余的，因为他自己的想像就是最不放松的不出声的批评者；奖励也是多余的：因为春草的发青，云雀的放歌，都是用不着人们的奖励的。

诗人徐志摩编辑副刊，为沈从文这篇散文写下赞美之词。不过，徐志摩并不知道，《市集》之前先后被《燕大周刊》《民众文艺》发表，现在《晨报副刊》再次发表，“一稿三发”引发人们对沈从文的议论纷纷。故此，沈从文特意在《晨报副刊》发表声明，说明个中缘由。声明如下：

关于《市集》的声明

志摩先生，看到报，事真坏，想法声明一下罢。近来正有一般小捣鬼遇事寻罅缝，说不定因此又要生出一番新的风浪。那一篇《市集》先送到《晨报》，用“休芸芸”名字，久不见登载，以为不见了，接着因《燕大周刊》上有个熟人拿去登过；后又为一个朋友不经我的许可转移到《民众文艺》上——此而又见，是三次了。小东西出现到三次，不是丑事总也成了可笑的事！

这似乎又全是我过失，因为前次你拿我那一册稿子问我时，我曾说统未登载过，忘了这篇。这篇文字既已曾登载过，为甚我又连同那另外四篇送到晨报社去？那还有个原由：因我那个时候正同此时一样，生活悬挂在半空中，伙计对于欠账逼得不放松，故写了三四篇东西并录下这一篇短东西做一个册子，送与勉己先生，记到附函曾有下面的话——

“……若得到二十块钱开销一下公寓，这东西就买了。《市集》一篇，曾登载过……”

至于我附这短篇上去的意思，原是想总把来换二十块钱，让晨报社印一个小册子。当时也曾声明过。到后一个大不得，而勉己先生尽我写信问他去退这一本稿子又不理：我以为必是早失落了，失落就失落了，我那来追问同编辑先生告状打官司的气力呢？所以不问。

不期望稿子还没有因包花生米而流传到人间，不但不失，且更得了新编辑的赏识，填到篇末还加了几句受来背膊发麻的按语，纵无好揽闲事的虫豸们来凝皮见这尽以使他自己细心而自豪的事，但我自己看来，已够可笑了。且前者署“休芸芸”而今却变成“沈从文”，我也得声明一下：实在果能因此给了虫豸们一点钻蛀的空处，就让他永久是两个不同的人名罢。

从文上

于新窄而霉斋

徐志摩在《晨报副刊》发表沈从文这份声明，自己也写下一封致沈从文信，强调好文可以“复载”，比“乱登”更好：

从文，不碍事，算是我们副刊转载的，也就罢了。有一位署名“小兵”的劝我下回没有相当稿子时，就不妨拿空白纸给读者们做别的用途，省得搀上烂东西叫人家看了眼疼心烦。我想另一个办法是复载值得读者们再读三读乃至四读五读的作品，我想这也应得比乱登的办法强些。下回再要没有好稿子，我想我要开始印《红楼梦》了！好在版权是不成问题的。

志摩

善解人意的徐志摩，显然不愿意沈从文为此事而受到压力，特予以安慰。

徐志摩的朋友大多是留学欧美归来的文人、外交官等，徐志摩先后将沈从文介绍给闻一多、罗隆基、潘光旦、叶公超、胡适、梁宗岱、林徽因、梁思成、金岳霖、邵洵美等人。沈从文只是小学毕业，可是，徐志摩慧眼识珍珠，在沈从文作品中看到了文字之美，意境之美，静穆之美。沈从文讲究文学的节制，所写边远区域多民族文化交融的内容，恰恰为徐志摩所赞赏。沈从文自称“乡下人”，他却以另外一种姿态，被徐志摩及其朋友们欣赏，走进了一个完全不同的文化圈。在随后的岁月里，沈从文也欣赏徐志摩的朋友们，他真正理解这些朋友的创作心绪、艺术风格和美学追求。

可以说，因《市集》一文结下的这次副刊情缘，奠定了徐志摩、沈从文友谊的坚实基础。1928 年的年初，《新月》杂志创刊，沈从文新创作的长篇童话体小说《阿丽丝中国游记》，开始在刊物连载，从此，他成为其中的一员，将之称作“新月派”作家，可谓名正言顺。

“大媒人”胡适

徐志摩介绍给沈从文的朋友不少。其中，最为重要的一位是胡适。

1928 年，沈从文与丁玲、胡也频三人离开北京，前往上海，想在那里开创一番文学与出版事业。三人一起创办红黑出版社和《红黑》杂志。最终，三人未能成功。胡也频则投身于上海左翼运动。来到上海，沈从文曾去信徐志摩，谈住在上海萨坡赛路的情形。经徐志摩介绍，沈从文与胡适结识，从 1929 年至 1945 年，十多年时间里，沈从文写给胡适的书信达三十余封。

结识胡适，胡适正担任上海中国公学校长，沈从文成为上海中国公学的一名教师。沈从文与张兆和的爱情，就是在这座校园里开始的。可以说，胡适是沈从文的“大媒人”，他促成沈从文与张兆和的婚姻。

1929 年的某一天，学生张兆和前来找到胡适，她表情严肃地说沈从文的来信让她不堪其扰，她特别指出，信中“我不但想得到你的灵魂，还想得到你的身体”一句。胡适认真看了沈从文的信，却提出了一个让张兆和大吃一惊的建议，他说：“我劝你不妨答应他。”胡适进一步向张兆和说明了他这个建议的依据，那就是，他认为沈从文是个天才，是中国小说家里最有希望的。胡适开导她，“社会上有了这样的天才，人人应该帮助他，使他有发展的机会！”

1932 年，沈从文寒假到北平，就受邀住在胡适家中。同年 8 月初，沈从文去苏州看望大学刚毕业的张兆和，第一次被请到九如巷三号张

胡适

苏州九如巷三号

家，与张家人相见。沈从文当场承诺张兆和的小五弟张寰和，要为他写一组取自佛经的故事，这便是后来创作的《月下小景》。1933 年，沈从文与张兆和在北京来今雨轩结婚，文学创作的第一个高潮也由此来临，被誉为文学经典的《边城》《湘行散记》等，便创作于这一时期。

丁玲创办《北斗》，沈从文约来徐志摩等人文章

上海三年，沈从文在创办杂志和出版方面的努力，可谓毫无进展。走进1931年，胡也频被捕，沈从文四处营救无果，胡也频等“左联五烈士”一起遇难。随后，沈从文以“丈夫”名义陪同丁玲携子返回湖南常德，安慰丁玲母亲。返回上海后，沈从文经济上遇到困难，沈从文后来在《记丁玲女士》一书中写到，此时，他收到了徐志摩的信。

徐志摩来信，邀请沈从文到北京，信中说：

> 北京不是使人饿死的地方，若在上海已感到厌倦，尽管来北京好了。北京各处机关各个位置上虽仿佛皆填满了人，地面也好像全是人，但你一来，就会有一个空处让你站。你那么一个人吃得几两米？难道谁还担心到你一来北京米就会涨价？
>
> （转引自《记丁玲女士》）

沈从文听从徐志摩的建议，于1931年5月中旬离开生活三年的上海，回到北京。丁玲则留在上海，仍和沈从文的妹妹住在一起。沈从文与胡也频、丁玲最美好的友情，从此留在身后。

留在上海的丁玲，用三个月的努力创办的“左联”杂志《北斗》于9月20日出版。创刊号上，因沈从文的关系而发表作品的有：冰心、林徽因、徐志摩、陈衡哲等人。在编后记中，丁玲特别提到了朋友沈从文的帮助：

> 现在第一期是出版了。使我高兴的，就是各方面拉稿，还不算困难。都愿意为这刊物写了一些稿来。我自己觉得这里是很有几篇可看的东西。至于关于每篇的内容，我想不必详细的介绍了。不过这期创作小说我认为少了一点，因为我的朋友沈从文先生答应的稿子，寄来得太迟了一点，

不能等他便付印了。不过第二期一定可设法再弄丰富一点。现在可以预告的是还有冰心女士的诗，叶圣陶先生，沈从文先生的小说……

和以往“左联”的其他刊物相比，《北斗》有所区别。诚如中共中央宣传部的文化工作委员会和“左联”常委的指示，《北斗》的作者阵容和《萌芽》《拓荒者》《巴尔底山》等刊物相比，的确“灰色”了一些。沈从文也好，徐志摩、冰心等也好，恰恰就是左翼文艺曾经激烈批评过的人，可是如今，他们堂而皇之地出现在“左联”机关刊物上，对于扩大左翼文艺的影响，不能不说起了重要作用。

然而，这一面貌很快被改变了。在第二期、第三期上，还刊有冰心、凌叔华、沈从文的作品，第四期他们的名字便消失了。丁玲的一番努力，忽然受到了扼制。她如此醒目地集中地发表左翼文艺所批评的作家的作品，完全有可能受到指责。

丁玲试图改变的努力，翻了过去。

“光芒四射”的诗人走了

仍然是 11 月。

这一年的 11 月 13 日，沈从文从北京给在上海的徐志摩写去一信，谈及青岛和北京的天气，谈及方令孺、陈梦家、胡适：

这里近日来冷了一点儿，但不如北京那么大风。（北京人十分温和，北京风可有点刻薄。）方令孺星期二离开此地，这时或已见及你。她这次恐怕不好意思再回青岛来，因为其中也有些女人照例的悲剧，她无从同你谈及，但我知道那前前后后，故很觉得她可怜。她应当在北平找点事作，能够为她援一手的只有你，你若有那种方便，为她介绍到一个什么大学去作女生指导员，比教书相宜。她人是很好的，很洒脱爽直的，也有点女人通同不可免的毛病，就是生活没有什么定见。还有使她吃亏处，就是有些只合年青妙龄女人所许可的幻想，她还不放下这个她不大相宜的一份。在此有些痛苦，就全是那么生活不合体裁得来的。为了使她心情同年龄相称，她倒是真真需要"教婆"教训一顿的人。

你怎么告陈梦家去选我那些诗？我不想作诗人，也不能作诗人，如今一来，倒有点难为情。一看到《诗选》我十分害羞。

胡先生好像有到南京去做官的意思，那就真糟糕。他是应当来领导一个同国民党那种政策相反的主张，不能受人家的骗局的。许多对政府行为主张惑疑的人，在某一情形下，都可以成为他的小兵。

……

沈从文哪里知道，这是他写给徐志摩的最后一封信。仅仅只隔六天，11月19日，"光芒四射"的诗人徐志摩，在济南遭遇空难。两天后，21日下午，噩耗电报发到青岛大学。此时，沈从文与文学院的老师正在校长杨振声先生家中吃茶谈天。得知噩耗，沈从文当场决定晚上坐车前往济南。赶到齐鲁大学时，张奚若、梁思成、金岳霖等人也刚从北京赶到。徐志摩的长子也从上海赶到。他们一起为徐志摩送行。

徐志摩遇难详情，朱自清在日记中写得颇为具体，原来正机师是一位热爱文学者，难得有机会与徐志摩同机，故一路上与之谈文学：

芝生晤保君健，谈徐志摩死情形。大抵正机师与徐谈文学，令副机师开车，遂致出事。机本不载客，徐托保得此免票。正机师开机十一年，极稳，惟好文学。出事之道非必由此，意者循徐之请，飞绕群山之颠耶。机降下地时，徐一耳无棉塞，坐第三排；正机师坐第二排，侧首向后如与徐谈话者。副机师只余半个头，正机师系为机上转手等戳入腹中，徐头破一穴，肋断一骨，脚烧糊。据云机再高三尺便不至碰矣。

徐志摩遇难成为轰动全国的事件。

蔡元培的挽联颇为感人："言语是诗，举动是诗，毕生行径皆是诗，诗的意境渗透了，随遇自有乐土；乘船可死，驱车可死，斗室坐卧也可死，死于飞机偶然耳，不必视为畏途。"

诗人徐志摩飞走了。

在致信王际真的第二天，沈从文 11 月 24 日致信胡适，谈及徐志摩的后事安排等事宜：

适之先生：

志摩不意因此即死亡，此间诸人皆极难过。在济见及奚若先生等，一切情形，彼等返北平时想可详及。出事之飞机，闻已仅余一铁架，现大致尚存于济南，即运南京，一时恐亦不至于改作他用。我意思若南京方面有熟人，可向航空公司设法购置，至多恐亦不值两千元，因一切机件皆已全炸裂毁尽，或得一部分保存，似不甚难，但不知这事是否必要。

青岛近日空气极劣，或中日事有其他重要变化，亦未可知。学校仍照常上课，但人心皆极不安定。

前在济时，同思成商量，说到平后来同先生商量，定一日子，由志摩熟人，在上海、南京、济南、青岛、北平、武昌各处地方，分地同时举行一追悼会，照目前情形看来，势须稍迟矣。

敬颂近安。

从文上

廿四日

随后几个月里，沈从文连续致信胡适，谈及徐志摩的一些资料如何处理。

诗人走了，情谊仍在他心中。

友情坚固永在，延续而扩大

晚年沈从文发表文章不多，1982年中风之后，写作更少。可是，从《友情》开始，短短几年间，他所写关于徐志摩的文章却有好几篇，分别为《友情》、《喜闻新印〈徐志摩全集〉》、《回忆徐志摩先生》、《徐志摩全集》序等。可见徐志摩在他心中的分量之重，如他所说，“没有一个别的师友能够代替”。

在《友情》一文中，沈从文详细叙述当年瞻仰徐志摩遗容，送葬过程。他特意写到，北京的朋友带来用铁树叶编成的小花圈，如古希腊雕刻的式样，“一望而知必出于志摩先生生前好友思成大妇之手”。沈从文感叹徐志摩与拜伦、雪莱命运相似，年仅三十余岁就在一次偶然事故中与世长辞！

《友情》后面这段写得多好：

> 志摩先生突然的死亡，深一层体验到生命的脆弱倏忽，自然使我感到分外沉重。觉得相熟不过五六年的志摩先生，对我工作的鼓励和赞赏所产生的深刻作用，再无一个别的师友能够代替，因此当时显得格外沉默，始终不说一句话。后来也从不写过什么带感情的悼念文章。只希望把他对我的一切好意热忱，反映到今后工作中，成为一个永久牢靠的支柱，在任何困难情况下，都不灰心丧气。对人对事的态度，也能把志摩先生为人的热忱坦白和平等待人的希有好处，加以转化扩

30 年代沈从文与梁思成

大到各方面去，形成长远持久的影响。因为我深深相信，在任何一种社会中，这种对人坦白无私的关心友情，都能产生良好作用，从而鼓舞人抵抗困难，克服困难，具有向上向前意义的。我近五十年的工作，从不断探索中所得的点滴进展，显然无例外都可说是这些朋友纯厚真挚友情光辉的反映。

遥想 1981 年 8 月，沈从文以下面这句话结束《友情》：“人的生命会忽然泯灭，而纯挚无私的友情却长远坚固永在，且无疑能持久延续，能发展扩大。”的确，友情是一种温暖，一种激励，永远留存在心，将之扩大，延续永远……

完稿于 2017 年 3 月 22 日，北京看云斋

唐　弢

——爱书者，人自醉

对于喜欢藏书和爱写书话的人来说，唐弢先生是一个高高的标杆。

唐弢去世太早。他1913年生于浙江省镇海县，1992年去世时，才七十九岁。他去世后，巴金先生一直希望他的全部藏书能够捐献中国现代文学馆，如今终如愿以偿，成为中国现代文学馆最珍贵的一批藏书。2003年唐弢九十周岁诞辰，中国现代文学馆举办“为书籍的一生——唐弢生平与藏书精品展”等系列活动，这是对唐弢先生的最好纪念。

配合这次展览，中国现代文学馆编印一本《唐弢藏书目录》，舒乙先生在序言里特地谈到巴金对唐弢藏书的建议：“巴金先生就一再告诫中国现代文学馆的工作人员，一定要想办法把唐弢先生的藏书保存在中国现代文学馆，因为有了他的书就有了中国现代文学馆的一半资料。巴金先生的话形象地概括了唐弢藏书的珍贵价值。”

这本藏书目录，我有幸获得两本。深圳的胡洪侠兄酷爱藏书，邮寄他一册。在扉页上，我随意写了一段话作为交流。洪侠兄后来在一篇文章中提到此跋。我写道：“唐先生藏书与（写作）书话的成就与意义，我认为远超过他写作的《鲁迅传》。可惜晚年他仍想续写传记，而未将主要精力放在所藏图书上。不然，现代版本学必将有一辉煌巨著，对文化的贡献也必将更引人注目。”十几年过去，我依然这么认为。唐弢晚年如果把主要精力放在整理他的藏书上，再多写一些《晦庵书话》，进而能写一本详尽叙述现代版本演变史之类的专著，那该多好。在我看来，这才是他最值得做的、别人也无法取代他做的工作。可惜，他没有做。

我最早写唐弢的报道，就是他发誓要写一部《鲁迅传》的时候。

大学毕业，我走进《北京晚报》。1984 年，我开设一个栏目《作家近况》，每篇约三百字文字，配发一张作家近照。想当年，我带着“傻瓜”黑白相机，跑遍北京城。在大学就爱读唐弢的《晦庵书话》，我写《人地书》书话也是受他的启发，才斗胆在《中国青年报》副刊上陆续发表。写这些作家近况，怎么能不去找他呢？

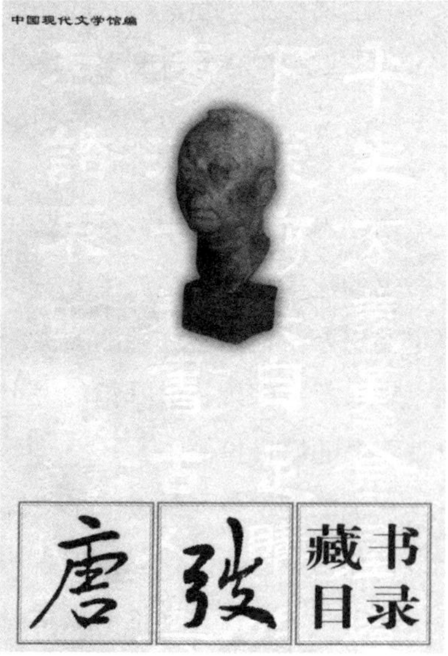

《唐弢藏书目录》

三联书店 1980 年出版唐弢《晦庵书话》，此为毛边本

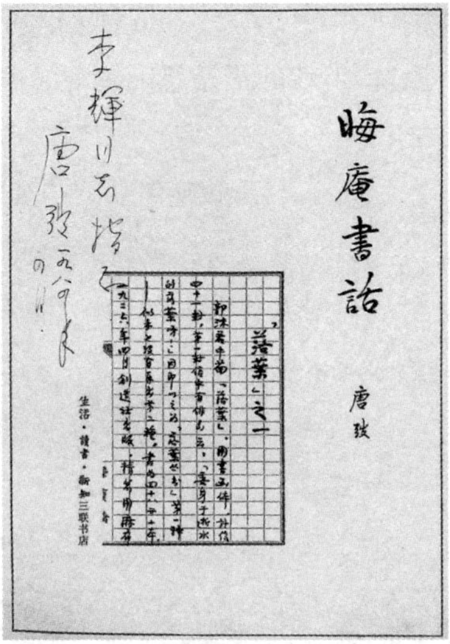

唐弢在毛边本上题跋

这一年 4 月，我走进唐弢先生位于永安里的社科院宿舍。后来的一些年里，我常常过去，聊天，借书。

采访唐弢时，他知道我喜欢书，便拿出他新出的书签名送我，一本是《文章修养》，另一本就是毛边本《晦庵书话》，均由三联书店出版。《文章修养》似乎没有毛边本。他最钟爱《晦庵书话》，在他看来，不是任何类型的书都适合做成毛边本，而书话这类与书相关的特殊文体，则最为适合。那天，与他聊得特别高兴，最后他一下子送了我两本《晦庵书话》的毛边本，分别为 1980 年 9 月第一版和 1983 年 7 月第二次印刷的版本。《晦庵书话》首印为五万册，二印是一万一千册，放在现在该是畅销书了。两次印刷的同一本书，第一次印刷的封面颜色较深，纸张也厚；第二次印刷的封面颜色偏淡，书的厚度也少了将近三分之一。我更喜欢初版本，可是，后来才发现，唐先生的题赠却是写在 1983 年的版本上，对此，我还颇有些遗憾。

一个月后，5月30日《作家近况》发表了我写唐弢的报道和图片，他这次所谈的正是想继续写《鲁迅传》：

唐弢晚年立下“军令状” 倾力写出《鲁迅传》

“我现在感到压力太大了。”一见面，唐弢就叫起苦来。

苦从何来？写一本《鲁迅传》，是唐弢多年的愿望。近十年来，他心脏病常常发作，这个愿望久未实现。现在，《鲁迅传》的写作，被列为社会科学方面的重点项目之一，要求一九八五年交出上半部。这样立下“军令状”，年已七十一岁的唐弢，可感到压力大了。他说，目前他尽量摈弃其他写作，力争明年底写完上半部。

几年之间，国内已出版各种《鲁迅传》达九部之多，唐弢能否独辟蹊径，写出新意，确是他的另一压力。他说，从学术上提出新看法，目前看很不容易。他准备将鲁迅同近代史、文化史、文学史、思想史、人民的精神面貌结合起来写，学术上多少有自己的看法，要融进自己的感情，使之具有文学色彩，字数限制在五十万字以内。作为和鲁迅有过接触的人，能实现这个愿望，确是唐弢的“重点项目”。目前他已拟定完大纲，并整理出了有关资料。

唐弢写作上是个忙人，教学上、出版上也是大忙人：今年他将招收两名博士研究生，主攻鲁迅研究；经他整理的《唐弢杂文集》，收入几十年来写下的五十多万字杂文，将由三联书店出版；近几年他写了一些回忆性散文，集为《生命册上》，将由浙江人民出版社出版。

立下的“军令状”，最终没有完成。唐弢在1985年出版《鲁迅传》上部，之后想完成下部。可以说，晚年唐弢心中难解的结，一直是为鲁迅写一本完整的传记，最后一次见他是在90年代中期，那时还没有写完。他说还想写。或许，那时他已预感到自己不可能再完成了。

不只是精力，我想，时代变化着，知识界、思想界的历史认识与精神追求，也发生变化。甚至，早在80年代开始，唐弢恐怕就已经感到力不从心、有所困惑与茫然了。直到去世，《鲁迅传》下部还没有完成。

这一年，第二十三届奥运会在美国洛杉矶举办，这是中国大陆第一次派团参加奥运会。奥运会期间，电视转播吸引了许多人的关注，唐弢也是其中一员。

唐弢与袁伟民都是人大代表，且同在一个组。因此，中国女排夺冠和男子体操李宁连夺三个金牌，令他兴奋不已。8月中旬，唐弢寄来《奥运会两题》，并附信一封，希望能发表。信中，他对自己的“打油诗”也颇为满意：

李辉同志：

诗发与否没有关系，请勿勉强。因为有时间性，所以前次给你电话。我与袁伟民在全国人大时同一小组，较熟。李宁则不相识。病中看电视，颇有感触，以为有些宣传过分，反而起副作用。这两位是经得起胜负考验的人，故而加勉。至于旧诗，我虽打油也严守规则，不愿学时下滥调也。一笑！

匆颂

编安！

唐弢

84.8.16

两首诗，一首赠袁伟民，一首赠李宁。今据原诗手稿整理如下：

贺女排夺魁赠袁伟民

国歌迢递出九重，[1]
眼底旌旗分外红。
两发[2]绝招回冷局，
二传抄手亦奇功。
直疑海上生明月，
恍若天边贯白虹。
成败输君多一着，
指挥若定叫哄中。

【注释】

①歌声自卫星传来，故云。

②发球之“发”。

赠李宁

李宁读画[1]岂空谈，
赢得金牌一日三。
是好男儿能忍气，
非真本领不成酣[2]。
公孙剑术游龙矫，
杜老诗篇大海酣。
文事武功同此例，
纵跳君自把情参。

【注释】

①李宁看画，出征之前，犹购《李苦禅画集》以自娱。

②取苏辙诗“余润成酣”之意。

好诗，怎能不用？参加奥运会之前，李宁买一本李苦禅的画集欣赏，以此让自己放松，足见李宁的确不是一般人。三天后，《北京晚报》的《五色土》副刊刊发两首诗。很快，唐弢写来一信：

李辉同志：

拙诗今日见报，《赠李宁》一首，次联第二句“大海涵”，误作“大海酣”，与领联韵重出，如方便，请更正一下为念（可能是我笔误）。

即颂

编安！

唐弢

84.8.19

查阅手稿，果然是笔误，唐弢记忆无误。

《居京琐记》栏目开办后，一直在约唐弢赐稿。三个月后，他终于寄来一篇《言派传人》，并附信一封如下：

李辉同志：

前此时多次承约写“居京散（琐）记”，一来因忙，二则也无适当题目。最近上海京剧院三团来京演出，邀观言兴朋的《打金砖》等戏，我一向喜欢京剧，对京剧振兴感兴趣，写一短文（但作为“居京散（琐）记”也许长了，约二千字，不知能否分两晚登完），呈上请正。

如不用，乞将稿赐掷，我未留底，谢谢。

祝

编安！

唐弢

85.11.11

唐弢那一代人，喜欢戏曲的不少，经我手发表的卞之琳、吴晓玲、端木蕻良等人的文章，都写过戏曲。至于我，对戏曲则完全是外行。不过，外行读行家文章，也有别样感受。

唐弢文章开篇，写他在北京看京戏的妙处，而且他个人偏爱余叔岩和言菊朋。他说曾看过言菊朋的《上天台》《让徐州》和《卧龙吊孝》，有的还看过不止一次。时隔多年，年过六旬的他，应邀前去剧场，观看“言派传人”言兴朋的《打金砖》。从文章看，唐弢绝对是京剧行家，虽然自谦“所知甚少，浅薄得很”，可是，下面这段他谈言菊朋与余叔岩的比较，只有深入体味，才能说到妙处：

> 余叔岩和言菊朋都学谭鑫培。叔岩是“三鼎甲”之一余三胜之孙，正式拜谭鑫培为师，文武功底都好。他精于音律，讲究声韵，唱来韵味醇厚，做的动作细腻，在这个基础上创造发展，建立了风格潇洒的“余派”。言菊朋也从学谭开始，而后博采众长，结合自己嗓音条件，创造新腔，建立了独具一格的“言派”。他由票友下海，武工底子和演技都不如余叔岩，但和余叔岩一样长于声律，研究更为深入，运用“四声”，字准句清，妙在抑扬顿挫，变化跌宕，听来使人有回肠荡气的感觉。他们两人唱片极有韵味，又都有点“书卷气”，不论是长是短，我觉得言菊朋的“书卷气”似乎比余叔岩更重一些。
>
> （《言派传人》）

唐弢在文章最后，对京剧变革谈了自己的想法，三十几年过去，再读，或许他的说法仍有一定道理：

> 还有一点，现在常有人说京剧的节奏太慢，不符合今天的生活规律。不错，京剧的确有冗长拖沓的地方，例如过场多，故事臃肿，开

打程式化，等等。但这些并非京剧的特点，而是京剧身上的疥癣，应当而且必须改革。我以为笼统地说节奏慢是不对的。唱腔和演技都是艺术，有的节奏可以加快：疾风迅雷，奔流怒潮。有的却不能：细语微笑，浅斟低唱。这些地方必须放慢节奏，让人细细咀嚼，缓缓领略，才能辨出个中的韵味来。怎么能够说这是艺术的弊病呢？跌宕有致，从容不迫是“言派”唱腔的特点，节奏较慢，改变或者削弱它们，那么也就失掉了“言派”了。

（《言派传人》）

按照惯例，《居京琐记》的文章，都是请丁聪先生配文章插图。我请唐弢寄来照片，他附带一信，信中，他谈到丁聪一年前为他画的漫画肖像：

李辉同志：

函悉。近照两张寄来，其实也非今年所摄，是去年或前年的，平平庸庸，无可取处，现更老丑，不常照相了。丁聪为我绘过一张漫画像，登去年的《人物》杂志上。他可能会以那张应命的，如果底稿尚存的话。

有些朋友认为那张不大好，太漫画化云。

我看戏是政协文化组请的客，上海京剧院三团希望为言兴朋造点舆论（他演得的确不错，年龄稍稍大了一些，我文中有此意，但未明言），因此希望早些见报。

匆至，即颂

编安！

唐弢

85.11.15

根据唐弢建议，《言派传人》发表时，分为两次刊登。丁聪专门为这篇文章配了插图。丁聪自幼喜欢京剧，拉京胡，也画过不少京剧速写，他为唐弢插图画了言兴朋的扮相。

也是无巧不成书。不到半年，1986 年 4 月 20 日，位于天安门广场东侧的中国革命博物馆，举办了第一届全国书展，几百家出版社，三万余种书，吸引了成千上万的人。遗憾的是，当年缺少经验，组织管理欠佳，从入口到展厅，人山人海，拥挤不堪，门挤垮了，玻璃挤碎了，踏着碎碴子，我们走进展城。

巧的是，在展厅一角，我高兴地碰到萧乾、唐弢两位老先生。萧乾和唐弢看上去都十分慈祥，萧乾显得脸庞大一点，但两人的神态都差不多，当二老笑眯眯地和我们讲话时，我感觉面前仿佛站着两个型号不一却表情相似的弥勒佛。我赶紧拍摄了一张他们二人的合影。

萧乾在燕京大学新闻系学习时，最早研究书评，1935 年毕业，其论文《书评研究》由商务印书馆出版。唐弢则是现代书话的佼佼者之一，一本《晦庵书话》，影响深远。如此巧遇，与他们一同逛书展，现在想来，真是难得的机缘。

1987 年秋天，我调至《人民日报》文艺部编辑副刊。第二年夏天，我所在部门举办“风华杂文征文”活动，聘请严秀、秦牧、柯灵、唐弢等人担任评委。唐弢为获奖篇目打好分数，并写好一篇随感，但与同学蒋元明电话联系不上，只好挂号寄我：

李辉同志：

征文已选出，短文也已写就。昨晤蒋元明同志，说最好打电话，派人来取。我今天早上打了十几回，都占线，想来想去，还是按来信吩咐，挂号寄上吧。

不当之处，乞纠正。

丁聪画唐弢《言派传人》文章插图

舒展、元明等同志均此不另。

祝

好！

唐弢

88.11.25

“风华杂文征文”颁奖之前，副刊约请部分评委聚会，唐弢来了。大家的合影，同样令人难忘。

就在这一年的秋天，我完成非虚构作品《文坛悲歌——胡风集团冤案始末》，发表于《百花洲》杂志。春节期间，唐弢读了这部作品后，写信给我，对自己当年参与批判胡风进行反省。从他的信中，我才知道，他当年所写的那篇《不准胡风歪曲鲁迅》，原来是潘汉年让他写的，题目也由潘汉年拟定：

1986年4月20日，在中国革命博物馆书展上，巧遇萧乾、唐弢

李辉同志：

我是春节前三天回家的，得读手书，但《百花洲》于春节次日始收到，即拜读。其间人来客往，不免断断续续，但我以为气势很盛，直至昨日，方全部读完。有此总结性文章，虽然是客观叙述，还是有倾向性的，极为必要。我写完《不准胡风歪曲鲁迅》（这是潘汉年要我写的，题目也是他定的，王元化以为极好，话虽尖刻，但始终从文艺思想问题着眼），即去苏联，记得是四月底，回来已是六月初，三批材料发表，已成“反革命”问题，目瞪口呆，但还是奉“命”作文，欠了许多债，内疚得很。当时所听“传达”，与大作完全不同，令人叹息。不过问题还在自己，匆复，即颂

编安！

唐弢

89.2.12

唐弢回望历史，自我反省，他在寻找失去的自己。

时间如水流过。这一年的冬天，我去看唐弢。他告诉我，一家杂志约他写一篇批评“重写文学史”的文章，他答应了，正在看校样。

我委婉地劝他，你这样的年龄这时就不必写这种文章了。我还半开玩笑地对他说，提出这一主张的几个人，有的是我的朋友。他很注意地听，眼睛紧紧盯住我，随后，有些无奈地叹口气说：“我已经答应人家了，怎么办？”我说：“要不，把一些言辞激烈的话删去？”他同意了。

奉命作文，其实许多年里一直是唐弢无法摆脱的苦恼。他过于和善而显得懦弱，注定做不了拍案而起的斗士；他虽曾以杂文著称，但骨子里却缺少鲁迅那样的精神力量。其精神状态与性格，很难独立自主地把鲁迅的一生全面而准确地加以描述。我想，这也许才是他晚年无法完成《鲁迅传》的真正苦恼所在。

唐弢先生对我的帮助，没齿难忘。1990 年，萧乾、姜德明两位先生开导我，应该好好做一件事情让自己沉静下来，那就是校勘《国闻周报》上连载的沈从文的《记丁玲女士》。

1933 年 5 月 14 日，丁玲被国民党特务绑架，从此失踪。之后，又传来丁玲被害的消息。随后沈从文写下《记丁玲女士》，7 月至 9 月在《国闻周报》连载，后由赵家璧任总编辑的良友图书公司分为两册出版。我从范用先生那里借来《记丁玲》，但缺少《记丁玲》续集。我打电话问唐弢先生，很巧，他手头正好有，让我去取。正是有了这些前辈的慷慨相助，我才由最初的校勘，转而完成《恩怨沧桑——沈从文与丁玲》这部作品。对这些前辈，我唯有感激。

我一直喜欢收集各类文史资料。一次偶然机会，搜集到一份唐弢“文革”期间 1968 年 7 月 19 日所写的材料，题为《我所知道的有关徐懋庸、周扬在两个口号问题上攻击鲁迅的材料》。材料封面上，有专案组对材料所做的内容归纳：

> 1. 鲁迅答徐懋庸的信公开后，徐碰到唐，向唐散布说给鲁迅的信是“私信”，攻击鲁迅，并声称要公开答复。唐说鲁迅病重，劝他不要发表，徐执意不从。

2. 鲁迅病逝后，徐懋庸写挽联“敌乎友乎？余唯自问；知我罪我，公已无言！”含有幸灾乐祸意思。

唐弢写的材料正文共六页，但缺首页，约五千字，系圆珠笔复写件，想必另有一份原件。在这份材料中，唐弢其中一段写道：

我记得就在同一个刊物上，还登载了郭沫若的一副对联，那副对联叫作：“鲁迅将徐懋庸格杀勿论，弄得怨声载道；茅盾向周起应（即周扬——编者注）要求自由，未免呼吁失门。”我对此很反感，联系到郭沫若在《搜苗的检阅》里要鲁迅撤回“民族革命战争的大众文学”这口号，便先后在《中流》第一期及第三期上写了《关于两个口号的论争》和《也投一票》两文，表示对“民族革命战争的大众文学”的支持，坚决反对周扬他们提出撤回的要挟。《也投一票》发表之前曾由《中流》编者转给鲁迅看过，据编者后来告诉我，鲁迅看完后说：“这样写好，这样写没有胡风、聂绀弩他们的宗派气。”

唐弢的这份材料，写到不少当时亲历的故事。荒唐时代于窘状中被迫写出，却也提供了一些历史细节。历史的尴尬，或许会被流逝的岁月冲淡，但我们不妨将之视为历史的另一种留存。

完稿于 2017 年 6 月 19 日，北京看云斋

王世襄

——东鳞西爪的那些事儿

第一次走进王世襄家，他家还在芳嘉园胡同的十五号小院。那是在1996年12月，为写黄苗子郁风夫妇传记，我特地去采访他们夫妇。1957年王世襄邀请黄苗子一家、张正宇一家住进他的这座小院，之后长达二十余年他们都在这个小院生活。后来王世襄、黄苗子都被打成右派，他们在这座小院里度过最艰难的日子，直到1979年平反。

在撰写《人在漩涡——黄苗子与郁风》一书时，王世襄一家自然是我不可缺少的描写对象，这也是我第一次写到他们。其中一段写道：

> 在芳嘉园的主人王世襄、袁荃猷身上，他们感受着现代社会中文人极为难得的沉静、陶醉、投入、执着。王世襄这位出生于成长于这座小院的老北京，从小学到大学，一直表现出与众不同的兴趣与爱好。他说他在大学里不是一个好学生，因为他所专注的不是课本，而是古老的家具，天上悠扬的鸽哨，大大小小形状各异的葫芦，甚至还有那些永远叫个不停的蟋蟀，以及永远让他津津有味的美食。……袁荃猷大家闺秀出身，弹得一手古琴，毕生从事古代音乐研究，精于描花剪纸，所绘明清家具，令美术家们也为之钦佩。

那两年，黄苗子郁风夫妇定居澳大利亚，偶尔回京，我们常去他们的团结湖家中看望。一次，七十几岁的王世襄，骑着自行车从芳嘉园前来，送来他亲自做的油爆河虾，我们有缘品尝了这位美食家的佳肴。

见过不少认真的人，但王世襄的认真、较真、执拗，无人可比。我写他的画传《王世襄：找一片自己的天地》，他认真画出表格，把所有照片依序排列，加以说明。他还自己列出年表，分别划分为不同阶段，帮助我认识他的一生：

第一阶段：学前时期；

第二阶段：玩物丧志时期；

第三阶段：认真学习、认真工作、全力以赴追归文物报效人民时期；

第四阶段：坎坷蹉跎三十年（最初写为：根出茎半死时期长达三十年之久，三十年未能好好工作及研究，只能偷着研究、工作）；

第五阶段：知识分子春天，硕结丰硕子时期（并在表格里按年份列出出版的著作）。

如此认真、细致之人，焉能不做出令人刮目相看的成就？他在被打成右派期间，于逆境中仍然不忘初心，继续研究明清家具、竹刻、鸽哨、葫芦等民间工艺，这才没有荒废时光，终于在晚年一鸣惊人，享誉海内外。

我 2000 年想为王世襄写本画传，又一次走进他家。这时他家已离开芳嘉园，搬到芳草地的迪阳公寓。新的公寓楼，房间的摆设仍如芳嘉园一样，杂乱无序。好东西实在太多，都不舍得扔，到处塞得满满的。就是在这个新居里，我们有了几次长谈。在随后写的文章中，我把芳嘉园院子写成“小院”。初稿拿去，老先生颇不以为然，特意予以纠正。说芳嘉园的院子并不小，起码可以说是“院落”。他为此写来一段话加以说明：

页1：小院

芳嘉园旧居是有四层院子，四进房屋，后门开在新鲜胡同的一所住房，虽不算大，至少也是中等，直到五十年代才只剩中间一个院子，但仍相当大。似宜称为院落而不用“小院”字样。

或说明到五十年代中剩中间一个院子，成了小院，也比较符合事实。

（王世襄补正）

他就是如此认真、细致。我把他的谈话录音整理成文字后，他逐字修改，或删节，或补充。为写这篇“藏与跋”，二十年后，我拿出这些录音整理件和文章修改件重新翻阅，我为自己的不细致而汗颜而惭愧，更为他费力校订而感动。想想也是，三十多年来，正是因为结识许多老前辈，他们以不同方式帮助我、熏陶我，我的粗心大意、只求快不求细的毛病才略有改善。“注意细节，注意细节”，如今也成为我告诫身边年轻朋友的口头禅。

认真之人，必然较真，也毫不给别人留一点儿情面。

王世襄以美食家著称，并且担任过中国烹饪鉴定委员会的副主任（具体名称不详），京城有名的饭店，如果看到他入座就餐，必然使出浑身解数，希望能听到他的几句赞许。一次，我们到京城一家以烤鸭闻名的饭店吃饭，老板跑前跑后，做了最拿手的几道菜请王世襄品尝。上一道，王世襄说不行，再上一道，王世襄还是说不行，不是那个味儿。连续几道菜下来，他硬是没有一句表扬的话。老板脸上挂不住，只好直截了当地问：“那您说为什么不行？到底怎么不行？”王世襄摇摇头，不语。其实，我们吃起来觉得都挺不错的。看着这尴尬局面，我心想，老头儿真是太不给面子，好歹鼓励两句也好。

不过，这就是王世襄。

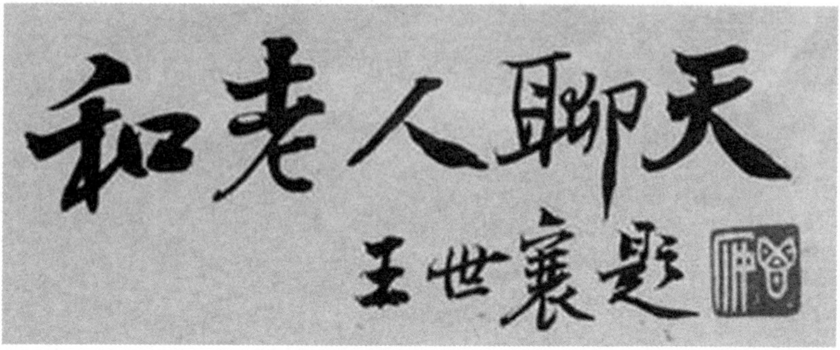

王世襄为拙著《和老人聊天》题签

写好王世襄画传，连同巴金、梁思成、杨宪益、丁聪、邓拓等几人的画传，列入大象出版社的“大象人物聚集书系”出版。2003 年，我们在人民日报社对面的一家谭家菜举办活动，并在饭店大堂举办一次“沧桑看云”的展览，主要展示我所写的这些人物的图片。这是一次难得的活动，王世襄、杨宪益、丁聪沈峻夫妇、黄苗子郁风夫妇、高莽、姜德明、沈昌文等前来参加，大象出版社周常林、李亚娜、崔琰等几位朋友也应邀前来。

吃饭时，王世襄与一位出版界的老领导坐在一起。这位领导拿出这套书，请在座的几位传主分别签名，转到王世襄手上时，老头儿坚决不肯签名。他说：“这不是我写的书，我不能签。”大家劝他也没有用，就是不松口，不留情面。这局面同样让我感到有点儿尴尬。

大约在 2005 年，一位广州记者前来北京希望采访一批文化老人，我推荐杨宪益、王世襄、黄苗子等人。他如约前去采访王世襄，回到广州后，将录音整理件寄给王世襄，请他校订。一天，我打去电话，询问校阅情况。先是一位三联书店编辑接电话，然后老头儿拿过电话，劈头盖脸把我训斥一番：“我这么大年纪了，眼睛又不好，校样看了好几天。以后你别再给我找这种事情。我有好多事情要做。”他骂得自然有理，的确不应该过多打扰他。

可是，他一点儿也不给我留情面，我心里确实不爽。我赶紧把话打住，放下电话。我其实也是一个脾气不好的人，越想越窝火。在袁荃猷去世之后，我一般每个月会去看他两次，这一次脾气一来，我差不多三个月没有去。一天，忽然接到王世襄电话，说：“你怎么最近没来了？哪天你开车来，我们一起去找个小馆子吃饭去。”

周末，我们夫妇开车去了，接上他和他儿子敦煌。他带我们到马

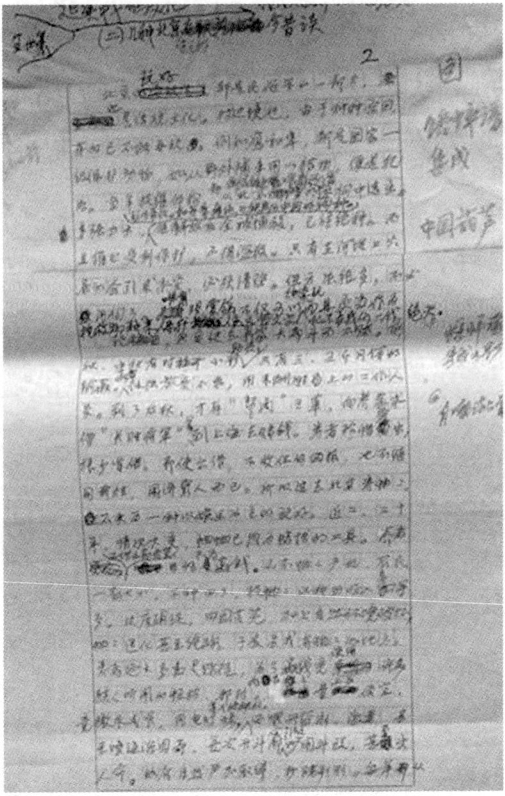

王世襄的最后作品

甸桥北面的一个小胡同，走进一家小店。他说，张中行原来住在这里，他们常来这里吃饭，张中行去世后他再也没有来过。小店实际上是一个单位的招待所，他说菜做得不错。那一次，他坚决要请客，还多点了几个，打包带回。我吃吃，也没觉得太好，可他就是喜欢，这大概就是美食家与我们这些吃货的差异。

过了一段时间，王世襄又打来电话说，还是想去吃老北京菜。这一次，是在三元桥国际展览中心西侧马路的一家老北京饭馆。有几道菜，他觉得还不错，高高兴兴地与小店老板合影。见此场景，我不由得为上次那位烤鸭店老板感到委屈。

2003 年秋天令王世襄悲欣相交。相依为命、患难与共几近六十年的夫人袁荃猷，因病于 10 月 29 日故去。同一个秋天，世界著名的文化奖项之一——荷兰克劳斯亲王奖，将“最高荣誉奖”颁发给王世襄，奖金为十万欧元。该年此奖的主题是“工艺的生存与创新”，所关注的是对传统工艺和手工制品的改进。把最高荣誉奖颁发给王世襄，正是为了表彰他在中国（传统）工艺领域的专家性与创新性的研究。随后，在北京嘉德秋季拍卖会上，“王世襄袁荃猷藏品”成了烜赫一时的珍品。一把唐代“大圣遗音”古琴，竟拍到了八百多万元，两人的藏品一共拍到了六千多万元。重要的并不在拍卖价格，而在于痴爱文化的他们，在多年沉寂之后，终于在新的世纪达到了声名的鼎盛。这是时间给这位九旬老人的最好回报。获奖后，我去采访他，他的一句话令人感动：“我这个人，热爱文化爱到了极点。不管在什么时候，都关注文化。一个时代，需要一些文化人。”

谈王世襄，不能不谈袁荃猷。袁荃猷与之相伴一生，是王世襄的福分。有她的辅助，有她的无怨无悔、患难与共，王世襄才以坚韧毅力支撑自己做别人无法做的事情，最后成了真正的赢家。在我写画传过程中，王世襄特地为袁荃猷写了这样一大段文字供我参考：

关于荃猷

与荃猷的哥哥桓猷班次接近，荃猷班次比较低，在大学时与荃猷并不熟悉。

1940年王世襄正在写他的画论。荃猷在教育系要写一部教授中国绘画教材作为论文。燕京没有美术系，教育系系主任周学章就介绍荃猷去见王世襄，指导编写。从此认识。

王世襄到营造学社后，开始给袁荃猷写信，一直写了两年。

1945年很想回北京又一重要原因，是想解决婚姻问题。因在李庄已写了两年信，虽未收到多少回信，但已建立了感情。回来后进展很快，1945年12月与袁荃猷结婚。以上仍可在页9适当地方加入。

1. 王世襄因收集家具及文物等，钱总是不够用，非常拮据，荃猷从不阻挠，也无怨言，而是共同欣赏。大树歌中有几句："长物积渐多，所居日局促。环顾却欣然，尚未餍吾欲。老妻偶或嗔，轻言亦不恶。"

2. 袁荃猷从未学过绘图制图，而王世襄所有著作中的线图及彩色绘图均出袁荃猷之手。中外读者公认"业余胜过专业"。

由此可见袁荃猷在王世襄心中的分量。

在一次采访中，我与王世襄、袁荃猷有过这样一段谈话：

李：我想岔开话题问一下，你和师母是什么时候认识的？在北京还是在四川？

王：我在大学与夫人认识。认识她之前我已经有了女朋友。我先认识她的哥哥，后认识她。我夫人袁荃猷是学教育学的，也是燕京大学的。她写的论文是关于国画教育。我比她高几班，被安排指导她的毕业论文，就这样认识了。在李庄期间，我和她有通信。1945年抗战胜利后回到北京，和她结婚。

李：师母，能讲一讲你和王先生的恋爱吗？

袁：（笑）有什么好讲的？我上教育系，喜欢画国画，便编绘画教材。系主任给我写一个条子，要我到学校东门外的王家花园。我去找他，拜访王先生。我们各有朋友，没有想到会谈恋爱。他教我一个办法，开目录，设计写法。那是四年级，只过了半年，日本人就来了。我又到芳嘉园去找他借书，常常去看他。他临行到四川去时，送我一盆太平花。到四川后老给我写信，一年后我回过一封。我觉得他的字写得真好，全是毛笔写的，我还临摹过。

李：哦，是先喜欢他的字。

袁：（笑）我也清楚他的女朋友是谁。1945 年 10 月底，他坐美军飞机回北京，飞机一到，就到我家来看我。12 月我们结婚。当时我 26 岁了。他从重庆写来很多很好玩的信。

李：这些信还在吗？

袁：早没有了，“文革”时都烧了。我对他们家没有了解。

李：你的娘家情况怎样？

袁：我爷爷是举人，后来出任中国银行行长，退休后从沈阳回京，买了一幢大房子，在西城区，比他们王家可大多了。现在有位领导住的其实就是我们家当时的书房。我父母早亡，我跟爷爷奶奶长大。爷爷爱看戏，打麻将，就这样认识了王世襄的舅舅。

世襄的哥哥比他大一两岁，是在巴黎出生，起名叫巴黎。一年世襄患猩红热，传染给巴黎。巴黎死了。他长得漂亮极了，他的死让母亲难过死了，精神从此不好，就不管畅安（王世襄，字畅安。——编者注），放纵他。

李：但你还是爱上了王先生。

袁：不过他没有学坏。不赌，不嫖，不打牌。

（2004 年 4 月 26 日，迪阳公寓）

王世襄袁荃猷 2002 年马年贺卡

袁荃猷性格与王世襄颇为相似，喜欢直言不讳，从不遮掩。我将这次谈话录音整理好请他们夫妇看，袁荃猷把上面一大段文字划去，还写了几个大字："请不要写这些！"我去取校样，她大声说："你写王世襄，何必写我！"王世襄在一页纸上，也这样写道："袁荃猷不喜欢被人提到，尤其是在讲我的文章中讲到她。不妨一切从简。"我当然只好听从，在画传初稿中，我真的连她一个字也没有提及。去他们家，老太太说："我好歹也是和王世襄过了一辈子，你也不能一个字也不提呀！"我笑了，说："你们不是不让我写吗？"她也笑了。

直来直去的袁荃猷，其实很热心。进入新千年，我们要搬新居，请王世襄为我们写副对联。老头儿想得很认真，把我和应红的"辉"与"红"都嵌进去。我去取，第一次见他写斗大的字，仔细一看，全是溢美之词，吓了我一大跳，哪里敢挂出来？我连说不行。硬要王世襄重新写。老头儿恐怕没有遇到过我这么不懂事的人，颇有点儿为难，

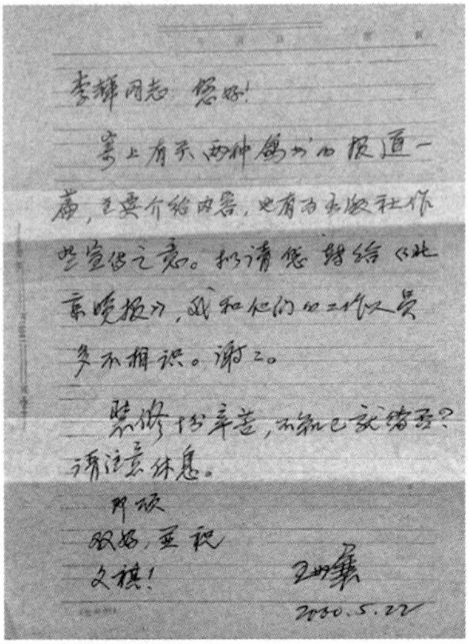
李辉同志：您好！

寄上有关两种鸽子的报道一篇，主要介绍内容，也有为出版社作些宣传之意。拟请您转给《北京晚报》，我和他们的工作人员多不相识。谢谢。

装修十分辛苦，不知已就绪否？请注意休息。

即颂

双好，并祝

文祺！

王世襄

2000.5.22

王世襄来信谈鸽子报道

还是袁荃猷在一旁打圆场，说是不太好，劝他另外再想一副。几天后，王世襄打来电话，说写好了，让我去取，这一次还是嵌字联，内容与景色相关，总算圆满。

王世襄在2006年开始写最后一个系列长文，题为《延续中华鸽文化，抢救传统观赏鸽》。一天，他打来电话，说开始写这组文章，想在《北京晚报》副刊上连载，希望我帮忙联系。我曾在《北京晚报》副刊工作过，与时任副刊主编高立林是老朋友。随即我和高主编同去看望王世襄，谈妥此事。王世襄每次写完，我去取，请朋友录入，我校订后再发给高立林。

王世襄与晚报有缘，我留存的他写于2000年一封信，谈的就是“鸽子报道”，希望我转晚报发表：

李辉同志：

您好！

寄上有关两种鸽子的报道一篇，主要介绍内容，也有为出版社作些宣传之意。拟请您转给《北京晚报》，我和他们的工作人员多不相识。谢谢！

装修十分辛苦，不知已就绪否？请注意休息。

即颂

双好，并祝

文祺！

王世襄

2000.5.22

新的长篇系列在晚报连载后，王世襄颇为高兴。后来，他将之打印成册寄给时任总理的温家宝，温家宝亲笔回信，让他兴奋了好久，还复印多份寄送朋友。

开始写作最后那篇长文时，王世襄已是九十二岁高龄。2007年我去看他，他还能站起来，走到阳台书架前，独自取出很沉的画册。未想到，当时拍摄的那张照片，竟成了我为他留下的最后影像。之后，他身体越来越弱，很快住进医院，于2009年11月去世。享年九十五岁。

记忆碎片，零零星星，故曰东鳞西爪。

完稿于2016年8月，北京

汪曾祺

——爱逛菜地的汪曾祺

二十年前，1997 年 5 月，一个消息传来：汪曾祺先生因肝病逝世。生于 1920 年的他，才七十七岁，假以时日，他该写出多少好文章？

此时距我最后一次见到汪曾祺还不到半年。1996 年冬天，黄永玉先生旅居香港时隔七年首次返京，在东三环长虹桥附近的一家德式餐厅宴请一些老朋友，包括汪曾祺。汪曾祺在西南联大中文系是沈从文的学生，1947 年经沈从文介绍，汪曾祺与黄永玉在上海结识，他们艺术趣味相投，成为十分要好的朋友。1950 年黄永玉在香港举办画展，汪曾祺曾专门写文发表于《大公报》，对黄永玉的才华和好记性为之感叹。后汪曾祺被打成右派分子，下放到张家口，其间曾创作一些短篇小说，结集《羊舍一夕》出版时，由黄永玉画插图并设计封面。往日情谊，因为“文革”之故一度疏远，各自心中却从来没有忘记对方。晚年重聚，也是美好之事。只是谁都没有想到，这成了两人的最后一次见面。

那天，我与汪曾祺同桌。他的脸色比不久前我见他时看上去黑了不少，想是酒多伤肝的缘故。每次聚会，他最喜饮白酒，酒过三巡，神聊兴致便愈加浓厚。那天只有啤酒，他喝得不多，兴致似也不太高。我与他闲聊，从沈从文到林斤澜。过去每次聚会，他与林斤澜是桌上

汪曾祺与沈从文

的两位酒仙，有他们在，就热闹得很。

认识汪曾祺是在80年代。我在《北京晚报》编辑副刊时，请一批前辈为《居京琐记》撰稿，其中包括汪曾祺。一次，发表老中医耿鉴庭先生的文章《朱光潜先生二三事》，汪曾祺读后，极为欣赏，很快寄来他的读后感。他用稿纸书写，每页三百字，写三页半，约千字。字写得讲究，清新、淡雅之感扑面而来，如山溪自然天成，潺潺流淌，少有烟火杂味。虽略有修改，却处理得干净利落，不伤文稿整体的艺术美感。因标题字数太长，我在发表前与他商量，他同意改为《一篇好文章》。

汪曾祺对一位老中医的文章如此关注，主动撰文首肯，实属难得。《一篇好文章》开篇即说："这篇文章的好处是没有作家气。耿先生是医生，不是作家，他也没有想把这篇文章写成一个文学作品，他没有一般作家写作时的心理负担，所以能写得很自然，很亲切，不矜持作态。"汪曾祺强调散文应该富人情，有修养，有韵味。他详细分析耿鉴庭的文章："文中没有很多感情外露的话，只是在写看到朱先生等人挨斗时，说了一句：'我看了以后，认为他们都是上得无双谱的学者，真为他们的健康而担忧。'但是我们觉得文章很有感情。有感情而不外露，乃真有感情。这篇文章的另一个好处是完全没有感伤主义——感伤主义即没有那么多感情却装得很有感情。文章写得很短，短而有内容；写得很淡，淡而有味。”

淡而有味，正是汪曾祺散文的妙处所在。

有意思的是，汪曾祺在文章最后一段提出这番建议：“《晚报》发表的散文，有不少好的，我觉得可以精选一本，供读者长期阅读。——‘一分钟小说’也可以编选成集。”多年之后，我真的把《居京琐记》编了一本小书，由汪家明兄主政山东画报出版社期间出版。几年前，我与几位朋友到台北旅行，坐上捷运，本来要去阳明山，我一看可以直接到淡水，便临时改变主意，大家直奔淡水。朋友们还笑称我是“李百变”。

雨中游淡水，别有情调。走进一家“有河书店”，没有想到，居然很快发现台湾版《居京琐记》，当即买下，高高兴兴与这本书合影。想一想，有的缘分，就是在变化中意料不到地如期而至。

80年代北京文坛活动很多。一次，北京文联在郊区召开林斤澜《矮凳桥》《十年十忆》短篇小说系列研讨会，请一些评论家参加，汪曾祺也去了。不久后，《北京文学》在大同市举办青年文学笔会，汪曾祺应邀前去为青年作家们漫谈创作体会，我忝列其中。这也是我第一次走进山西。与他在一起，看他喝酒，听他醉醺醺状态讲文坛趣事，真是一大快事。

汪曾祺在北京南城的蒲黄榆住了不少年。我去看他，都是在蒲黄榆。

不久前，网上偶然读到一封汪曾祺的信，其中大意说：有的人看我写了《受戒》，就认为我可以写释迦牟尼，便非要我写一本《释迦牟尼》传记不可。

诸位有所不知，这个不懂事的、死缠活缠的人，就是本人。

1990年，江苏教育出版社策划出版一套世界历史名人画传，编辑虞刚、马振五通过朋友找到我，希望我能约请一批名家参与撰稿。

在此之前，我只编选过萧乾的《书评面面观》《北京城杂忆》，交由人民日报出版社出版，参与一套丛书还是第一回。出版社承诺，每本画传都请中国一流画家配画，出版一套装帧最豪华的书，支付作者、画家不菲的稿酬。十八位历史名人包括孔子、凯撒、达·芬奇、拿破仑、华盛顿、曹雪芹等。回想当年，我也真有初生牛犊不怕虎的劲头，居然找到如下作者参与写作画传，年龄最长者为秦牧、汪曾祺、曾卓、林斤澜等，其他作者分别为李国文、唐达成、陈丹晨、张洁、刘心武、韩蔼丽、韩少华、陈村、陆星儿、赵丽宏、肖复兴、张胜友、李辉、陈丹燕等。二十多年过去，最年轻的陈丹燕也即将走进花甲之年。岁月啊岁月，就这样流过！

记得我专程前往蒲黄榆，恳请汪曾祺撰写释迦牟尼。汪曾祺开始虽然不同意，但经不住我死缠活缠，最终勉强同意。汪曾祺好脾气，从来没有当面怪我，算给我留了一点儿面子。不到一年，1991年4月，他完成几万字的佛祖故事。1992年，全套画传出版，果然红绒封面，烫金，豪华而精美，画传如今放在一起再次欣赏，仍觉得十分诱人。自己的确真的不懂事，干扰先生的创作习惯。不过，转而又想，幸好逼他写了这本传记，他的写作由此多了一个门类。

汪曾祺根据释迦牟尼的一些资料和传记，加以改写为《释迦牟尼》。虽是改写，自己的写作风格却贯穿其中。为汪曾祺配画的是中央美院的中国画教授、画家李少文。文、画俱佳，捧读，还是喜欢。最后一章“涅槃”，汪曾祺写到释迦牟尼的涅槃：

> 二月十五日夜，佛陀以吉祥姿势，静卧于莎罗双树间床上，时鸟兽无声，树不鸣条，佛陀心如止水，极为安静。至午夜时，月色皎洁，流星过空，佛陀进入涅槃。时莎罗双树变为白色，狂风四起，山川震动，火从地出，清流沸滚，天人擂鼓打锣，诸弟子捶胸痛哭，百兽自山中奔出，群鸟在林间乱飞，同为三界导师涅槃致哀。……

香烟不离手的汪曾祺

文字干净，简洁，韵味隽永，值得细品。

汪曾祺是为有趣之人。在家里烧水煮面条，等水开时，他会画上一幅小品，一朵荷花与一只蜻蜓，味道十足，题跋就写“等水开”。他一直被人们誉为美食家，笔下所写故乡佳肴，虽是家常菜，却令人艳羡。作家的他，书画俱佳。他画大闸蟹，更会吃大闸蟹。一次，亲眼见他吃大闸蟹，吃完之后，颇为完整地保留了大闸蟹的原模原样，让人大开眼界。

《释迦牟尼》出版那年，我应华侨出版社之请，主编“金蔷薇随笔文丛”二十种，照样请他加盟，他编选一本，书名为《榆树村杂记》。读他的自序，我才知道“蒲黄榆”的来历：“我住的地方名叫蒲黄榆，是把东蒲桥、黄土坑、榆树村三个地名各取其一个字拼合而成的。”他说，榆树村几年前还在，是个村子，有一大片菜地，住的都是菜农。喜欢做菜的汪曾祺，每隔一两天就到菜地里转悠。他下面这段文字写得极妙：

> 人家逛公园，我逛菜园。逛菜园也挺不错，看看那些绿菜，一天一个样，全都鲜活水灵，挺好看。菜地的气味可不好，因为菜要浇粪。有时我也蹲下来和在菜地旁边抽烟休息的老菜农聊聊，看他们如何搭塑料大棚，看看先时而出的黄瓜、西红柿、嫩豆角、青辣椒，感受到一种欣欣然的生活气息。
>
> （《榆树村杂记》自序）

汪曾祺的文章为什么接地气？就在于他喜欢与周围普普通通的人交往，知道他们的酸甜苦辣，知道他们的喜怒哀乐。走进菜地，其实就是一种拥抱生活的态度。他说，自己这本书的文章，都是在榆树村对面的高楼写出的，故以《榆树村杂记》作为书名。

这套“金蔷薇随笔文丛”，我在每本书的勒口上各写一段点评。

汪曾祺的这本书我这样写道："酒至微醺状态，他会变得尤为可爱，散淡与幽默天然合成。他的文章从不雕琢，如清风一样轻盈飘逸，读起来更让人陶醉。他不仅仅表现出一个小说家的才能，用炉火纯青的白描，描绘人与景，他也是一个学问家，散淡的文字背后，扑面而来的是浓郁的文化气息。"虽然二十几年过去，我还比较认可自己的这一点评。

第一批十种里面，还有吴冠中先生的一本《画中思》。1993年我送书过去，请他在扉页上题跋。吴冠中写道："金蔷薇随笔文丛多彩，小而精，其中璞玉如汪曾祺，投枪有邵燕祥，都令人喜爱。"吴冠中住在方庄，与汪曾祺隔马路相望，他对汪曾祺散文颇为欣赏，可谓惺惺相惜，引为知音。

同在1990年，我完成了一件早就想做的事情，请汪曾祺谈谈老师沈从文的印象。

写沈从文先生的文章不少，黄永玉和汪曾祺两人的文章印象最为深刻。黄永玉以活泼别致的笔调，亲切而又幽默地写出他心目中的表叔印象，读过之后让人感觉到沈从文可亲可爱，甚至可爱中有些朴实到极点的"迂"。汪曾祺则以"寂寞"论述沈从文的文学，一段时间里，不少人谈论沈从文时，大概受到汪曾祺的影响，习惯用"寂寞"概括沈从文的风格与人生态度。

终于约好一个完整的下午，我走进蒲黄榆，与汪曾祺有了一次漫谈。话题虽然有些漫无边际，但诸多细节提供给我们一个相对立体、丰富的沈从文。

沈从文在西南联大是汪曾祺的老师，我特别想知道他以什么样的方式为他们讲授写作。汪曾祺的回忆非常有趣：

> 李：沈先生给你们上什么课？
>
> 汪：他开三门课。各体文习作，是二年级的必修课。创作实习和

中国小说史则是三四年级的选修课。他只上过小学，对中学大学的课怎么上一点也不懂，讲起来没有系统，而且他还是湘西口音，声音也小。但他讲写作有他自己的一套办法。

李：他给你们出题目吗？

汪：很少出题目。他一般让大家自己写，然后他根据我们的作文来具体分析，找一些类似的名作来比较，用现在的话说，就是参照。他还喜欢在学生的作业后面写读后感，有时他写的感想比原作还要长。记得我写过一篇《灯下》的作品，描述小铺子点灯之后各种人的活动，没有主要情节，也没有重要人物，属于写情境的。他就找来类似的作品，包括他的《泥涂》给我看。这给我的印象很深。我后来的小说《异秉》便是以此为雏形的。当然，有时他也出一些题目，给我们出的我都忘记了，但我记得他给别的年级出的两个题目。一个是为我的上一年级出的，叫《我的小庭院有什么》，另一个是为我的下一年级出的，有点怪，叫《记一间屋子里的空气》。因为怪，我才记住了。

李：他这样出题，好像是避免空泛，避免雷同，让学生从小的角度来描写，这可能和他自己当初练习创作相似。

汪：他有一个说法：先要学会车零件，然后才学安装。他强调的是对生活片段的仔细观察。

我曾写过一篇沈从文印象，题目是《平和，或者不安分》。我觉得，“寂寞”并非沈从文的性格，相反，他很爱与人争论，从鲁迅的“京派与海派”，到抗战期间的“抗战无关论”等。我与汪曾祺谈到这个问题：

李：你以“寂寞”论述过沈从文的散文作品和性格，很多人也常常都谈到他的淡泊，他的温和。我也曾在一篇文章中强调他总是以平静的态度对待人生，对待社会。最近我觉得这一看法并不全面。从他在三四十年代引起的多次文坛论争来看，他其实并非总是甘于寂寞，我看他还是很热闹的。除了创作，他写了不少作家论，评述一些同时代作家，还喜欢对文坛现象发发议论，文章也常带有锋芒和不冷静的情绪，结果往往招来许多麻烦。我找不出一个合适的词来概括他的这一特点。

汪：好管闲事。

李：对。他有时是这样的。

汪：他对凡是不合他的意的，他就要发些议论。譬如，他并不了解中国妇女运动的背景，就出来谈论一番。四十年代有一次在上海，我见到巴金和李健吾，巴金就对我说：你告诉从文，别再写那些文章，写自己的小说就行了。

汪曾祺对沈从文的创作，给予高度评价，他认为，除了鲁迅，没有谁的文学成就比沈从文更高：

汪：我喜欢他中年的作品，也就是《边城》前后的作品，包括后来的《长河》。我认为他的主要思想贯穿着一个主题：民族品德的发现与重造。他强调人性，是真正关心人，重视对人的描述。他的《贵生》《丈夫》对普通人命运的关注和揭示，就不是一般左翼作家所能达到的。他对社会一贯关注，也有呐喊式的东西在。《湘西》《湘西散记》两部作品有集中表现。

李：你认为在现代文学史上，沈从文究竟占据一个什么样的地位呢？

汪：除了鲁迅，还有谁的文学成就比他更高呢？

时间无情，不到七年，汪曾祺就离开我们远去。

我的印象中，他几乎从来烟不离手，饭桌上酒不离手。外出参加

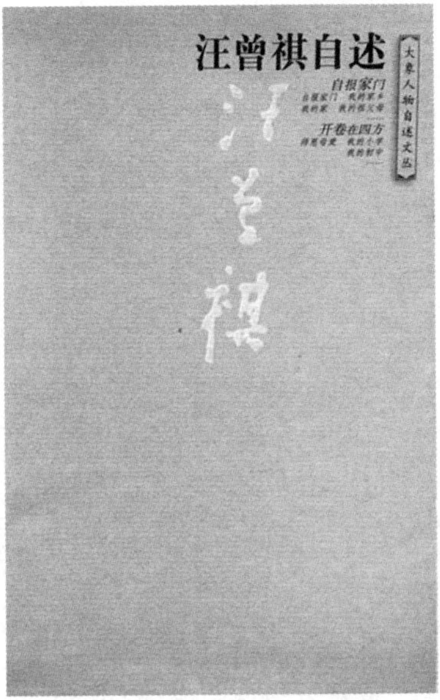

2002 年 10 月大象出版社《汪曾祺自述》

2009 年 10 月大象出版社《我的老师沈从文》

活动，有人求字，他从不推辞。听说 1997 年就是因为过于劳累，回到北京，突然发病。我问汪朝（汪曾祺女儿）是否与肝病相关。她说，肯定与喝酒多有关。病因是肝硬化导致消化道静脉曲张，破裂后大出血。虽经抢救，但五天之后再次出血，再也没有抢救过来。他把一生的经历都带走了，连一本完整的回忆录也没有留下。

也是与他有缘。汪曾祺去世之后，我为大象出版社策划的几套丛书中都有他的书。一是他的画传，一是《汪曾祺自述》，一是《我的老师沈从文》。

人虽远去，但编他的书，读他的文章，依然能重温与他接触的那些难以忘怀的温馨时刻……

2017 年 1 月 9 日完稿于看云斋，北京雾霾十天终于散去

吴冠中

——画里画外的身影

留存美丽江南

认识吴冠中先生是在 1984 年左右。当时专门选收文学评论文章的《评论选刊》，有一期破例地转载了吴冠中一组关于画展评奖的文章。文章是日记体裁，其文风活泼和坦诚吸引了我。没有常见的人云亦云，也不是死板枯燥的论说，而是细致地分析参展作品艺术的得失，理性与感性出色地结合起来，超出了一般评论文章的水平。说它是评论，却分明如随笔一样轻松活泼，对于长期以来评论文风贫乏、单调的文坛来说，这无疑是由画坛吹来的一股清新的风。

我当时正在《北京晚报》编副刊，刚开设一个栏目《居京琐记》，专门邀请居住在京的文人撰写随感，每期文章都请丁聪先生配一幅作者漫画像。读了吴先生的评选日记后，我便写信约稿，他很快寄来文章，从此我们成了编者与作者的关系。

大约 80 年代中期，一天，忽然接到吴先生的来信，说给我画了一幅江南水乡的水墨画。他在信中写道：

李辉同志：

给你作了一幅小画《忆江南》，虽极简，在我的水平上质量不差。正拟挂号邮寄，已写就信封，但考虑别人会不会以为是稿件，如你不在京可能被代拆，故先问问你，是否就直接寄来？

握手！

吴冠中

廿七日（10月）

随后，他打来电话，还是希望我去取。这是我第一次走进他家。当时，他家在劲松小区的一间小屋，是师母所在的轻工部宿舍。之后，他们搬到方庄小区，一住就是三十来年。直到病重住院，他再也没有离开过这套不算宽敞的住所。

80年代，吴冠中以江南水乡为题材的画，清新淡雅，给人以平和静谧的感觉。我想，大概经过“文革”的风风雨雨之后，他更加留恋故乡宜兴秀丽的景色，需要用水乡的温馨来慰藉疲倦的心灵。春天的江南，浅绿淡红，雨雾袅袅。在他的眼中，这素淡的色彩，很适合此时的心境。于是，他的笔下，平林漠漠，小桥流水人家，一派浅灰色调。他把这称作“浸透着明亮的银灰”。欣赏这样的画，感觉不出激情和热烈，而是清新，甚至还带着淡淡的冷静。后来读到他讲述自己80年代故乡之行的文章，我才深深体会到，儿时的故乡印象为何那样深刻。他写道：“土地不老，却改观了。原先，村前村后，前村后村都披覆着一丛丛浓密的竹园，绿荫深处透露出片片白墙，家家都隐伏在画图中。一场‘大跃进’，一次‘共产风’，竹园不见了，像撕掉了帘幕，一眼就能望见好多统统裸露着的村子，我童年时心目中那曲折、深远和神秘的故乡消失了。竹园不见了，桑园也少了，已在原先的桑园地里盖起不少两层小楼房。”

他留恋自己的童年：“孩子们是喜欢桑园的，钻进去采桑椹吃，一面捉蚱蜢，我今天还喜欢桑园，喜欢春天那密密交错着的枝条的线结构画面，其间新芽点点，组成了丰富而含蓄的色调。”竹园渐渐消失，一个艺术家面对自然景色发生变化后，内心的惆怅可想而知。我这才明白他为何要用记忆中的温馨，来描绘出清新淡雅的水乡。

所有描绘水乡景色的作品，都可以使我们从这样一个角度走进艺术家心中的世界。淡雅和平静的背后，其实同样隐含着他的热情、他的惆怅。他热情地拥抱着记忆，拥抱着经过艺术过滤后的印象，他是想用画笔为自己也为我们留住美好的、没有被破坏的风景，而创作的时刻，他的笔端，他的感情世界里，一定飞翔着大自然的精灵。

激情让他冲动，无法停息

生活中的吴冠中很健谈，与他在一起，你甚至不必多虑聊天没话题。他会随着自己感兴趣的话题，侃侃而谈。他一点儿不像老人，即便他已八十几岁了，我仍然感到他与过去一样，没有衰老，总是那样精力充沛，不知疲倦为何物。

吴冠中容易激动，容易被生活中种种不平所刺激，从而发出感情色彩浓郁的评判。前几年他受那幅《炮打司令部》假画拍卖案的困扰和刺激，那种冲动似乎更加突出。每次见到他或者通电话，说到此事，他都会气得声音发抖。不仅仅这是一件与自己有关的事情，生活中有许多事情，他实在不能理解。不解，便为之苦恼，为之愤愤不平，他的不少文章就是这样写出来的。大到文艺创作规律，小到一张宣纸，都在他的议论之列。他看不惯有的人对艺术创作指手画脚，他看不惯画坛肆虐的吹捧风气，他看不惯生活中种种不道德的行为。读这样的文章，我再也不会觉得他仅仅是温和而冷静的风格，而是一团热情的火，还带有几丝辛辣。

吴冠中笔下的修女

对自己的作品突然间成了美术市场中的“抢手货”，吴冠中根本没有想到。他很平静地看待自己取得的成就，对于市场冲击下画家面临的骚动、挑战，他也认为应该以平常心对待。他对我说过，对于他来说，金钱从来不在他考虑之列。

艺术才是他的全部生命。他说他敬仰的是莫奈，是石鲁，是他们置名利于艺术之外的风范。他便是以这样的心情崇敬、忠贞于艺术，并以这样的平静看待获得的荣誉。

吴冠中创作过一幅题为《修女》的油画。这不是传统的肖像画，而是采用立体派风格的笔法，主要以单纯的黑白色块来构成整个画面。海轮上两位修女倚窗而坐，一个完全是黑色的背影，另外一个侧坐的修女，也没有任何细部的勾画。没有眼睛，甚至没有规则的面孔，只有大块大块的黑色，涂抹出修女的长发和衣袍。

这幅画创作于 1987 年，这一年吴冠中即将步入古稀之年。吴冠中曾向我讲述创作《修女》的过程。

一个漫长的故事。1950 年，留学法国三年的吴冠中从巴黎乘船归国。行驶在地中海时，他注意到靠近窗户的一张桌子上，有两位身着黑色衣袍的修女喝着饮料，欣赏着窗外的海景。修女们很漂亮，也很悠闲安详，没有一点儿忧愁和感伤。他用艺术的目光注视着她们，大海涌动，修女安详，黑色醒目，这无疑是一个很好的构图。他征得修女的同意，拿起笔，画了一幅素描。他计划回国后再在这个基础上画一幅油画。

回国后，地中海那一美丽的印象虽然没有变为油画，但艺术家的他却不可能抹去那时的深刻印象。于是，80 年代他全身心进入创作，又回想起四十年前的那一瞬间，重新端详那幅素描，他决定延续当年的意愿。不过现在的他，不再会像当年那样按照肖像画的笔法，将记忆中的修女重现。他不愿意那样做。他寻找的是印象，是感觉，而且要把自己的人生体验，融会其中。

他选择了黑白主体。他有意识地隐去人物的面容，突出黑与白的色彩给人的感觉与冲击。

在他看来，黑色意味着更为丰富。黑是沉静的，也是深邃的；黑是悲哀的，也是热烈的。黑色是视觉刺激的顶点。其实，他的绘画从具象趋向抽象，与从彩色进入黑白是同步的。

色彩既是画家的眼睛，又是画家的生命。这就像诗人一样，语言绝对不仅仅只是一种工具，在很大程度上也是诗人的眼睛与生命。吴冠中正是以一种独特的方式拥抱着色彩。色彩对于他，当然不是五光十色，不是赤橙黄绿青蓝紫交替出现的一种笔墨形式。在回望人生旅程时，他对色彩的理解，已经超出了单纯的技巧范畴，而是将色彩与生命的体验紧紧联系在一起了。

创新中的吴冠中永远年轻。每次见到他，都不难感受到他身上充溢的艺术激情和生命活力。

1983 年，已经六十四岁的吴冠中，被邀请参加“八十年代中国画展”，这是侧重于艺术创新的展览，参展者以年轻人居多。可是他走进了他们的行列。当时他有过这样的感慨："姜是老的辣，艺术总在晚年成熟。苍劲、洗练、老辣……都属于老年作品的特征吧，但紧跟着成熟之后往往是保守与老一套。苍劲与老辣似乎易体现在笔墨技法方面，而保守与老一套意味着艺术生命过早地衰退，青春过早地消逝！"可以说，拥有这种艺术精神和人生态度的艺术家，永远不会衰老。

浪漫无处不在

我曾经设想，如果有人为吴先生写一本传记，就该写出他的浪漫、热情、纯真、执着。

40年代到法国留学，他带去了一件红毛衣，那是他唯一的毛衣，是妻子在临别时为他赶织的。他很珍惜这毛衣。有一年春天，他同一位法国同学利用假期带着帐篷宿营，驾双人小舟，顺塞纳河而下，一路写生。但第一天就遇到了风暴，小舟翻于江心，不会游泳的吴冠中，几乎淹死。当时，他身上正穿着那件红毛衣，怀里揣着妻子的照片。他最终获救了。对于他，这次死里逃生的经历终生难忘，仿佛冥冥之中万里之外的妻子在保护着他。

1972年冬天，为探望生病的岳母，他们赶去贵阳，途中在桂林逗留，来到阳朔。虽然只有一天一夜的时间，但他十分珍惜这难得的机会。如此美丽景色，足以让他陶醉。他执意作画。

作画那天，天却下起了雨。妻子举着雨伞为他遮住画架。他们二人淋在雨中，听凭冰冷的雨水浇在身上。他不断地挪动写生地点，她则不停地跟随着，手中的雨伞没有挪开过。大雨之后又是阵阵强劲的北风。大风中画架支不住了，十几年后吴冠中说，他当时几乎要哭出来。这时，妻子伸出双手扶住画框，用她孱弱的身躯替代了画架。冬日的桂林，寒风刺骨，她的手指冻僵了，但一直坚持着不松手，直到他画完。

吴冠中与妻子在一起 (1)

吴冠中与妻子在一起 (2)

吴冠中说，他不止一次为妻子哭过。

一次他在长江巫峡附近的沿江羊肠小道上写生，妻子便沿着峭壁上的小道往前走。他发现她许久不回，便高声呼喊，但没有回音。俯瞰峭壁下滚滚而去的江水，他着急了，为妻子而担忧。于是，他丢下心爱的画具，一路小跑，一路呼唤，仍然没有回音。他禁不住哭了。后来，终于在两里外的一个小山村里找到了她，原来她正在和一位老太婆聊天。短暂分离的重逢，那种喜悦只有他能够感受到。

90 年代初，妻子突然患了脑血栓，半身不遂。可以想象，这对吴冠中是一个多么大的打击。在她住院期间，他的生活规律和创作规律都被打破，他心神不宁地惦挂着妻子，而儿女又不让年岁已高的他常去医院。一天下午，他一个人独自坐在家里，似乎什么也不愿意去想，任凭时光流失。突然电话铃响了。过去都是妻子接，为他安排一切。他拿起电话，话筒里直呼他的名，是女人的声音，他大概猜想是哪个老同窗来问候她的病情吧，但恰恰是他的妻子！原来她也惦挂着家中的吴冠中，居然从病房被扶到电话机前同他直接通话了。中风后的她，声音已有所不同，他竟然听不出她的声音，他为妻子挣扎着来打电话而感到意外。因这突然和偶然，他哭了，哭她复活了。

90 年代初与吴冠中夫妇合影

一次我去看望吴先生。他把我带进他的画室，欣赏他的新作。墙上挂着一幅油画，画的是他妻子。他说，他早答应为妻子画一幅画，可总也没有实现。妻子七十岁生日，他终于完成了这幅肖像画，了却一桩心愿。画中的她，显得慈祥而平静，目光里没有微笑，而是关切和沉静。面容有些衰老，但分明又透出一种坚毅。肖像的背景，是浓烈的黑色，仿佛隐喻人生的艰难。这是他全身心投入而创作出来的作品。他把自己的浪漫、纯真、感激，把自己对人生的认识，都融进了妻子的肖像之中。

画中思，读石涛

1993 年前后，我为华侨出版社主编一套“金蔷薇随笔文丛”，两辑共二十种，除汪曾祺、王蒙、邵燕祥、王安忆、舒婷等作家外，我还特地挑选了于光远、吴冠中、李锐、孙越生等几位文学圈外人士，试图借拓展作者的范围来集中呈现随笔写作的新阵容，从而改变传统意义上的散文格局。

吴冠中很支持我的这一想法，将他的选本定名为《画中思》。在《画中思》的勒口上，印有我写的一段关于吴冠中随笔的点评："画，是他的主要世界，在画布上挥洒他的美。画之美的背后，却是他对自然对人生独特而透彻的领悟。在大自然面前，他沉静地端详而思考。于是，多彩的画笔之外，他又拥有一支多彩的文笔，在长长短短的篇章里，他用细腻委婉的语言，把自然的感悟、美的理解、个人感情生活，铺成一幅幅流动的画面。"这是我当年读他的作品的印象。

《画中思》出版后，吴先生送我一册留作纪念，并在扉页上题跋如下：

> 金蔷薇随笔文丛多彩，小而精，其中璞玉如汪曾祺、投枪有邵燕祥……都令人喜爱。
>
> 慧眼识文章，编者的眼力影响出版事业的发展、读者的品评。
>
> 吴冠中，一九九三

他的褒奖，令我惶恐而感责任重大，而从题跋也可看出，他对文坛十分关注。

吴先生题赠的著作我藏有多种，而他的《我读石涛画语录》一书，则另有一番故事。

《我读石涛画语录》由范用先生转赠。一次我去看望范先生，闲谈时，他顺手拿起这本书，说他有两本，可转送我一本，而且此本是封面设计者张守义先生赠送他的。只见扉页上写着："范用先生存正。守义，丙子春。"我喜出望外。范先生当即又在扉页上题写道："我有两本，特以此本转赠李辉。范用。"

《我读石涛画语录》由荣宝斋出版，收录吴冠中对石涛画语录的点评和他人所写关于石涛的评论。我很喜欢此书。2009 年，我为大象出版社主编一套"名家文化小丛书"，每种约三五万字，此时，我

《画中思》书影

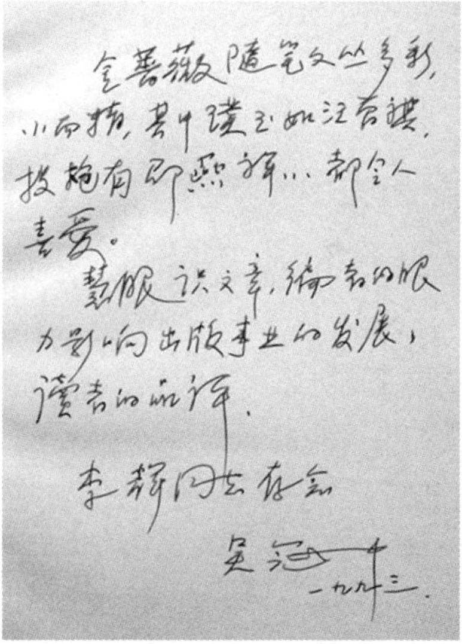

吴冠中在《画中思》上的题跋

想到了这本《我读石涛画语录》。我觉得将书中吴先生的点评单独汇集出版，更方便一般读者阅读，应是不错的选题。我去信征询，吴先生同意了我的建议，并很快把出版合同亲笔签好寄来。

未料想，这一次信件往来，却成了我与他的最后一次联系。

惊悉吴先生逝世噩耗后，我们夫妇赶去吊唁。走进他的方庄住所，面对他的家人，我除了哀思，还有《读石涛》未能及时出版的遗憾。如今，画中之思，只能是心中之忆了……

2017年10月，北京

吴祖光

——日记里看风云变幻

日记里的历史

与吴祖光先生相识是在1984年。当时，我在《北京晚报》的《五色土》副刊当编辑时，负责《居京琐记》专栏，特约请在京的作家、学者撰稿，他们多为七十岁左右的老人，吴先生自然也在邀请之列，我们就这样建立了联系。当时，我刚刚开始传记写作，第一个人物是写萧乾先生。萧乾建议我接下来应该写吴祖光和新凤霞的传记。他在信中说："你写吴祖光、新凤霞伉俪。一、故事生动；二、资料丰富；三、他们即住在……；四、符合你的侠义标准。"他还特地写了一封信，让我持信去拜访吴祖光夫妇。

我第一次走进了位于北京东大桥的吴家。当时，已有人为他们写过一篇报告文学，我本人的主要精力又放在《胡风集团冤案始末》的写作上，为他们写一部传记的设想未能实现，至今颇感遗憾。不过，自那之后，吴家成了我不时前往的地方。九十年代，在吴祖光的帮助下，我完成一篇叙述"二流堂"变迁的长文，并为海天出版社编选一本相关图书：《依稀碧庐——风风雨雨"二流堂"》。

我喜欢听吴祖光畅谈往事，听他开怀大笑，听他鞭挞时弊。他特

50 年代吴祖光与新凤霞

别留恋 50 年代自己买的那个四合院，不止一次向我提到它。此次整理日记，才从中看到，原来为了购买这个四合院，他花费了多少精力和时间！难怪他对自己被打成“右派分子”后无端失去它而难以释怀，至死也耿耿于怀。

吴祖光说话一般从容不迫，显得儒雅。但说到激动处，他便会嗓门升高，拍打桌子，骂上几句。虽骂人，却极少用脏字，“王八蛋”——是他骂人时用得最多的词而已。90 年代，年过八旬的吴祖光，仗义执言，为在某超市被非法、无理搜身的一位弱女子打抱不平，撰文予以抨击，结果招惹经年不休的官司纠纷。那两年，每次见面，都会感受到他的侠义和刚烈。官司牵涉他许多精力，但他犹如困兽一般，虽遍体伤痕，精疲力竭，但仍要发出自己的声音。最终，他的这一举动，赢得舆论的普遍支持，赢得公众的敬重，从而他也为自己的一生画上了完美的句号。

吴祖光先生于2003年的春天去世，那是“非典”肆虐京城之时。第二年的年初，吴欢兄写来一信如下：

李辉兄：

久违雅教。日前收拾先父吴祖光先生旧物，得日记一本，写于五十年代，内容颇多当时文化界人物趣事，似可发表成书。足下在老一辈文人中颇负赞誉，与先父亦为忘年之交，此事拜托望勿见拒，以慰先父在天之灵。

专此即祝

时绥！

弟吴欢

2004年1月

如此重托，焉能不竭力为之？于是，我开始整理这本日记，把这一工作，作为对吴先生的最好怀念。

很巧，在吴祖光“非典”之际去世时，我正为大象出版社策划一套“大象人物日记文丛”。第一批出版四种，分别为：聂耳、巴金、田汉、陈白尘。第二年出版的有贾植芳、徐成淼、曾庆延、郑振铎等。我在“总序”中写道：

日记就其本来意义来说最具个人色彩。这里需要排除某些刻意写给世人阅读的日记。因为诸如此类的日记，看似个人化，其实早已串了味儿，往往为了迎合某一需要而写，或者被人为加工。在那样的日记里，很难看到记录者真实的思想和情感，更多的是人云亦云的雷同与虚假，它们的价值显然是要大打折扣的——我所看重的则是真正写给自己看的日记。打开日记本，写下一行行文字，或是为了备忘，或是与内心交谈，把个人交往、行踪以及高兴、痛苦、愤怒诸多心绪均如实记下。这样的日记，无论简略或者详尽，随着时间的推移，都将成为历史记录的组成部分，为人们认识记录者本人和历史提供大量真实细节。

吴祖光日记，写于1954年1月1日到1957年6月底，恰是吴祖光亲历的当代中国一段极为重要的历史时期，其内容无疑非常符合这一特点。

短短三年多时间里，中国社会政治气候变化异常迅疾，知识分子个人命运起伏跌宕悲喜转换极为突然，一连串雷电交加般的事件令人目不暇接，颇令人喘不过气。吴祖光的个人命运正是在这样的历史背景下发生着前后悬殊的变化。他的特殊地位和身份，他的交际广泛应酬繁多的特点，他的率真性格与落笔大胆的风格，使得这本只有三年半时间的日记，不再仅仅是文人雅趣、个人家庭日常生活的呈现，而是记录下了更为广泛的社会背景和极为丰富复杂的政治变迁，一本看似个人化的日记，因此而具备了重要的历史价值。

中苏蜜月期的苦闷与尴尬

不少过来人对50年代中苏关系蜜月期的往事记忆犹新，感慨良多。当时，言必称“苏联”，不少地方一味抬高来华工作的苏联专家的地位，容不得对他们提出半点不同意见。否则轻者受到批评，重者被批判之，被惩罚之。早在1947年，萧军在大连就为此而倒霉。他在为报纸所撰写的评论中，对苏军在东北的不妥行为多有不满，并予以隐晦的批评。这显然不合时宜，随即他受到严厉批判，从此被打入另册。萧军的遭际，对50年代的知识分子来说，是一个教训，更是警示。

作为一名富有才华、成就卓著的艺术家，50年代初的吴祖光备受器重，干劲十足。1954年，他在北京电影制片厂工作，出任纪录片《梅兰芳舞台艺术》的导演。此时，各行各业正盛行聘请苏联专家出任顾问，《梅兰芳舞台艺术》也为此从莫斯科请来苏联专家，指导吴祖光的工作。艺术家的才华与个性，使吴祖光难以无原则地听命于对中国戏曲艺术缺乏根本了解的苏联专家，所以吴祖光与他们常常出现龃龉，甚至冲突。既有前车之鉴，加之环境所迫，他不得不违心地做出让步。种种委屈、不满、困惑乃至气愤，只能在日记中以片言只语发泄出来：

1954年10月4日

晨去厂为专家讲分镜头剧本，与苏专家之合作，有斗争，有团结，极不简单也。

1955年2月20日

晨至厂召开摄制组会，苏专家参加，专家对中国古典艺术不理解，工作有困难。

1955年2月21日

午后至《人民日报》听苏联《文学报》编辑某某夫讲苏联戏剧发展前途，则多泛泛之谈，无甚道理，盖苏联亦多公式概念之流也。

1955年2月25日

晨在家作准备工作，午后到局，形势严重，局的三个专家，我组两个专家，王、陈两局长等皆一同看片，开座谈会，意见愈提愈严重，谈到六时，决定今日停拍，重新试片。与外国人谈中国艺术，真乃“秀才遇见兵”，苦恼之至。

1955年3月3日

晨到厂继续拍照至午后七时结束，倦甚。苏专家以病闻，李秉忠等去探病，据说昨日专家夫人在电话中骂街云。艺术而请苏联顾问参加工作其一难事。十时就寝。偕尚义在西安食堂晚餐。

1955年5月13日

晨到厂讲今日欲拍之镜头，专家满口教条啰唣不清，可恼之至。此老之固执琐碎令人极难忍耐，但无法只得容忍也。午后开拍极不顺利，八时返家情绪恶劣之极。

1955年9月6日

晨到厂拍戏，因摄制小组工作无条理，计划朝令夕改，至无时间讲分镜头剧本，以至专家临时意见百出，指东杀西乱成一片。岑范老病复发，针锋相对，几无法下台。我极力维持，辛苦。整日拍得镜头二个耳。

1955年9月7日

晨到厂拍戏，专家又提莫名其妙之意见，王德成应声而出，语无伦次，岑范又与之冲突，经我制止，行使导演职权，方得进行拍摄，极不愉快。专家热情，而王则头脑简单，积极过火，水平太低，真乃秀才遇见兵矣。

半个世纪过去，再读这些文字，不由得同情和理解吴祖光，为他内心的苦闷和面临的尴尬而感慨。同时，难得的是，在盲目崇拜苏联专家的潮流中，他仍在独立思考。虽只有片言只语，却真实呈现出一个艺术家的精神自尊，他在晚年所表现出来的正直、坦率、大胆的独立人格，也可从中看出其渊源关系。

当然，谁都没有想到，中苏的蜜月期来得快，去得也快。

潘汉年命运之谜

潘汉年的忽然被捕，在20世纪50年代是对吴祖光的最直接的沉重打击。

抗战期间在重庆，潘汉年与吴祖光、黄苗子、郁风、丁聪等“二流堂”一批文化界朋友交往甚密。从日记看，50年代在担任上海市副市长期间，潘汉年每次来京，常会与这些老友相聚，甚至别人在外地写给潘汉年的信，也寄至吴祖光处代为转交，关系可见非同一般。

1955年3月，潘汉年再到北京，朋友们喜相逢。但谁都不曾想到，潘很快将有牢狱之灾。这一期间，在吴祖光日记里多处记录与潘有关的文字，虽简略，但勾勒出风暴突兀其来的轨迹，更留下了他纷乱的心绪：震惊、不解、迷惘……

1955年3月20日

……晚夏公、潘公来，在四川馆晚餐。

1955年4月3日

……四时余艾青来，同去北京饭店，偕夏、潘两公及孩子们到康乐晚饭。

1955年4月4日

……潘昨晚失踪，甚奇。

从日记看，潘汉年的“失踪”应是在4月3日，而潘“失踪”前的最后一顿晚餐，是与吴祖光、艾青、夏衍及吴祖光的孩子们在一起。两天里，“甚奇”的事接踵而至，4月5日的日记中又出现了关于高岗、饶漱石事件的记录：“……今日报纸发表党代表大会决议，宣布高岗饶漱石叛党事件，但不详细，甚多使人难解处。”

事情还没有结束。随后的几个月里，潘汉年的名字又一再出现：

1955年5月7日

五时半有中共中央组织部汽车来取上海寄来转潘公之航空信，甚为紧急。潘公前此之失踪，证以今日之事，颇觉蹊跷。与夏公通电话，

三个右派60年代初从北大荒归来后的合影
左起：吴祖光、丁聪、黄苗子

已来京，住华北招待所。

1955年7月20日

连日报载潘汉年反革命事，内情不明但罪状已定，此人党龄在三十年以上，何以不知自爱如此，百思不得其解，谈警惕亦太难。

所敬重的老朋友，一转眼却成了“反革命”，这是吴祖光无论如何也无法理解和接受的事。作为一名文艺家，他不可能知晓政治斗争的复杂与尖锐，他也就只好以“百思不得其解，谈警惕亦太难”来表达一种困惑。但就是这种敢于在日记中流露的困惑，半个多世纪后，证明了质疑的价值。

卷入政治旋涡

吴祖光自己遭受打击是在1957年6月。这本日记的最后几页，真实记录了他在“反右”开始后面临批判的经历。

客观地说，在此之前50年代展开的历次运动中，作为文化界名人，吴祖光也曾以批判者的身份出现，或在座谈会和批判会上发言，或撰文发表，批判他人以表明立场。如在批判胡风期间，他的态度也是明确的。1954年12月8日这天，他参加了开始批判胡风的大会，日记中便这样写道：“晨九时半到青年宫三楼开文联主席团及作家协会主席团扩大会议，今日发言周扬极精彩，公正、诚挚、尖锐、有力。郭老、茅盾亦好。”

吴祖光的命运被彻底改变是在1957年。

1957年，开始整风时，吴祖光响应号召，积极参加鸣放。一时间，他成了戏剧界敢于直言、态度激烈的人物之一。仅仅几天，各方的鸣放邀请已令他难以招架：

> 6月3日
>
> ……连日因党整风来约开会的太多，且内容雷同，不能全去也。
>
> 6月4日
>
> ……午后《剧本》月刊开会整党，数电来约，我均未去。话已说完，锐气渐消。不若仍作缄口之金人为佳也。去艾青家谈甚久。

转眼间大鸣大放转为“反右”。起初，吴祖光并没有意识到这将是一场涉及面广泛的运动，相反，只以为是针对罗隆基、章乃器等民主党派的政界人士，他甚至还准备材料参战。日记中写道：

> 6月14日
>
> ……连日各报反攻反社会主义右派之言论甚为激烈。罗隆基章乃器辈之投机分子遭此打击乃天理昭彰也。……

6月21日

……白天拾出52年罗隆基破坏齐白石影片文件，送《人民日报》。今日第一天着手写《吹皱一池春水》。

然而，仅仅两天过去，全国剧协针对吴祖光的批判就在剧协主席田汉的主持下展开了。关于吴祖光被打成“右派分子”一事与田汉个人的关系，近年来曾有不同说法和争议，这里，吴祖光的日记又提供了当事人的亲历记录，可作为佐证：

6月23日

……午后到剧协开会，田汉主席，是整我在《戏剧报》上发表的文章的。田声色俱厉，此为我平生第一次挨此等大会的批评。深觉出言过火，悔之不及。但自问是从善良愿望出发，决心今后不再提任何批评意见了。对戏改干部尤觉歉然也。田提到的文章三篇：①叶圣陶：领导这个名词，作家自己的哲学。②白尘：话剧需要领导。③我的发言。四时《人民日报》记者来接，去天桥。决定好生写剧本，今后亦不打算再接近戏曲了。

夜十一时半《戏剧报》张郁来，十二时《文艺报》张保华来，均谈及我走后田汉对到会之人点名发言，……当夜致电夏公、周扬同志，韦明则未找到。周表示愿指示新华社发消息要慎重，并殷殷劝以不要紧张。

6月24日

晨致函田汉老，新华社未发消息，一宵未眠至此心下稍安。

中午田来电话，约晚上谈话。

王肇烟、张郁来，谈颇久。姚芳藻、梅朵先后亦来。致函韦明及总理，亦立此存照之意也。有负良师益友，多有恙灾矣。

晚与田谈话，田命我检查思想，谈了一个半多小时。事态可更趋

吴祖光在书房

和缓。《文汇报》发布了消息，只得由它了。

6月25日

晨起，起来又睡，精神已渐松弛下来了。午后到编辑处开会，厂内布置整风学习也。谈了罗隆基破坏“齐白石电影”事，与汪洋谈杨三姐事及此次剧协整我事。晚汪明来。午后田来电话，同意将《后台》一文撤去。

6月28日

晨写剧本，午后到厂学习。今日专谈我的文章，大家踊跃发言，颇多收获，思考问题须从思想上挖掘也。归后得田老电话，告以下周一再开会，嘱写文章准备，并约星期再谈一次话。

6月29日

今日整日写检查文章，至夜得五千字，仅完成第一部分耳。挖思想谈何容易，但此关如走不通则以后工作困难，下决心把检查做好。

6月30日

晨六时起来，续写文章，思想改造真难，心绪始终不佳。政治水平太低，事到临头始知不学无术之苦，奈何奈何。后悔何补，只有迎头赶上。不能怪别人也。

一本历时三年半的日记，至此戛然而止。随后，各报刊对吴祖光的批判铺天盖地蔓延开去，周扬曾许诺的“慎重”也不复存在。吴祖光从此跌进逆境，再过半年多，1958年春天，他就踏上了前往北大荒改造的荆棘之路，与他同行的有在日记中出现过的老朋友：黄苗子、丁聪、戴浩、高汾、聂绀弩等。还有另外一些在他的日记中出现过的朋友：艾青、张仃、陈铭德、杜高等，也与他一样成了“右派”。目前，尚未发现吴祖光之后的日记。如果有，该会有哪些内容？他会如何记录？无法得知。

这本《吴祖光日记》历经一年整理完成，纳入“大象人物日记文丛”，于2005年11月出版，一个心愿，终于了却。

修订于2017年4月，北京看云斋

萧　乾

——在信中品读教诲

写《先生们》之董乐山时候，心里总是想到萧乾。收藏一张1995年萧乾与董乐山两人的合影，谁能想到，就在董乐山去世后不到一个月，1999年2月11日，对我写作、翻译影响至深的萧乾，也离我们远去。每念及此，我心底仍是阵阵隐痛。

萧乾生命的最后几年都是在北京医院度过，病房成了他最后的家。他也真的把那里当成了家。在那里阅读，在那里写作。病榻四周，又像家里的书房一样，到处张贴着大大小小、长长短短的各色纸条。他还是习惯把随时想到的东西，顺手写在纸条上，然后再找机会串联成文。就在病房里，他又写了许多精彩短章。1998年年底，在展望新世纪时萧乾写了这样一段话："即将迎来二十一世纪。我对我们这个民族满怀希望。我希望我们能充分吸取往昔的教训。我衷心预祝未来的中国不但富强，而且也是一个自由、文明、合理、公正，一个畅所欲言、各尽其能的国家。"九十岁了，他依然如此执着地拥抱年轻时的美丽梦想。

1999年1月，萧乾迎来九十华诞。那几天，萧乾感到特别兴奋。他的十卷本《萧乾文集》刚刚出版，新老朋友们汇集一起座谈，总结他的一生。轻易不出面为人庆贺的朱镕基总理，也热情写来贺信。萧乾感到兴奋。他没有想到自己能活得如此高寿，他感到还有力量写下

1995 年 4 月 20 日萧乾与董乐山在一起

去。在过去写给我的一封信里，他曾说他死也要死在书桌前。

生日庆贺刚过，一天他突然摔倒在病床前，一连几天昏迷不醒。我赶到医院去看他，只见他的双手被绑在病床上，因为尽管处在昏迷状态，他的手却能够不住地挥动。看着一个十几年来我所熟悉、敬重的老人以这样一种状态生存着，我心里一阵凄凉和隐痛。

1999 年 2 月 11 日那天，早上一起床我就不住地对应红说：今天一定要再去看看萧乾，一定要去。我鬼使神差地有一种强烈的不安。果然，下午等我走进病房时，大夫正在做抢救。一位大夫说已经不行了。只见萧乾几乎没有了呼吸，只是心电图监视器上还能看出心脏跳动的起伏曲线，很弱，很弱。文洁若老师说，大儿子现在正在由新加坡飞到北京的途中，几天前有朋友才找到他。他是萧乾与第二位夫人的孩子，多年来一直在国外。萧乾的心还在跳，冥冥之中，他一定有一种要与长子见面的强烈愿望。

“飞机到了！”“正在路上！”“再等一会儿，再等一会儿！”人们在楼道里不住地念叨着。大夫说已经不行了，但萧乾的心跳曲线还在起伏。大儿子终于来了。他急匆匆走到病床前，握着萧乾的手，激动地喊着“爸爸”。我在一旁发现，就在此时，心电图监视器上的曲线渐渐变为直线。

萧乾生命结束了。一个孤儿将近九十年的漂泊结束了。

当天晚上，回到家里，我拿出他写给我的信，一页一页翻过，就像又在听他聊天，听他讲人生体验，讲人际往来，讲写作技巧……

我1982年2月大学毕业，从上海来到《北京晚报》工作。大学期间，在贾植芳先生指导下，我与陈思和两人合作研究巴金，于是，在北京寻找与巴金熟悉的同辈作家成为我的首选目标，从冰心、沈从文到萧乾、刘北汜等，听他们谈与巴金的交往。介绍我认识萧乾的，是武汉大学的老诗人毕奂午先生。1982年我收到毕先生来信，其中写道：

> 在北京我的一些老朋友中有三十年代就写报告文学的人，知名的有萧乾。我初学写诗文时他是《大公报》文艺副刊的编辑。同我很好。他是斯诺的学生，也是巴金的朋友，他在人民文学出版社工作。他的旧作最近重印了好几部。我最近收到他寄来的一本《栗子》。他英语很好，口语流利并有英文著作。他常出国访问。在北京遇到时可提一下，或可得到他一些指导。你既写文学艺术方面报道多，这样是否可以结合实际工作再多读一点文艺理论方面的书，从技巧研究到流派思潮到作家评传。有时间还可写较大一点的文章，如罗曼·罗兰写的《米开朗琪罗》《贝多芬》那样的论著。这是我一点粗浅的设想，你当然比我想更切实更有规模一些。
>
> （1982年6月25日）

重读毕先生的信，我发现，后来我所选择的写作方式与题材领域，实际上与他最初的建议相吻合。也是因为读了他的信，我前去拜望萧乾，从此，就在他的指导和教诲下，开始写作、翻译，直到他逝世。十几年时间里，他写给我160封信，可以说无话不谈——婚姻，与沈从文的友谊与矛盾，欧战亲历事，与福斯特、奥威尔的交往，“文革”

1987 年前后与萧乾合影

的自杀未遂……

《浪迹天涯——萧乾传》，是我写的第一本传记，我的写作从此转向。近日翻出萧乾来信，慢慢阅读。才深深体会到字里行间那些多么难得的教诲：如何重视细节，如何注意标点符号，如何珍惜藏品，如何保持内心沉稳拥有定力。

1987 年，一天，收到萧乾来信，对我寄去的一篇拙文提出非常具体的、切中要害的意见：

李辉：

短文读了，也做了些改动。

你很会抓题材，写起来也能抓到要点。文字还可以再考究些。首先语法上要顺，其次，句子组织的不宜过松散。我是很在乎标点符号的——学过外文的人，一般这方面较严格。我改了不少你的标点。(A)处是说：你一定要把直接引的与你自己写的分个一清二楚。有时可用小号字（六号）并缩格，有时用引号。你二者均未采用，因而读者会闹不清哪是你的话，哪是援引的。

但这些总是次要的，能也注意到，文章效果就会更好。

祝撰安

萧乾

1987年7月18日

半年之后，萧乾又写来一信，开诚布公地说是专门谈我的缺点的：

李辉：

你好。

这可能是一封不大合时的信，是专讲你的缺点的。你的优点很多，如侠义，对人热诚，笔下快捷，有眼光等。

今天翻阅那《大公报文艺》合订本，我看到一个不可忽视的缺点：不爱惜书物。我见你在EMF书上画了很不少；这回又见合订本（对我很宝贵啊！）已破烂不堪。对这五十年前的老古董，你大约与当天报纸一样对待。我很伤心。

其次，当我已告你，文字工作要求细致。我很粗糙，但我看你比我还粗糙。当编辑的是要抓旁人（作者）的笔误，自己就更要当心。你同排字工人打过交道，你了解他们排字多么不容易。

因是知友，所以才这么坦率。这里没有个人情绪，只希望你今后注意。

萧乾

1988年1月13日

收到此信，我打去电话，表示道歉，讲明合订本破损的缘由。因为要整理他发表在上面的文章，需要复印，无奈，每复印一次，对旧报就有损害。当时如果抄录，就不会出现这个问题。何其有幸，我能遇到这样好的前辈不断批评开导。正是在萧乾一而再再而三的来信教诲中，我渐渐学会如何注重细节。如今，这也成了我时常告诫年轻朋友的话。

最令我难以忘怀的，历史动荡之际，在我心情恍惚时萧乾一连写了好几封信，开导我，劝诫我越是在不知道做什么的时候，越要把心定下来，找一件事情坚持做，用沉稳与定力让人摆脱困惑、空虚。1989 年 7 月 26 日，萧乾一下子寄来两封信。许多年后，再读这些信，眼前仿佛清晰可见先生慈祥的笑容，这一番苦口婆心，感动至今。

李辉：

信悉。

我况均好。多时未见，想多写几句，和你谈谈心。我一生有过若干次处于“悬空状态”。如 1948 年与 Gwen 的离婚，1957—（19）58 年等待宣布处分。当时，我心境焦灼可以想见。然而我生平有一窍门：越是在这种时刻，我越要把心房填得满满的。如 1948 年，在家庭眼看即破裂时，我编了两本书（一本似乎是《创作四试》）。（19）57—（19）58 年，我在校正洁若译的《黎明》（美国 Theodoro Dreiser 的自传，近 80 万字）。前些日子……我则在忙校订金介甫译的 *TRAVELER WITHOUT A MAP*，外在越是 suspensive 内心越是乱，我就越要利用工作把心定下来。你不一定写《中国作家》所约之文（其实，你何不自己通知他们缓期），但我强烈建议你此时此刻用具体、带强迫性工作，把自己镇定下来。什么叫修养？平时大家都一样，到一定时候，有人能坚持工作，有人心就散了。

人，总应有点历史感，其中包括判定自己在历史中的位置。心猿意马？我认为缰绳不可撒手。在大雾中，尤不可撒手。

这几年你真努力，你应肯定自己的努力。要有个“主心柱儿”，不因风吹草动就垮。

祝

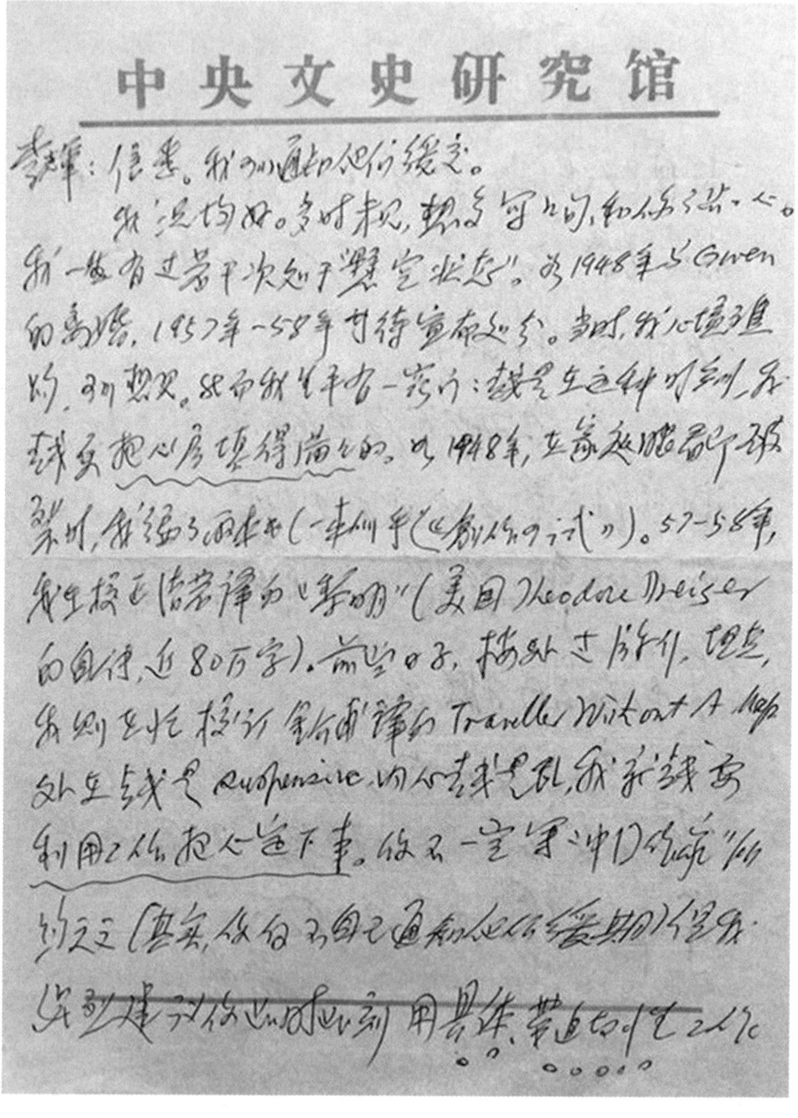

中央文史研究馆

李辉：信悉。我们通知他们缓交。

我俩均好。多谢关怀。[illegible]

我一生有过若干次处于"紧急状态"。如1948年与Gwen的离婚，1957年—58年等待宣布处分。当时我心境[illegible]。[illegible]：越是在这种时刻，我越要把心肠练得[illegible]。如1948年，[illegible]，我编了[illegible]（一本小书《[illegible]》）。57-58年，我在校正洁若译的"天才"（美国Theodore Dreiser的自传，近80万字）。前些日子，[illegible]，我则在忙校订洁若译的Travller Without A Map [illegible] suspensive [illegible]，我就越发利用工作把心安下来。[illegible]

1989年7月26日萧乾第一封来信

双好

萧乾

1989 年 7 月 26 日

李辉：

发完了信似还有未尽之言。

先告诉你我在干什么——在精读但丁的《神曲》。三十年代沈从文在十分不得意时，精读起佛经，并写了《月下小景》一书。

你一定要把自己安定下来，为自己设计一些事做。读也好，写也好。绝不可混混沌沌混日子。绝不可惶惶不可终日。那既是折磨，又是浪费。

我忙时，音乐只听点民歌。可病时，却要听贝多芬。平常太忙了，腾不出脑筋来。如今，你需要的是填满脑筋，叫它快转，转到旁的事上去。

我写信，就是劝你定下心来，多抓几把稻草，这样才不至沉沦。你应为自己设计一下。越是这样，越是需要设计一下自己的 LIFE。

祝

好

萧乾

1989 年 7 月 26 日

两个月后，萧乾又写来两封信，再次劝诫我：

信悉，知在工作中，甚喜。

人生是一课堂，也是一次采访。望不断总结，永不气馁。诗穷则工，这时正好工作。巴金写信要我“深沉些”。我也转来劝你。这些年，你够顺当的了。一篇篇，一本本地问世。望更上一层楼。构思更周密，文字更推敲。我从沈从文那里学的主要是多搞搞文字，更含蓄些、更俏皮些。文字要跳动，不呆板，在字里行间多下点功夫。逐渐创出自己的风格——但又永不可停留。

（1989年9月16日）

你大概晓得我的祸福观。人生实在难说。1957年的祸，却成为我1966年的福。人生总会有波折，有浮沉，路总是崎岖的。我一直把人生作为采访的场地。一帆风顺，并不一定好。经验教训来自波折，对生活认识的深度也来自波折。人也是在波折中成长，从幼稚变为成熟。

从认识你以来，我一直认为你是既有侠义之情，又刻苦奋斗，自强不息。这些年，你一本接一本书地出。你需要修整，需要补充，需要深入。为此，我觉得你的机会很好。正可搬出点大书来读，较系统深入地做些反思。

……

关于译什么书，你不要以今天的书市行情为准。宁可译点有永恒价值的书，即使一时出不来，也不碍事。

（1989年9月29日）

正是在萧乾的教诲下，我在这一年冬天，开始在报社图书馆借出《国闻周报》，用半年多时间，校勘沈从文的《记丁玲女士》，然后采访萧乾、冰心、张兆和、施蛰存、赵家璧、陈明、沈虎雏、姜德明等先生，完成《恩怨沧桑——沈从文与丁玲》一书。也是因为这一写作，才有了随后在《收获》开设的《沧桑看云》专栏，乃至后来长达十年之久的《封面中国——美国〈时代〉讲述的故事》的写作。

重读来信，感悟往事，谨以此文怀念萧乾先生。

2016年12月12日，北京

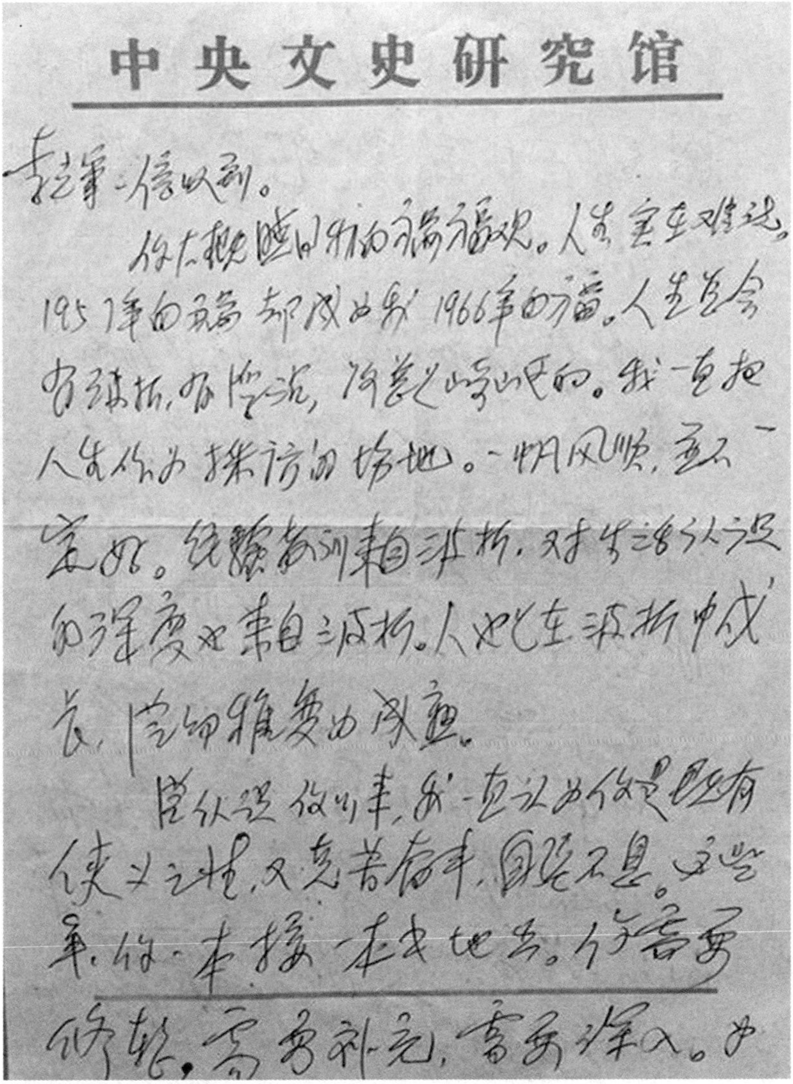

中央文史研究馆

李辉弟：信收到。

你在报上陆续刊出的那篇稿很好。人生实在难说。1957年的那篇却成为我1966年的灾。人生总会有挫折，有坎坷，但总是崎岖的。我一直把人生作为采访的场地。一帆风顺，并不一定好。经验教训来自挫折，对生活的认识的深度也来自挫折。人也是在挫折中成长，学会辨别是非的能力。

从认识你以来，我一直认为你是既有侠义之性，又刻苦奋斗，自强不息。这些年你一本接一本地出。今后要修整，需要补充，需要深入。如

1989年9月29日萧乾来信（1）

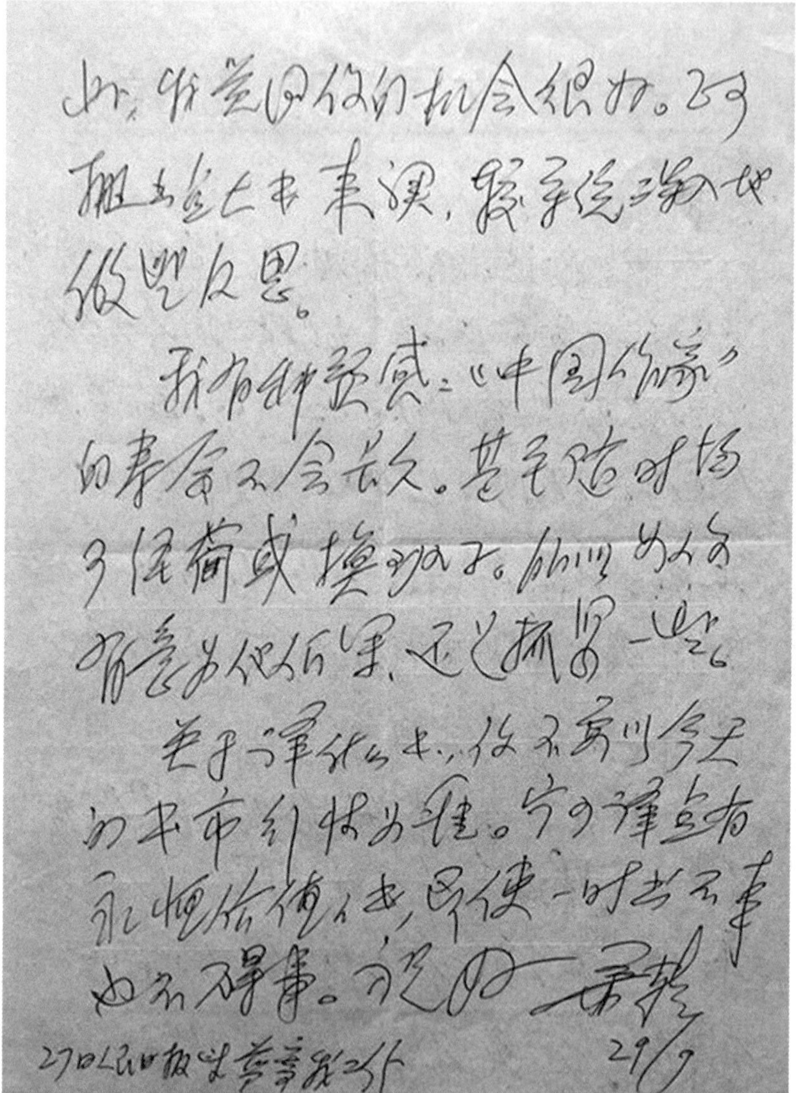

些，我觉得回信的机会很好。至于
翻出这本书来读，我手边这本也
很想反思。
我有种预感：《中国作家》
的寿命不会长久。甚至随时有
可能停刊或换班子。所以如果你
有意为他们写，还是抓紧一些。
关于写什么书，你不需以今天
的书市行情为准。应以写点有
永恒价值的，即使一时出不来
也不碍事。祝好 萧乾
29/9
27日人民日报发出萧乾我之作

1989 年 9 月 29 日萧乾来信（2）

徐　迟

——插上诗的翅膀，飞向天空

幻灭于孤独之中

从来没有想到，1996 年会是徐迟先生人生的最后一年。12 月 12 日这一天的午夜，他在武汉医院病房的阳台上，一跃而下，与这个世界告别。

那两天，正好北京要召开文代会、作代会，徐迟本应也在参加之列。谁料想，他突然离开我们。12 月 13 日，曾卓先生从武汉一到北京，就打来电话告诉我这个不幸消息。猛一听到，我不能相信自己的耳朵，几乎发呆。因为，仅仅半个小时之前，朋友打来电话，说曹禺早上病逝。现在，竟然又多了失去徐迟的悲哀。不到一天，两位熟悉的文坛前辈相继辞世，这一天真的成了中国文坛的悲哀之日！

徐迟逝世之后，他的老朋友金克木先生撰写怀念文章。这段文字写得特别好，仿佛就是对徐迟命运的一个概括：

> 诗人徐迟匆忙走了，像一枚爆竹，跃入太空，便无影无踪，只剩下音响。
>
> 有两类诗人，都是迷诗，爱诗，作诗，以诗为命。然而一类诗人

还另有散文生活思想，而另一类的则把生活也要求诗化，化不成就无比痛苦，只好用诗的方式结束生命。这一类诗人中，最早的是屈原，后来又有李白，两人都消逝于水中。现代有徐志摩，他“想飞”，就飞上天，不回来了。如今又有了徐迟。这些诗人都到诗的世界再生去了。（《诗人的再生》）

“诗人的再生”，金克木说得多好！故而我为这篇文章起了这样一个标题：《插上诗的翅膀，飞向天空》。

最早读徐迟的作品，是他写陈景润的《哥德巴赫猜想》。之后，又读《生命之树常绿》。他于 40 年代翻译出版的那本《瓦尔登湖》，后来重新出版，也是我喜爱之书。1984 年年底，在第四次作家代表大会上，经曾卓先生介绍，认识了徐迟。从此，与他时有交往。

难忘 1993 年 4 月我们在广东惠州世界华人诗会上的故事。这次诗会，汇聚来自世界各地的诗人，团长是徐迟。曾卓、绿原、白桦、邵燕祥等诗人以及海外诗人，云集惠州，大家度过了非常愉快的几天。不过，极为不和谐的插曲却发生了。

妻子陈松去世之后，一直单身的徐迟，刚刚新婚，娶了一位四川女老师。开幕酒会上，介绍了各位诗人，没有介绍这位新夫人。新夫人恼羞成怒，当场不给徐迟和大家一点儿面子。之后在房间不出来，徐迟只好去请她。大家的确没有想到，她会给诗会带来如此大的麻烦。

诗会期间，适逢清明时节，晚上诗人们在惠州西湖湖心的点翠岛上举办诗歌朗诵会，挑选若干诗人登台朗诵。白桦负责主持，我帮小忙。当晚，天正好下起绵绵细雨。最难忘曾卓的朗诵。早在 1978 年经贾植芳先生介绍，在武汉就认识了曾卓。在我眼里他是一位充满激情的诗人。他站在细雨里，抚摸白发，朗诵起三十年前身处逆境时写下的情诗《有赠》：

70年代末，徐迟与数学家陈景润在一起。同行作家黄宗英、周明、秦牧

我是从感情的沙漠上来的旅客，
我饥渴、劳累、困顿。
我远远地就看到你窗前的光亮，
它在招引我——我的生命的灯。
……

久别后重逢的一刹那，淡淡的灯光，轻轻地握手，把全身心的爱升华在对未来的憧憬之中。这是我第一次听他朗诵，过去我没有想到，用武汉方言朗诵同样可以产生强烈的感染力。他又一次表现出他的激情，当他以高亢的声调结束朗诵时，我看到一些诗人和观众，为他的诗而落泪。我坐在树影下，从暗处看他，灯光照在他脸上，神情忘我而陶醉。

有意思的是，徐迟新夫人也强烈要求上台朗诵她写的新诗。我与白桦商量，稳住她，别的诗人朗诵完，就宣布结束。这一招，果然成功。当然，她同样暴跳如雷。

现在回想起来，徐迟和冯亦代在丧偶后都分别组成新的家庭，他们都希望有一个安稳的晚年，在黄昏恋中寻求心灵的平静。在我眼里，冯亦代与黄宗英虽然也有争争吵吵，但总体和谐而愉快。徐迟的黄昏恋却以失败而告终。很快，徐迟终于决定离婚。离婚过程中的曲曲折折，当然是在蚕食他的生命。离婚后的徐迟精神上似乎轻松了许多，但他的内心呢？他为之付出的情感无法补偿，希望破

1993 年惠州诗会李辉与白桦、邵燕祥合影

惠州诗会上与曾卓合影

徐迟每日与电脑相伴

灭后的创伤无法愈合。

生命最后几年，徐迟一直是处在孤独状态。此种状态下，他一定感到失望，感到无人对话的孤独。我想能够与他进行交流的人想必很少。他想借研究与创作摆脱孤独，然而，他何曾想到，这反倒又加深了他的孤独，而且是更深的孤独。曾卓在电话中告知徐迟去世的噩耗时，对我说，半年来徐迟常常说他感到很孤独，甚至说到了自杀。最后，孤独终于蚕食掉他生存的勇气和信心，他选择了令人痛心的结局。

其实，就在一个星期前，李小林与我还在电话中谈及想请徐迟为《收获》开办一个专栏的设想。我告诉她这个噩耗，她连声遗憾，说如果早一点与徐迟商定，说不定他不会做出这样的选择。这个说法也许可能。孤独者需要交流，需要新的生活内容刺激自己，充实自己。然而，悲切的是，人们醒悟到这一点，是在他告别人间之后。

徐迟在孤独中幻灭。好在，他的诗，他的报告文学，他的《江南小镇》，还有他的翻译，留存着文学的美好。

朋友之间感受温暖

徐迟家乡在浙江湖州的南浔，富饶的鱼米之乡孕育着深厚的文化，徐迟一生获益于此。晚年他在《收获》杂志连载的自传体长篇小说《江南小镇》，从故乡写起，一直写到上海、香港、桂林、重庆……

徐迟去世之后，我为大象出版社主编一套“大象人物聚焦书系”，邀请与徐迟关系密切的徐鲁兄撰写一本徐迟画传。《徐迟：猜想与幻灭》，在徐迟逝世十周年之际出版，也是对他的最好纪念。

徐鲁笔下，在朋友之间，徐迟一直感受着四面八方的温暖。

1933年，年轻的徐迟从南浔来到上海，前来拜访《现代》主编施蛰存，对于他无疑一种“朝圣”。那天，他在杂志门市部后面一个

徐迟去世十年后，2006年请徐鲁兄撰写画传《猜想与幻灭》

狭窄的屋子里，见到了施蛰存和另外两个编辑杜衡和叶灵凤。施蛰存有意无意地对他身边的青年作家发生着影响。徐迟这次见到施蛰存，对他个人后来的文学历程来说，是极其重要的一个时刻。“和施蛰存的谈话，大大扩展了我的视野。”徐迟回忆说，那时他的文艺思想幼稚至极，正是需要有人点拨和扶持的时候。他记得，这次见面不久，他就“私淑”于施，从此，施蛰存成了这个南浔小镇文学青年的“庇护人”。徐迟和施蛰存亦师亦友的情谊，一直保持到晚年。

在燕京大学期间，徐迟与施蛰存继续保持着通信联系。由于施的介绍，徐迟又到沙滩的一条胡同里，找到了也在写诗并且也在《现代》上发表诗作的青年诗人金克木。徐迟说：“我们一起谈诗。他比我懂得更多，我向他讨教到不少的东西。”两年后，即 1936 年夏天，金克木从北平南游杭州时，还被徐迟拉到他南浔的家中住了些时日。在那个夏天，两个人各干各的事情，金译了一本《通俗天文学》，徐迟则接受了金的指点和鼓励，连译带编，整理出了两本关于西洋音乐的书《歌剧素描》和《世界之名音乐家》。工作疲劳的时候，两个人就海阔天空地谈诗、谈宇宙星空、谈音乐。这是一段动人的写作和爱乐佳话。其时诗人戴望舒已经回国，他得知金克木在译天文学的书，便写了一首《赠克木》的诗，为新诗史上留下了“弄了一辈子，还是个未知的宇宙”的名句。金也写了一首《答望舒》。令人感慨的是，六十多年后，即 1997 年，金克木的这首诗又作为悼念亡友徐迟的挽歌，全篇抄录在他的悼文《诗人的再生》里。“世上羡慕天上的星辰／以为它们自由自在任意游行／殊不知它们有无形的镣铐／它们有丝毫不能错的轨道／……／星辰不知宇宙／宇宙不知人／人却要知道宇宙／费尽了精神／愈趋愈远／愈结成简单的道理／不知道宇宙因为不知道自己。”现在看来，这些诗句似乎包含着相当准确和深刻的预见性。

1936 年，对徐迟来说还有一件重要的事情，被他视为“我的文

1936 年徐迟与戴望舒合影

1936 年 5 月，在戴望舒、穆丽娟的婚礼上。徐迟第一次成为伴郎

学生涯中一个重要的枢纽”，就是结识了诗人戴望舒。戴望舒从法国刚一回来时，徐迟就跑去看过他。“我看到他楼下客厅中央的方桌和地板上，叠满了他从欧洲带回来的几千本法文和西班牙文的书。这给了我一个最佳的印象和无限的羡慕。”徐迟后来回忆说。可能也是因为有了施蛰存事先的介绍与铺垫，所以他们一见如故，徐迟随即成了戴望舒身边的两个最亲密的“小喽罗”之一（另一个是青年诗人路易士，即后来到了台湾、现居美国的老诗人纪弦）。不久，在戴望舒和穆丽娟（穆时英的妹妹）的婚礼上，徐迟平生第一次穿上了黑色燕尾服，给戴望舒当了一次男傧相，留下了一张在中国新诗史上颇有纪念意义的合影。

读这些温暖的故事，总是令人感动。

徐迟与乔冠华、冯亦代、郁风、黄苗子、袁水拍、马思聪等朋友，友谊一直延续。

80 年代，徐迟写给郁风一些信，我曾录入。下面这封信，读来颇有情趣，也有动人之处：

> 所以说不写也可以者，文章实在难写也。现在几乎动笔就骂人。如科学院要我写竺可桢，经过一年多时间的研究，构思接近完成。但写出来可能成为一篇大逆不道的文字。我是肯定可以把马思聪写出来，并且写好的。但从一个什么角度写？写出来又会使聂耳、星海的徒子徒孙大为不满的，不是把我打杀，就是把我冻毙，轩然大波，搅动大海，人家却在海外看我们笑话。至于老乔，我也是想写的。那样的风云人物！但鹏鸟还在飞，我就不写为好。文章其实也容易写，抓住几个环节，关键的环节，三个五个，写透了就是好文章。又何必长篇大论，如李自成的，三家巷的，很难有个好下场。你说，如果我写你，怎么样？早迟要写。
>
> 每年的元月十一日是我的觉醒之辰，照例要做点什么来表示一个

意思的，诚如歌德之诗：“不可描绘的，在此地完成，永恒的女性，引我们上升。”这以前已告诉过你，如果它既然经常地萦绕在我心头，我就再说一遍。

（徐迟致郁风，1986 年 1 月 4 日）

我现在很差劲，忧郁、悲观、懒惰，但灵魂还是干净、纯洁的。读很多书，也想很多问题，寂寞而不寂寥，沉默而多沉思。写日记而不忏悔，没有什么可忏悔的，遗憾的是有种种意象、信号通知我，显示我的老年的来临，那也是自然的过程。

（徐迟致郁风，1986 年 12 月 11 日）

在 1989 年 2 月写给郁风的信中，徐迟谈到自己正在创作的《江南小镇》：

这段时间，我在家过得非常好，大写特写的，我没有写别的，只是写《江南小镇》。从元旦开始，把一切放下了，专心致志于“三十年代”，二十来天已写了七万多字，写到一九三六年夏天了，比较顺手，也有些较深刻（自吹自擂）的段落。“三十年代”结束于香港浅水湾的海上落日。然后就是我在“四十年代”的 Chantelair 的觉醒了。

写完“三十年代”打算休息一下，出去走走，然后三月份回来再写一个月，四月份再去江南家乡，庆祝它的解放四十周年。五月份再写“四十年代”。如果一切顺利，今年可把《江南小镇》的上半部（1914—1949）写出一个初稿来就好了。

（徐迟致郁风，1989 年 2 月 19 日）

人生美好，尽在回忆之中。一部《江南小镇》，留下多少美好。

《谈夸克》——徐迟留给我们的最后作品

徐迟 1995 年从武汉来到北京，在他的一位老朋友的四合院里住了将近半年，我们时有机会见面。

春节过后，在他即将离开北京时，我陪同冯亦代、黄宗英夫妇一起去看他。徐迟喜欢科技，计算机、夸克之类东西令他着迷。于是，我特意邀请当时科教部负责科技报道的温红彦，一同去见他。我惊奇地发现，徐迟嘴里冒出一个接一个听起来非常陌生的科学名词。

冯亦代与徐迟有着半个世纪的友谊，愉快地谈起往事。不过，谈得最多的是生物工程。自《歌德巴赫猜想》之后，徐迟一直对自然科学兴趣浓厚，近年来，尤为关注生物工程。黄宗英也是如此。她说她想写一篇报告文学，描写运用生物工程技术改造沙漠的科学家。

显然，业已八十岁的徐迟，没有衰老，精神、思想依然年轻。这位孤独的老人，把主要精力转到了对人类产生、人类与自然的关系等一些神秘莫测问题的思考上，甚至产生人类即将毁灭的绝望。他的朋友们常常说，他的思路真怪，写一些怪文章。说怪，并非思路的不正常，而是他所涉猎的领域，对于大部分是文人的朋友来说，实在陌生得很，抽象得很。

见面之后，徐迟回到了武汉。同年 6 月，我在武汉逗留期间又一次去看望过他——没想到这竟是与他的最后一次见面。

他依然健谈，充满激情。他说他正在计划撰写一系列关于宇宙、自然与人类的文章，他沉溺在抽象的时空之中。那是炎热的夏天。我很奇怪他为什么要在武汉最难熬的炎热季节回来。他说他喜欢回到武汉过夏天，比待在北京要好。告别时，他告诉我冬天会再到北京去。我曾催促他写一本回忆录，或者把曾在《收获》上刊载过的自传体长篇小说继续写下去。可是，他对此似乎毫无兴趣，津津乐道的是宇宙，

1996 年 6 月 15 日在武汉看望徐迟，这是我们的最后一张合影

是进化论，是生物工程。我无法与他进行这样一些话题的交谈。我想，在那样的时刻，他一定感到失望，感到无人对话的孤独。能够与他进行交流、能够理解他的人实在太少。他想借研究与创作摆脱孤独，然而他何曾想到，这反倒又加深了他的孤独。而且是更深的孤独。

这一年，徐迟先生应上海文艺出版社之邀，主编第四辑《中国新文学大系》（1949—1976）“报告文学卷”（上海文艺出版社，1997 年 11 月初版）。作为一位著名诗人和报告文学作家，他满怀激情，以自己一贯的特有浪漫和诗意，展望未来新的第五辑“报告文学卷”的编选工作。他在序中写道：

> 我想这就是我在这——好比接力赛跑所要做的事，并要将这一棒的接力赛的赛棒交给此刻还不知是谁的下一棒的选手来接将过去，在第五辑（1976—2000）的选集里，跑到本世纪的终点，亦即是八十年中国新文学的全过程的终点，可以想见届时群情雀跃，但闻欢呼之声大起，七彩的礼花飞满了天空……想来那第五辑（1976—2000）的序，它必然是波澜壮阔，要进入到新世纪去，登攀到了科技文明的高峰之巅，“巡天遥看一千河”，显示出我国新世纪的明媚春光来的，必定

也是一篇激情的序。

此序在《中国新文学大系（报告文学卷）》刊载出来，时在1997年11月。遗憾的是，此时距徐迟不幸去世已将近一年，他既未能亲眼看到付出心血的选本问世，当然更无从知晓将是谁在他身后接过第四棒。

令人吃惊的是，从时间上推算，徐迟充满激情和诗意的这篇“报告文学卷”序言，正是写作于生命的最后一年。写作此序时，陷入精神无比孤独和悲观之中的他，显然被他所热爱的报告文学重新点燃了热情和乐观。从所编选的1949—1976年的诸多作品中，他看到了自己以及同辈作家走过的坎坷而又值得回味的道路；他又一次沉浸在“文革”结束后报告文学鼎盛时期的兴奋、快乐之中。他仿佛又听到了亿万读者的欢呼，他的精神为之一振，他的眼前重现历史的辉煌景象。这就不难理解，陷入精神困境的他，笔下的序言依然阳光灿烂，蓝天一片。

可惜这只是一次短暂的电光闪烁。写完与报告文学有关的这一序言之后，徐迟又回到了自己的孤独与悲观之中。他在孤独中度过日日夜夜。他不得不任由孤独蚕食生命，甚至将生存的勇气和信心也蚕食殆尽。最终，他扑向幻灭，选择了一种令人痛心的结局。他以这种方式，告别了文坛，告别了世界。好在他把诗、把《哥德巴赫猜想》、把对报告文学的热爱，乃至完整的一卷两册《中国新文学大系（报告文学卷）》，留给了后人。

我也是与徐迟先生有缘。在他去世十年之后，我应上海文艺出版社之邀，负责编选1977—2000年期间《新文学大系》的“报告文学卷”，成了他的接力者。编选这一时期的报告文学，于我是难得的机会。一方面可以对一个文学样式进行梳理、归纳与阐释，一方面又是在挖掘个人的阅读记忆。徐迟对后继者寄予了莫大期望和热情。如何既尽量秉承他的意愿，对他所热爱的报告文学在24年间的成就做出相对完整的呈现，同时，又力求立足于个人的眼光、思绪，按照自己的判断来进行历史的归纳，这并非一件容易的事情。重视继承，又渴望突破，两者之间，需要寻找到应有的平衡。

忐忑不安，如履薄冰，如此这般，我开始起步而行。想到徐迟序言里的激情飞扬的话语，我当然不能辜负他的期望。后来，我曾建议将新的“报告文学卷”改为“非虚构”，最后以“纪实文学卷”为名。

温红彦认识徐迟之后，两人有了往来。1996年冬天，他寄来长篇文章《谈夸克》，发表于12月4日版面上。为徐迟的文章，温红彦写了一篇热情洋溢的短评，题为《赞文学家的科学感情》：

谈夸克

赞文学家的科学感情

1996年12月4日《人民日报》

读完《谈夸克》，一定会有读者产生这样的疑问：此文作者与著名报告文学《哥德巴赫猜想》的作者是同一人吗？

这里可以明确地告诉读者：此“徐迟”正是彼“徐迟”。那么，一位耄耋之年的老诗人、著名报告文学家怎么钻研起“夸克”来了呢？

用徐老自己的话说，是在接触这门学问的过程中，“领略了许多东西，于是想用文学的笔，把它们挑一些出来介绍给读者”。徐老涉足高能物理领域，是从1979年采访云南高山宇宙线观测站开始的，当时他就下决心“非钻进去不可”。他买了两本《夸克》的书，一本已经读破了，还有一本，如今仍在研读。徐老回忆十几年来读《夸克》的经历时说：“每天晚上，在我家居之时，子夜过后，我必然醒来，并睡不着了，我就读这本书。”这是怎样的一种钻研精神！这怎能不使我们对这位有着深厚科学感情的文学家顿生敬意？

世上也许再没有比“夸克”更难懂的学问了，然而徐老却钻了进去，并用轻松的语言，道出了其中的许多奥妙。这对于我们不少新闻同行在报道科学成就时，只礼貌地碰一下科学的帽檐来说，徐老无疑是我们的楷模。

科学的恩惠已普泽人间，以反映社会与人生为己任的文学，也不应再退避三舍。愿越来越多的文学家同科学建立感情，用充满激情的笔调去反映科学的动态、讴歌科学家的奋斗精神，让科学更贴近社会，贴近生活，并将此视为文学的时代责任之一。

可是，谁又能想到，文章见报，八天之后，徐迟先生就离开了我们。他的这篇大作，竟然成了与读者见面的最后一篇文章。

徐迟去世之后，周明、向前两位先生，合编一本《难忘徐迟》怀念集。为这本书，徐迟的四个孩子徐律、徐延、徐建、徐音，写了一篇特别感人的代序，题为《一生远行，一生歌唱》。他们写道：

爸爸走了，他跨过了忘川，把记忆留给了我们活着的人。

1956年，爸爸在他的诗集《美丽　神奇　丰富》中曾写道：

“我的抱负就是如此，插上翅膀飞腾，飞过原野，飞过湖泊，飞上高原，飞上彩云，飞去一些美丽的地方，会见一些美丽的心灵，为了唱一些美丽的歌，带回来一些美丽的见闻。”

爸爸这样唱着，也这样做了一生，爸爸在世82个年头，穷毕生精力于创作，在他的创作生涯中，别妻离子，远游旅行，是他生活的一个重要的内容。他用诗人敏锐的眼光和炽烈的情感，发现、追寻着一个一个采访对象，捕捉他们斑斓人生中的闪光的性格和思想，他们中不乏优秀的精英，也有许多小人物，但在爸爸笔下，都是真诚、善良、美好的。

时间过得真快，徐迟离开我们已经整整二十一年了。谨以此文缅怀这位文坛前辈，感怀这位以作品影响我们的先生。

完稿于2017年11月中旬，北京看云斋

于光远

——“回家感觉真好”

米寿之年，重回上海

于光远先生其实并不姓于，他的本名是郁钟正，1915年生于上海。

郁家在晚清，为上海城的大家族。

2002年是于光远的米寿之年。这一年的清明前夕，我与吉林卫视《回家》剧组几位新朋友见面，从此开始长达十五年的“回家”拍摄之旅。年底，我约请于光远重回上海，拍摄他的故乡往事。十年前于光远就开始坐上轮椅，此次他坐在轮椅上，重回故乡，走进儿时住过的顾家弄。

面对镜头，于光远说：“今天，我坐着轮椅走天下，但是上海是我总也走不出去的一个城市。因为那里曾经有我的家，我的少年时光。”从他那里，我知道了郁家由盛及衰的故事。

跟随他，我们一同走进他儿时居住的顾家弄。时过境迁，顾家弄早已不是当年模样，弄堂的名称也改为“俞家弄”。

我在顾家弄生活了很长的一段时间，我是在顾家弄出生的。我满月的时候都还在顾家弄，之后，父母就商量着要到北京了。这是我

2002年去上海拍《回家》电视片时，于光远和上海的家人在当年父母结婚的明伦堂前合影

在顾家弄的一段时光，我无法回忆起更多的东西，脑海里几乎没有任何的印象。在我四岁的时候又再一次地回到了顾家弄，这是第二段时光，我在这里度过了小学时期。那个时候因为人小，所以会觉得四周的空间很大，对于周遭的事物，也都抱了很大的兴趣。那个时候我就爱看街上的人们是怎么样做豆腐的，每天在上学和放学之间去看。在我十二岁的时候，我就离开上海到北京了。几次反复来回，我还回到上海上高中，后来考到清华大学物理系之后就不怎么回来了。

顾家弄给我的印象是很模糊的。尽管我出生在那里，但是最初的时候我并不喜欢那个地方。与北京的开阔相比，这里显得很狭窄。这里是一个黑屋子，我不喜欢。后来就觉得习惯了，学习上海话，在这里生活，和孩子们一起上学，还学打牌。

可以说我的一生有一半是在上海，而另外的一半是在北京。我接触的是两个城市的迥然不同的文化，并且受到它们很深的影响。但是这两个城市给我的感觉是不能放在一起相比的，它们是两个环境。

不仅是顾家弄，整个上海给人的感觉都是一种狭窄，让人有一种

于光远儿时居住的顾家弄

狭缝感，上海受资本主义的影响比较大，整个城市显出的是一种现代感。而北京则是一种开阔的景象，毕竟是有着千年历史沉淀的城市，透露出的是古都的另一种风韵。

郁家家谱，于光远一直带在身边。他说，十多年中，从来没有过想读它的愿望。它只是一本书而已。但是，忽然有一天，他翻开家谱，发现自己的名字，发现关于郁家的故事，他才知道自己的命运、家族和这个城市，有着如此密切的联系。

在老上海的史料中，曾经记载过郁家十一代二百年辉煌与败落的历史。靠沙船业起家的郁家，当年的辉煌家业，在那个时代几乎曾垄断了半个上海滩。

推着轮椅，走到一段上海古城墙旁边，于光远说，这段城墙，在小刀会起义失败之后，曾经是郁家捐钱二十万两银子制作墙砖，予以修缮。其原因，在于郁家不得不“左右逢源”。于光远这样回忆父亲讲述过的郁家故事：

于光远参观大同中学的展览

一八五三年上海小刀会的突然起义，使得从不过问国事的郁家被迫夹杂在清政府与小刀会之间。

上海小刀会盛行的时候，要求每个人为他们的小刀会会员发薪水。当时郁家一方面和小刀会合作，每个月按时发几两银子的薪水给他们，但是另一方面，也偷偷帮助清政府。郁家做的是一个两面派的角色。小刀会的突然起义，攻破了城墙。所以后来清政府就要治郁家的罪，罚他们花了二十万两银子来修补这座已经数百年历史的城墙。

从此，郁家开始衰败。

回到上海，正好赶上于光远的母校上海市大同中学的九十周年校庆。

大同中学可谓人才辈出。参观大同中学校史馆，于光远一下子看到了查全性的名字。他说，正是查全性在“文革”结束后，于 1977 年第一个提出要恢复高考，从而改变了许多年轻人的命运。受益者中，当然包括我本人。

大同中学的校友中，还有丁石孙、钱其琛、钱正英……

重返校园礼堂，于光远以校友身份发言，感慨无限：

七十年前，我那时候十七岁，是大同中学的在校学生，参加了二十周年的纪念庆祝活动。现在七十年后，我坐着轮椅回到我们的学校，真是感慨万千。大同中学，大同是什么字呢，当时我们的校名用的是外文，用的是世界语的校名。我们是有理想的，世界大同，我们中国要前进，世界要前进，我们社会要前进。前进就要思考，就要想问题，要创造，自由是创造的前提，创造万岁。

说得真好。

“自由是创造的前提。”渴望自由者，永远与童心同在。

随心所欲的笔下挥洒

于光远是经济学家，但我真正开始对他产生兴趣，是 90 年代初读他发表在《随笔》上的一组短章。

于光远的短章，虽然不是以文字优美精致取胜，但活泼、简洁，闪烁着思想的火花，体现着写作者心态的自由和精神的独立。在我看来，这恰恰是当时散文创作所需要的一种清新文风和别致风格。多年来，谈到散文，文学界所强调的常常是注重起承转合、讲究画龙点睛的所谓匠气、技巧和意境。但是，我认为，散文不是狭隘意义上的美文，更不是一些既定模式的风花雪月、秋愁春喜的感叹。散文有着广阔的天地。人感受的一切，人思考的一切，人欲表达的一切，都是散文本来应有的内容。感情、学问、事件、思考……一切都是散文的内容。散文的形式应是丰富多样的，过去的观念已大大束缚着散文的自由。至于把杂文与散文截然分开，把日记、手记、人物特写、书评等等形式与散文隔离开来的习惯，也使散文变得窄小而单薄。

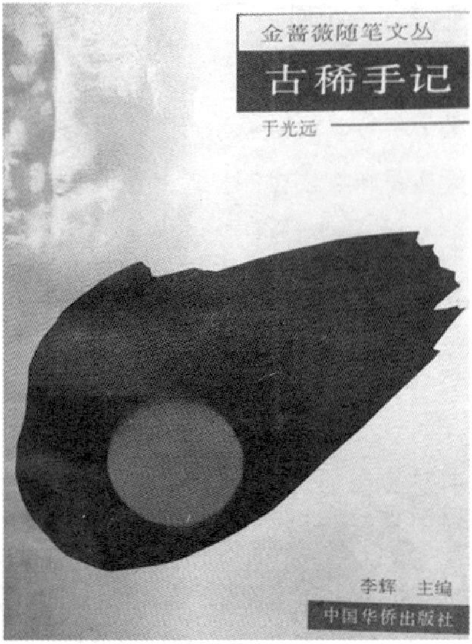

1994 年于光远《古稀手记》封面

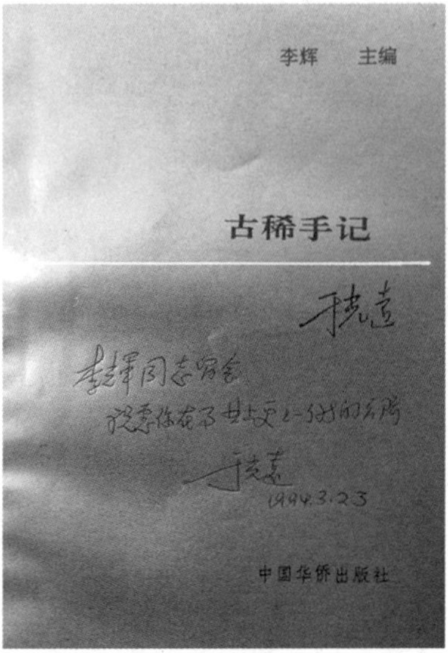

1994 年于光远在《古稀手记》上的题赠

华侨出版社编辑邵勉力是我复旦大学中文系校友，1992 年，她前来找我约稿，我建议出版一套散文丛书。相比散文，我更愿意用“随笔”这一名称。这便是第二年问世的“金蔷薇随笔文丛”。这套文丛，分两辑出版，一共二十本。在总序中我曾这样写道：“随笔的天地是无限的。文学家固然是作者主体，但每个领域，都会有杰出的作者。他们的随意创作，会同文学家一起，丰富随笔。艺术家、哲学家、经济学家、记者、自然科学家……他们都会以自己独特的姿态，渐渐走入随笔创作的行列。”写这段话时，我眼前闪动的便有于光远的身影。

过去，在人们眼中，于光远是一位著名的经济学家，一位著名哲学家，一位活跃的社会活动家，而在读了他的一系列随笔文章后，我觉得，他完全有资格戴上“散文家”的桂冠。

我仍记得第一次走进于家客厅时的情景，于光远让我领略了他的健谈，他的跳跃、流畅不息的思路。我谈了我编辑这套丛书的设想，计划安排的作者有汪曾祺、王蒙、林斤澜、冯骥才、刘心武、王安忆等作家，还有画家吴冠中，和他的老朋友李锐，不仅如此，还有研究官僚政治的学者孙越生。我也想请他出山。当听到我说要给他编一本散文集出版时，他瞪大了眼睛，头往后一仰，笑了起来："我又不是作家，我哪能和他们排在一起？"我反复阐述我对这套丛书的构想和对随笔的看法，他最终被我说服了，同意编一本，这就是后来他的第一本散文集《古稀手记》。

出版《古稀手记》时，我为他写了这样一段评点文字："为送呈胡耀邦阅读，他整理出一段段'手记'。他谦称不是文坛中人，风格简洁的文字，却呈现出随笔小品的别一类型。他在风雨中奋斗、欢呼、沉默、思考，他无意、也无暇做一个作家，但丰富的人生体验和逻辑色彩，使他在随意写下的短章中，完善着他的理性，同时给随笔吹进一股清新的风。"

他这样写到笑：

> 笑有多种多样。有些笑，我不喜欢，也不会。有些笑，我不得已而为之。此处说的笑，指的是看清楚事物的本质和规律，自然而然发出的笑。它是智慧的表现。面对貌似强大而必将退出历史舞台的东西，上面这种作为智慧表现的笑，又是真理必将取得胜利的信念的显露。它当然是一种力量。这样的笑也会给自己带来欢乐，排除烦恼。而欢笑对健康的积极作用，医学早已确认。
>
> （《笑是智慧　笑是力量　笑是健康》）

于光远历来强调精神的自由，他对自由有这样的理解：

> "我的劳动是自由生命的体现。因此是生活的乐趣。"马克思这

> 句话表明他追求的是自由的创造的生活。罗曼·罗兰说："惟有创造才是快乐，但是没有自由又怎能创造呢？"一个人的内心活动，更是他人无法干预而本质上为完全自由的领域。但也还有人不敢享用这个自由。克服内心活动范围的自由禁锢，是首先可以做到和应该做到的。
>
> （《自由是创造的前提》）

他这种对精神自由的强调，也在写作中充分表现出来。读他的散文，你可以感受到他心态的自由。他没有通常散文写作中的起承转合，也没有什么渲染铺垫，技术性的因素对于他似乎是不必考虑的。他重视的是意识和思路的流动，一切顺其自然，把心中所思所想讲述出来即是。但是，由于他的思路十分活跃流畅，性情中也常有他人少有的顽皮、风趣，这便使得他的文章于顺其自然之中产生奇妙。他写孙女非非的成长记，他写自己的吃喝玩乐，他写经济现象的方方面面……在他那里，似乎没有什么是不可以写的，也似乎没有什么是不可以用漫不经心的笔调来写的。

在他的诸多散文中，我觉得《我姓……》堪称杰作，颇能表现学者散文的特点和他本人的机智。他由本姓"郁"说到年轻时参加革命时姓过"马"，写文章用过"于"，一直至今。他穿插一段写道，1937年抗战爆发前在北平，不少青年党员为了保护自己，花两个大洋拜青帮老大，一旦被捕时打出老大的牌子便会化险为夷。他曾照此办理，花了两个大洋，有了"潘"这个姓，最终却没有派上用场。随后，他又说到歌星韦唯本名张菊霞，在李谷一的建议下改名，结果备受观众欢迎和注意。他似乎在漫不经心地聊天，写得从容，平静，情趣横生，但他的笔锋忽然一转，说到当时中国正在发生的关于"姓社姓资"争论的大问题。他在最后一段这样写道：

> 在这里我认为必须申明，我虽记不得《百家姓》中有没有"资"

这个姓，但是我确实知道中国有姓“资”的家族。我就知道中国社会科学院美国研究所的一位所长姓“资”。她姓资同我姓郁完全是相同的原因。如果我的父系祖先姓“资”，那么不由我选择，也只有姓资。我也就无法因为自己是地地道道的社会主义者而拒绝“资”这个姓了。

一篇绝对精彩无比的短文。举重若轻，洒脱自如。这样的文章，即便放在众多文学家的作品中也毫不逊色。

于光远所说的“资”，当然是指资中筠先生。资中筠的妹妹资华筠，是著名舞蹈家，文章也写得漂亮。我在《北京晚报》负责音乐舞蹈报道时，曾多次观看她的演出，也拜读她的妙文。

历史场景的黑色幽默

于光远晚年创作一发而不可收。越写越多，越写越精彩，书也一本一本问世，成为文学圈外人中收获颇丰的作者。他的作品受到读者的欢迎和好评。这就难怪他本人也为此感到自豪。

晚年的于光远先生常常喜欢自称“我是个二十一世纪的文坛新秀”，说这话时，他显然有一种成就感在心中。一见到我，他就会说：“我这个文坛新秀，还是你给逼出来的。”听他这样说，我颇感满足，虽然自知这是他的自谦，是对一个年轻人的厚爱。但作为最早催促他出版第一本散文集的人，作为一个对历史很感兴趣的晚辈，我还是挺看重与他的文字之缘。

《古稀手记》出版之际，正好我与陈思和一起主编“火凤凰文库”，约请一些前辈撰写回忆录。我找到于光远，请他写一本回忆录，这就是 1995 年出版的《“文革”中的我》。

在回忆录里，于光远对历史的沉重描述，常常是以一连串的令人哭笑不得的“趣”来表现，或者说“黑色幽默”，这是他的回忆录与别人不同的地方。

他以《当了一回“胜利者”》为小标题，讲述一个颇为生动有趣的故事。一次，他的批斗大会在位于木樨地的政法学院召开，要凭票入场。他只身前往，却没有票，门卫坚决不让他进去。见状，他故意坚持，说：“别人没有票不能进，我没有票可还是要进去。”一番你来我往争持不休，引起围观。他又说：“没有我，你们的会就开不成！”

于光远接下来这样叙述：

> 收票的人脾气上来了：“你这个人真不讲理！这个会没有你，难道就开不成吗？”
>
> “正是这样，没有我，你们的会就开不成！”我十分有把握地说。
>
> 那人听我这么说，一时猜不透我的来头，有点儿懵了。
>
> 于是我问他：“今天你们开的是什么会？”
>
> “批斗会。”他回答说。
>
> “斗的是谁呀？”我又问。
>
> “于光远。”
>
> 我说：“我就是于光远，没有我，这个会开得成吗？”
>
> 在一旁围观的人一下就炸了，原来这个死乞白赖要进会场的人，就是斗争对象于光远。
>
> 那看门人还是不敢相信，叫来了组织斗争会的人。来人说“是他”，这才算“验明正身”，将我放行。
>
> 于是，我便以“胜利者”的姿态，大摇大摆地走了进去。进去之后，便坐了“喷气式”飞机。
>
> （《“文革”中的我》）

在这样的叙述中，读者看到的是一个处乱不惊、内心坚强而乐观

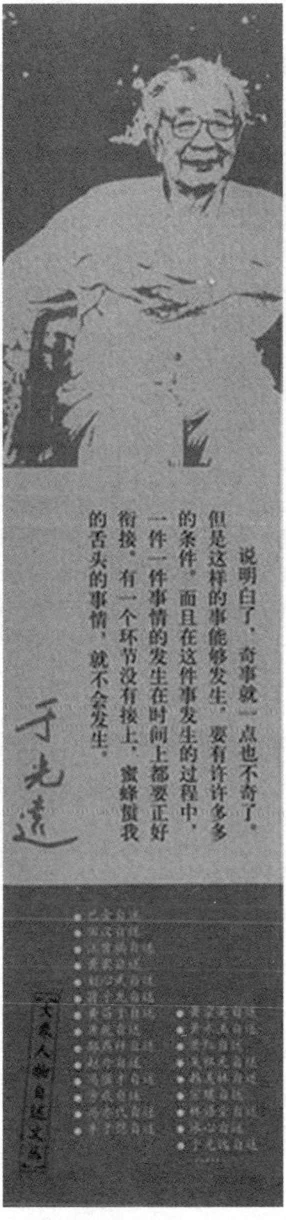

《于光远自述》书签

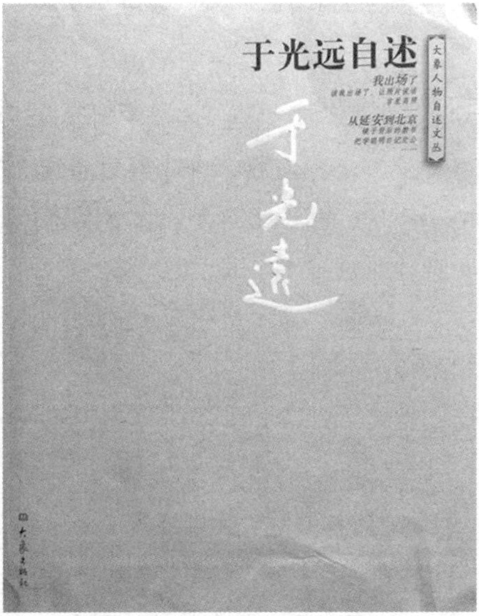

《于光远自述》封面

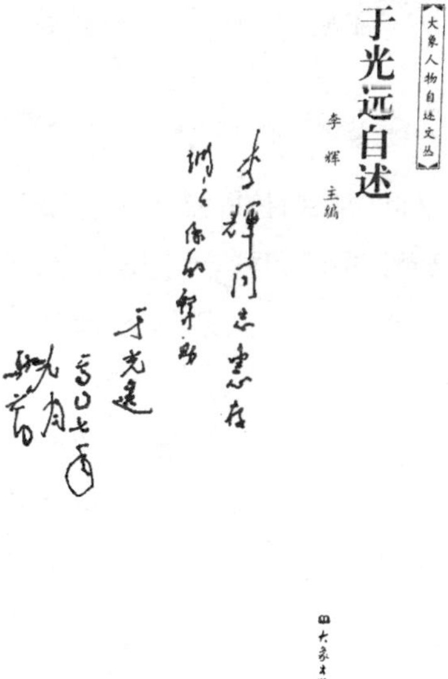

于光远题词

的于光远。

2005年是于光远九十大寿，我提前一年请于光远的秘书胡冀燕女士，帮忙为他编选一本《于光远自述》，列入“大象人物自述文丛”，在他生日之际出版。自述最后部分，特意附录他从80年代开始所写的贺年信，截至2004年，他一共写了十八封贺年信。十八封信，其实，贯穿他将近二十年的人生轨迹。如今再看，不能不佩服他的精力旺盛。

于光远为这本自述写了一篇自序，其中这段对其一生的概括，写得妙而有趣：

> 我这一生，大致上从初生儿、婴儿，到儿童、少年、小学、初中，再到半工半读、为家庭承担责任，然后又不顾家庭参加革命，走上了曲曲折折的道路。人生有时顺利，有时挨整，成为一个“老运动员”。几十年的故事真是不少。有趣事，有险事，有得意事，有倒霉事，有滑稽事，有糊涂事，还有自幼我这样的人才能做出来的事……我的一生的确是丰富多彩、热热闹闹的。
>
> （《于光远自述》自序）

2007年9月26日，我去看他，特意带去为他出版的两本书——《“文革”中的我》《于光远自述》，请九十二岁的他分别在书上题跋。

于光远的手已经颤抖。然而，他就是用颤抖的手在《“文革”中的我》上面写了这么一句话：

“俱往矣‘文革’的‘英雄们’！”

颇具历史感的题跋，仍流露出他对那些荒唐人与事的轻蔑。年过九旬的他，仍以自己的豁达、幽默，与荒唐历史面对。

童心与乐观同在

我的眼中，于光远一直是一个充满活力、充满智慧的人，一个似乎一刻也没有让大脑休息的思考者。他对许多事情，有前瞻性的预测。记得，90 年代初说到汽车问题，他说，如果开始有了私家车，停车就是一个大问题。地面停车场、地下停车场，如果没有怎么办？他的预测，很快真的就成了大大小小城市的最头痛的问题。他的敏感性，由此可见。

90 年代中期，我们一起有过两次愉快的旅行。

1996 年 7 月 15 日，我们一行人去大连参加《大连日报》举办的笔会。同行者有丁聪沈峻夫妇、于光远孟苏夫妇、邵燕祥、陈祖芬刘梦溪夫妇等。飞机已经飞到大连机场上空，却因大雨无法降落又飞回北京。从上午一直等到下午，差不多六七个小时，难耐的等待让人沮丧、疲倦、焦虑到了极点，丁聪和于光远两位老人却毫无倦意，依然谈笑风生。终于又起飞了。快到大连时，空中奇景出现了。飞机侧面不远处浮现出一个完整的大彩虹。大雨过后，天空格外清澈，彩虹色彩也尤为鲜亮。飞机正好处在彩虹中间，上圈与下圈，都那么清晰浓烈。

在大连，遇到熟悉的朋友。陈村带着女儿前来，池莉从武汉前来。在金石滩，大家玩得非常愉快。虽然其间的某次会见，令人不愉快，大家之后也是一笑而过。

第二年，1997 年 6 月，池莉邀请于光远夫妇、丁聪夫妇，邵燕祥、李辉、应红、徐坤等人，前往武汉参加《芳草》杂志举办的笔会。

我们一行人，由武汉前往宜昌。此时的三峡大坝两年前开始修建。在葛洲坝参观时，请于光远题词。印象中，他是不赞成修筑三峡大坝的，他的题词似乎有所保留，具体内容则记不住了。

晚间在宜昌上船，早上起来，丁聪站在甲板上大叫一声：“我们

1996 年夏天于光远夫妇与丁聪夫妇合影

怎么到黄河了？”的确，与抗战期间他走过的长江相比，与我七十年代从武汉前往上海的长江相比，长江早已不是当年模样了，难怪丁聪会有如此感慨。

我们乘坐的邮轮一直开到巫山县，从那里下船，再坐小船走进号称巫山小三峡的清澈江水上行。沿途景色秀丽，悬崖上，可见悬棺遗迹。十年之后，三峡大坝落成，水位上涨，开始发电。我们去过的三峡和小三峡，显然已不是过去的模样。我找到当年的小三峡说明书，看到当年同行者的签名，二十年前愉快的三峡之行，仿佛又在眼前。

结识于光远之后，每年过节，于光远都会寄来贺年信，谈自己一年的工作和未来的向往。一寄，就是好多年。最后一次收到他的贺年信，是在 2009 年的元旦。于光远回顾 2008 年自己所做的事情。全文如下：

李辉同志：

亲友们，新年好！

随着 2009 年元旦的临近，一年一度给亲友们写贺年信的事情又提上了日程。

对于一个九十多岁的老人来讲，我想亲友们最为关心的还是我的身体。过去一年中我的身体状况总体来讲还算平稳，基本上是在家里度过的。其中也住了两次院，一次感冒，一次肠胃炎，都表现为发高烧，治疗过后比较快就出院了，但毕竟年纪大了，总是比较弱，恢复起来需要相当的时间。我感觉自己应该说是“比上不足，比下有余”，能有这样的状态，都是老伴、家人的尽心照顾和医护人员精心治疗的结果。

2008年对我来讲还有些特别意义。这一年是我国改革开放30周年，当人们重新回顾这段历史时，一些重要的事情被重新提起，一些老人也再次引起人们的关注。中央编译出版社再版的我1998年的著作《我经历的那次历史转折——十一届三中全会的台前幕后》，许多报刊连载、转载、摘要报道该书的内容，产生了比10年前更大的社会影响。香港天地图文有限公司还出版了该书的繁体字版，向海外发行……

今年我还有幸荣获了《南方都市报》主办评选的“改革开放三十周年风云人物”奖以及中国经济体制改革研究会主办评选的“改革开放经济人物”奖和“改革开放杰出人物”奖。我30年来所做的研究和工作能得到社会的认可，家里人和身边工作的同志都为我高兴，我也很感谢主办单位、评委和参选的社会大众。

我现在的生活常态是：白天在办公桌前东翻翻西看看，偶尔也写几个字；时常会有朋友来电话问候，有的也会登门造访；天气好时，照顾我的小张就会推我出去到社区和周边街道转一转，这使我对周围市民的生活状态有了一些观察和了解，而这正是我以前无暇顾及的。总体来讲，我的头脑还比较清楚，对一些事情也还有自己的想法。但除了行动不便，身体的其他机能也在下降，耳朵更背了，视力明显减退，表达能力也不如从前。毕竟已是奔94岁的人了，能有这样的状态，我和家人还算满意。我会坚持自己一以贯之的不悲观、不放弃的精神状态，尽量维持相对高水平的生活质量。但愿明年——建国60周年，

2007 年 9 月 26 日看望于光远，这是我为他拍摄的最后照片

我还能如今年一样平安度过。

最后，附上 2008 年我的几张小照片与大家分享。祝我的亲朋好友们新年快乐！

于光远

2008 年 12 月

走进新的一年，九十四岁的于光远身体越来越差。最后一次去看他，过去那位健谈的人，不再言语，看着他此时的样子，简直不敢相信自己的眼睛。

2013 年 9 月 26 日，于光远先生离开我们，享年九十八岁。没有想到，竟然是我六年前看望他的同一个日子。

于光远的遗体告别在北京医院举行。那一天，他的许多老朋友都来了……

两年后，百年诞辰之际，首都图书馆举办纪念于光远活动，整个礼堂坐得满满的。人们都在缅怀一位智者，一位充满童心和乐观的人。这个人，好像从来没有离开我们。

走笔至此，我还在回味与他愉快的聊天，还有他那爽朗的笑声……

2017 年 8 月 7 日，立秋时节完稿于北京看云斋

郁 风

——美比历史更真实

北京熟悉的前辈走了一个又一个，时常有人在梦中出现。十多天前，梦中忽然见到了郁风。还是那副快乐高兴的样子，还是爱对周边的人指手画脚，发号施令。醒来，我自己也笑了。

生活中的郁风，的确就是这个样子。没有城府，没有遮掩，想到就说，不管别人感受。十年前，2007 年 4 月郁风去世后，京城的友人们都觉得少了她，就少了快乐。黄永玉先生在《收获》上发表《我的世纪大姐》，叙述了一个又一个悲欢离合的故事。开篇就这样写道：

> 郁风死了。
>
> 听来噩耗，我一点没有动容。她已经病了很久，死前不久，我还接她和苗子兄到凤凰住了一星期，下决心不顶撞她，细心体贴她，要什么给什么，她说：“画一张丈二给我。”好，丈二就丈二！画完了，她说：“回北京，我要在这张画上补画一些东西。”我马上说：“好！你爱怎么干就怎么干！”她说：“过春节我还到这里来！”我心里难受，唯愿此事成真……
>
> （《我的世纪大姐》）

40 年代的郁风

“说这个人充满童心可一点都不假，连辩论都搞意识流……她的一生全沉浸在花非花雾非雾的胎儿思维之中。”黄永玉用这段话概括郁风，实在再妙不过。

郁风是浙江富阳人。父亲郁华前往日本留学，后来成为民国时期的大法官。前去日本时，他带去弟弟郁达夫，一个杰出文学家由此孕育而生。

郁风后来成为画家和作家，与父亲郁华和叔叔郁达夫的影响有关。郁华是一个法官，可是严密的逻辑思维和对职业的庄重，并没有让他淡忘艺术，相反，他身上固有的艺术家气质，总是能在不同程度上影响着孩子。他擅长绘画，笔底山水，常常吸引郁风。他喜欢吟诗，是南社诗人之一，与文人墨客唱和，俨然一位寄情山水的文人，而非令人敬畏的法官。1939 年，郁华在上海“孤岛”时期被日本特务暗杀，震惊全国。柳亚子在为郁华的《静远堂诗画集》所写的序中，高度评价郁华的诗才：“君诗才俊逸，尤擅绘事……而鹏举冲冠之作，文山正气之歌，赫然与日月争光，河山比寿。……然则君之诗画，将昭垂于万祀，奚疑哉。”文学家弟弟郁达夫，对郁华的艺术才华也评价甚高。他在《悼胞兄曼陀》中说：“长兄所习的虽是法律，毕生从事的，虽系枯燥的刑法判例，但他的天性，却是倾向于艺术的。他闲时作淡墨山水，很有我们乡贤董文恪公的气派，而写下来的诗，则又细腻工稳，有些似晚唐，有些像北宋人的名句。”正是这样一个多才多艺的法官父亲，用艺术、用生活习惯，潜移默化地使郁风走上艺术之路。

谁又能想到，在哥哥郁华被暗杀几年之后，弟弟郁达夫竟然也在印尼被日本宪兵抓走，从此杳无音讯。他的遇难消息，一直未能得到证实。直到一位喜爱郁达夫作品的日本汉学家铃木正夫历经多年寻访，终于找到当年下令杀害郁达夫的凶犯，证实郁达夫于 1945 年 8 月 29 日夜晚被杀害。随后铃木正夫完成将近二十万字的著作《苏门答腊的

1996 年“火凤凰文库”出版铃木正夫的《苏门答腊的郁达夫》，李振声翻译

郁达夫》，叙述他的寻访过程。也是巧合，铃木正夫先生曾到复旦大学就读，也是我恩师贾植芳先生的学生。1996 年，我与思和兄策划一套“火凤凰文库”，《苏门答腊的郁达夫》这本书由李振声先生翻译后，作为第一批推出，更多的读者终于知道了郁达夫生命的最后旅程。在抗战胜利五十周年时，郁风特意写下一篇短文《以诗开始，以诗告终——殉国诗人郁达夫》，缅怀三叔。

为纪念被日本侵略者杀害的郁华、郁达夫两兄弟，富阳鹳山上修建了一座双烈亭，由茅盾先生题词。故乡的人们，没有忘记他们。

我多次去过富阳。第一次，是在 1981 年大学毕业前夕。从杭州乘船沿富春江而上，过富阳，进桐庐，到梅城；再沿新安江上行，从白沙入新安江水库——今天的千岛湖，最后抵达黄山……在富阳，船过鹳山，不能不让人回味郁达夫笔下的富春江景致，遥想他当年伫立江边的身影。没有想到，几年之后，我在北京就认识了郁风，请她为副刊写稿。再过一些年，我熟悉了黄苗子郁风夫妇，成为他们的传记作者。于是，我便觉得与富阳有了特殊关联。

一次，走进富阳，特地去达夫弄一号郁家老宅，与郁家后人漫谈。遗憾的是，这一次正赶上城区改造，达夫弄的墙上赫然写着“拆”字。拍摄下苍老的墙和“拆”字，总算没有白走一趟。再过几年走进富阳，达夫弄消失了，故居则整体移建，孤零零地立在空旷的新广场，看上去像一座庙，颇显尴尬。鹳山周边，找不到书摊和书店，好不容易找到一家，却没有一本郁达夫的书。画家丁聪是郁风的老朋友，一次他和夫人特地去富阳寻访友人旧踪，在街上问了好几个人，居然谁都说不出郁达夫故居所在。他们只好扫兴而返。2005 年 10 月，三联书店出版郁风《故人 · 故乡 · 故事》一书，她在扉页上为我特地题赠这段话：“刚出炉的书，赠李辉、应红——故人，故事，都是你们熟悉的，而‘故乡’却使仰慕它的朋友们失望……”

就在这个月的中旬，我们一行人，黄苗子郁风夫妇、丁聪沈峻夫

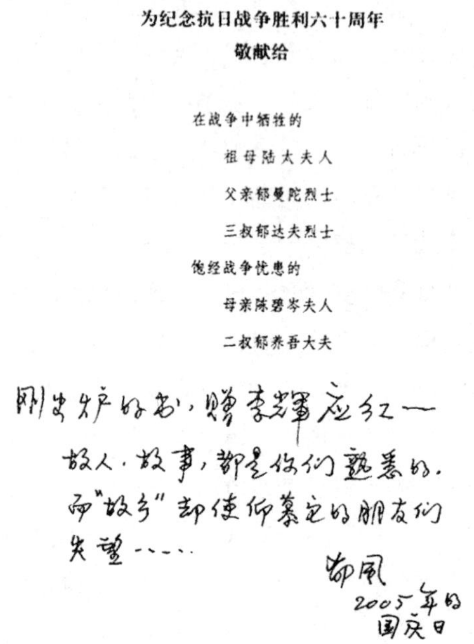
为纪念抗日战争胜利六十周年
敬献给

在战争中牺牲的
祖母陆太夫人
父亲郁曼陀烈士
三叔郁达夫烈士
饱经战争忧患的
母亲陈碧岑夫人
二叔郁养吾大夫

刚出炉的书，赠李辉应红——
故人·故事，都是你们熟悉的。
而"故乡"却使仰慕它的朋友们
失望……
郁风
2005年的
国庆日

2005 年 10 月初郁风题赠《故人·故乡·故事》一书

妇、邵燕祥谢文秀夫妇，前往杭州。只有半天空闲时间，郁风提出要去富阳。大家怕她劳累，劝她不要去，她却执意一个人回去："谁知道我还能不能再回去？我要去给父亲扫墓。"话说得伤感，也动人。郁达夫的孙女前来接她。带上几本自己的新书，她去了故乡。

她不能不去，牵动她的是故乡的一切。这本书上有一段题记："为纪念抗日战争胜利六十周年，敬献给在战争中牺牲的祖母陆太夫人、父亲郁曼陀烈士、三叔郁达夫烈士……"她怎能不回到故乡为牺牲的亲人，献上一束花，献上这本书？

谁能想到，她在杭州说的话，一年半之后，真的成了残酷现实。现在我才理解她为何坚持一定要重回富阳，走上鹳山，为父亲再献上

初访富阳，达夫弄的墙上，赫然写着一个“拆”字。几年后再去，弄堂已荡然无存了

一朵花。她仿佛有预感，这一次必须重返故乡，了却心愿。

郁风实在有太多值得回忆的往事，但她对自己个人经历的大场面和大曲折，往往看得很淡，不爱渲染。她更看重她所敬重的前辈和同辈，在描写他们的故事时她可能觉得更容易寄寓自己的情感，更容易把一代文人与文化的兴衰、与历史的悲欢离合之间的关系，写透，写深，写出欲说还休的意韵。

这些日子，《见字如面》电视朗诵节目非常火爆，其中，朗诵的有郁达夫《给一位文学青年的公开状》。这个文学青年，是沈从文。撰写传记时，我从郁风那里听到这个故事，而告诉她这个故事的，正是沈从文本人。

沈从文告诉郁风，那是一个下雪的上午。他在桌旁裹着被子写作，一个人推门进来，原来就是郁达夫。他说接到沈从文来信，专门来看看沈从文的情况。看到沈从文果然如同信中所言，在一种艰苦的环境中坚持着文学梦想。房间没有火炉，沈从文冻得发抖，见到郁达夫，他几乎一时说不出话来。郁达夫见状，马上把自己围着的毛围巾取下，把雪花抖掉，然后披在沈从文的身上。接着，郁达夫拿出当时并不算少的五块钱，请沈从文到饭馆吃饭，并把所找的零钱都送给了沈从文。郁达夫回到哥哥郁华家中，脑子里一直无法抹去所看到的沈从文的景况。他不把这看作一个孤立的事情，他认为这是这个现实社会的悲剧的一角。他当即写下了这篇著名的《给一位文学青年的公开状》，为受到社会冷遇生活艰难的青年鸣不平，进而抨击社会的黑暗和不公。听郁风讲述这个故事，我对郁达夫的性情，对沈从文和郁家之间的情感关联、文学关联，有了更深的理解。

郁风和苗子先生后来旅居澳大利亚，与儿子住在一起。1999 年春天，他们在布里斯班联袂举办书画展，我们夫妇特地赶去，得以有机会与之长谈。

澳大利亚之行非常愉快，我们一起同游。不过，在黄金海岸，我

郁风画叔父郁达夫

与郁风之间发生一件颇为有趣的故事。那时我们的行李没有地方存放，需要拉着走。我说，我留下照看，他们可以去逛街。郁风坚决不同意，正好旁边有一家超市，她走过去，拿来一个推车，要我们把几个箱子放上去推着走。我说，这样多不好，她执意如此。我与她争吵不休。每当遇到这种情况，苗子先生总是一声不吭，躲到一旁。无奈之下，只能尊重老人，我一边嘟嘟囔囔，一边推车跟随其后。

其实，我与郁风经常你来我往地争吵。一次，晚上在她家聊天，忽然灯灭了。我说："是不是电表里没有电了？"她说："不可能，今天儿子大刚来，买过电，插进去了。"我说："那怎么没有了？"我去看电表，回来告诉她真的没有电了。她说："胡说八道。"我跟上一句："好啊，你说我胡说八道！"她赶紧转身指老保姆："我说的是她。"我说："那也不能说。"后来，找到电卡，重新插进去，终于灯亮了。我说："你得道歉。"老太太一笑而过。

苗子郁风全家福

与她在一起，没有年龄隔阂，彼此心照不宣，总是如此快乐。

2007年2月4日，京城的朋友聚会，郁风出来参加，谁都没有想到，这是她与大家的最后一次聚会。半个月后，春节前两天，我和应红提前去拜年。一进门，苗子先生一人坐在客厅的沙发上，郁风在卧室里吸氧。过了一会儿，她走出来，一边说你们来啦，一边走过来突然和我们两人分别拥抱。她的声音已经嘶哑，气力不足。过去见面，她从来不这样。我心里咯噔一下，难道她已经有了预感，生命之火行将熄灭？果然，这真的成了我们与她的最后一次见面。

正月初三，阳历2月22日，忽然得到消息，郁风住进医院，听说状态极为不好，我们颇为担心。两天后，她缓了过来，用大威的电话与我和应红通了电话。应红记得非常清楚，她第一句话就说，应红啊，我又死不了了！然后是熟悉的笑声，不过声音很弱。应红说，你要记得你答应过请我们去香格里拉酒店吃自助餐，我们可都等着你呢。她听了哈哈笑，说没问题，没问题，等我出院了马上请，叫上丁聪、沈峻，还有你们俩。

1949 年郁风画展在上海举行

这是我们最后一次听到她的声音。4 月 15 日，她远行了，享年九十一岁。

郁风是画家，曾担任中国美协书记处书记，但她大部分时间是在中国美术馆展览部工作，专门为一些画家策展，为他们"挂画"。1949 年她曾在上海举办过一次小展，之后，再也没有办过展览。直到 1987 年 2 月，她才参加中国美术馆举办的"2 月 9 人美展"。这九位女画家中，只有郁风是年过古稀的老人，其余都是中青年。可是，与年轻人在一起，却让她格外激动。终于，在这次的展览中，她找到了失去已久的感觉。她在这次美展的请柬上，印上她写的一首诗，再恰当不过地表露出她那种重新拥抱青春的信念与兴奋：

她们有——
　　追求
　　　创造
　　　　爱恋

1987 年“2 月 9 人美展”请柬

恒心

对于她们
多难的世界仍然多姿采
艺术的海洋永远富魅力
她们的生命将延续

至于我——
是一个过来人
在这早春二月

却愿从头和她们在一起

我喜欢郁风的《又到江南赶上春》《白屋人家》《向日葵》等画作，那是一种美的享受。

“文革”期间，被关押在秦城监狱，她同样痴迷于美。她讲述自己难忘的经历：在秦城监狱的囚室里，透过窄小的窗户，她仰望天空看云的飘动和光亮的变幻，想到一个个熟悉的画面。她渴望回到大自然的景色之中。放风时，她偷偷抓一把草放在口袋里，将它们带回房间。回来后，她将小草放在肥皂盒里养，浇上水，静静地注视它，看着发蔫的草叶慢慢恢复生机。小草天天生长。她又利用放风的时候，找到一点青苔，上面带着土，把它和小草放在一起。每天发的手纸她节约一些，用小纸做一个小蒙古包，放在肥皂盒里。小草是树，青苔是草原，还有蒙古包，在郁风的想象中，这就是她在50年代去过的内蒙古海拉尔大草原。有时，她用纸再折一个小房子，肥皂盒顿时又成了她的故乡江南。

这便是一个艺术家的美丽想象。色彩、情调从来没有因为生活的单调和寂寞而在她的心灵里失去过。

他们夫妇旅居澳大利亚期间，我不时写信去，谈传记写作进展。与苗子先生相比，郁风爱写信，一写就很长，她写给我的几十封信，叙述历史，抒发感受，简直就是优美的散文。一次，郁风从澳洲写来一封长信，她引用亚里士多德的一句话：“美比历史更真实。”读到这句话，我怦然心动，为之震撼。在她眼里，美，远比其他一切都重要。她在信中写道：

谢谢你写一篇赞我那幅画《又到江南赶上春》，又提到我在肥皂盒里养青苔当草原，我也不知怎的就是喜欢。信不信由你，直到现在，这一刻，在我桌上稿纸前面，就有个高脚的小玻璃碗，放了几块小石

2006 年 8 月郁风自己改衣服拍照赠送应红

头和水，就养着我们从外面花盆里拔的小草。奇怪的是隔着几千里的大海，这种同样的草，和二十多年前秦城（监狱）放风的小院墙根底下长的小草一模一样！就是这种：三片心形叶子合成一根，就这样的连成一串一丛。你可以问应红，在你们家周围，或阳台上花盆里，她一定见过这种草。自生自灭到处繁衍的小草，也许全世界的土地上都有。

……

由此我就想到，我这个人算不算有点特别，从小到老，现在 80 岁还是这样，看着窗外一棵树，路边一种花，天上一块云，远远一幢房子，或是什么别的，上帝或人工的操作，只要觉得美，都能使我着迷。这和画画有关，但也不完全是，哪怕是关在牢里的岁月，看着那肥皂盒里的绿绒绒的青苔就舒服，美滋滋的享受，哪怕是片刻，也能完全忘记一切。至今坐飞机坐车我都愿靠窗，只要不是黑夜，我总不想闭眼不看。

在什么书上看过，亚里士多德说："美比历史更真实。"也许是的。

（1996年10月25日）

二十年后，再读这封信，她的心境，她对美的倾心，还是让我醉了。

"美比历史更真实。"郁风真的喜欢这句话。她爱美。每次出门，衣服都不一样。有的衣服，如果不满意，她总会自己剪裁。2005年我们去德国旅行，走进邻近东欧的古城纽伦堡，应红在一家商店为郁风买了一件东欧风格的衣服带回来，在她年届九十之前送给她。她已在病中，但仍将之剪裁，穿上身，拍一张照片，在后面题写一段话：

郁风时年90，正逢7月25日生日前，应红赠东欧式绣花衬衫，经我剪去翻领，做内贴边，再用深蓝线锁边，穿上新衣拍了照，以赠应红留念。

郁风，2006，8月8日于北京

半年之后，郁风辞世，这也是她留给我们的最后笔墨。五年之后，苗子也走了。

清明将至，谨以此文向苗子、郁风夫妇，献上心香一瓣。

完稿于2017年2月22日，北京看云斋

曾敏之

——至真至诚的老人

一

第一次见到曾敏之先生是很早之前，早到已是二十几年前的 80 年代中期。当时他刚刚年过古稀，如今则已是九十七岁高龄。

结识早，了解却不深。在结识曾先生二十多年之后，读一本《曾敏之评传——敢遣春温上笔端》，才对他的生平与创作有了一个浅显轮廓的印象。

为曾先生写评传的，是我在复旦大学念书时的老师陆士清先生。1981 年，陆老师为我们开设“港台文学”专题课，或许这是大陆最早开设这一课题的大学，当代华语文学研究的视野由此有了新的拓展。当年，我们就是从陆老师那里，知道台湾与香港的一些陌生的作家名字。当年与我一样在复旦听过陆老师讲授港台文学的，还有同窗陈思和兄，这一次，陆老师请他为这本《曾敏之评传》写序。思和在序文中，重点评价“文革”结束后曾先生受命前往香港主持《文汇报》工作的业绩，对其历史渊源、创作成就、文化贡献，有相当全面与精当的论述。思和写道：

曾先生果然不辱使命。他不仅有非凡的工作能力和足够的诚意，更主要的是，他的前半生的经历帮助了后半生的成就。他具有优秀记者的资历和敏锐性，使他在鱼龙混杂的香港文化界纵横捭阖，游刃有余；他具有长期编辑的丰富经验和高瞻远瞩，使他能驾轻就熟地利用《文汇报》在海外的声誉指点江山，振聋发聩；他具有作家的才情与文笔，使他立足于香港纵情于文坛，文史杂论、诗词散文双管齐下，为香港文艺添了光彩；他更具有大学教师和学者的学科眼界和学术思维，从一开始他就把香港文学从一般报刊评论的小圈子里摆脱出来，使其与高校、研究所紧紧捆绑在一起，使之进入高校教学领域，逐渐发展成为一门重要的学科；并且，学者的眼光使他不是孤立地把握香港文学，却是逐渐与台湾文学，进而与世界华文文学紧紧联系在一起，开创了一大片崭新的文学空间，使之成为与中国大陆文学并驾齐驱的一个新学科。

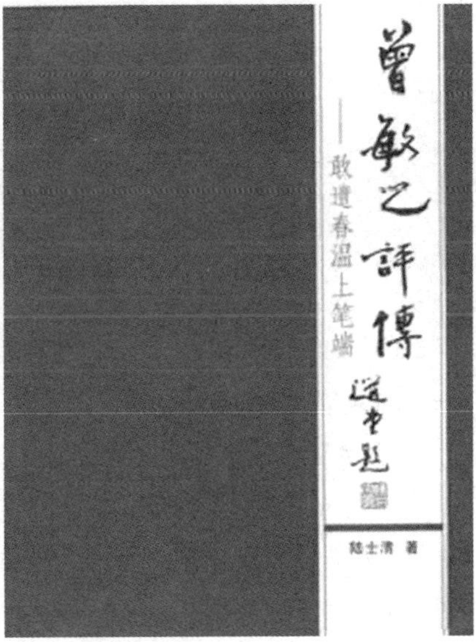

陆士清老师撰写的《曾敏之评传》

读这本评传，曾先生的身影渐渐清晰起来。

曾先生的家境与少年漂泊的经历，对他一生有颇为重要的影响。曾先生原籍广东梅县，1917年出生。他还未上小学时，父母便不幸双亡，从此，他不得不靠自己走在这个世界上。刚刚十五岁，他便担任一座小学的校长，在漂泊中体验酸甜苦辣，在独自创业过程中磨炼自己。曾先生的这种情况，与“五四”时期之后不少文化人的经历颇为相似，继他们之后，他也走进了这一文化群体。

陆老师描述曾先生担任小学校长时的生活、氛围与情景，令人神往：

> 年仅15岁的曾敏之，先找了梅寨区公所的校董，然后上任了。他按自己对学校生活的体会治理学校。早晨学生集合，升旗、做操，然后上课。他教语文，另两位老师一教数学，一教绘画、音乐，严肃认真，一丝不苟。梅寨地处黔桂边界，是苗、瑶等少数民族聚居之地，民风纯朴，对老师十分尊敬。当地区公所有个专职干事，原来是农村的情歌手，与乡民相处得很亲密。有时他会来学校，晚上带曾敏之他们去山寨家“坐堂”。所谓“坐堂”，即是娱乐性的小聚会。虽是小聚会，但十分热闹。厅堂中央点燃着熊熊的火盆，四周坐满女孩，她们倾情欢歌。有时独唱，有时男女合唱，苗家山歌，情意绵绵！有时还会走来一位一脸英武之气、手佩手枪的女人，一看就是有钱有势的人物，但她对老师却也彬彬有礼，并与大家同乐。曾敏之身临其境，领略苗家风情，不仅身心愉快，而且为日后的创作积累了生活素材。

除了为日后创作积累生活素材外，早年生活于少数民族聚居地的经历，使曾先生形成了鲜明的性格：敢爱，敢恨，开朗，真诚，豪爽。“文革”结束后，重新出现在人们视野里的曾先生，还是那个坦率的性情中人。可以乐，可以忧，可以吟诵高歌，可以怒发冲冠，可以拍案而起……

二

这些年来，在曾先生身上，我不断感受到他的热情、豪爽。其至真至诚的情怀，令人感动。

我与曾先生开始有较多来往，是在1995年之后。这一年，我和应红前往香港，这是我的第一次香港行。他和一批文友听说了，热情相邀，在尖沙咀的一个饭店设宴款待。一走进包间，他马上拿出两瓶“人头马”放在餐桌上：“来，我们好好喝喝。”早就听说他喝酒爽快，那天，真的见识了。已是七十八岁的老人，却没有闲下来，不停地向各位敬酒。席间，他关切地问候我们共同熟悉的一些老人的近况。我们谈巴金，谈萧乾，谈各种话题……

1997年，曾先生来京，我们得以再聚。此时，我正在撰写黄苗子、郁风夫妇传记，席间我请他回到香港后，帮忙查找1949年郁风在香港《文汇报》发表的关于开国大典的通讯。回到香港，不久他来信如下：

李辉先生：

北京会晤，未能多聆教益，十分遗憾。

承嘱代找香港《文汇报》开国大典时郁风大姐所写的通讯，我回港后就托《文汇报》的朋友办理这件事。由于是数十年前的旧报，如非入了电脑，翻检不易，迄未有下文，仍在追问中。先此奉闻，有劳惦记。

彦火兄说贤伉俪十二月有来港之行，届时希通知，我们欢迎您俩与文友们畅叙。

祝

文安

应红同志均此致候

曾敏之

九七、十一、卅日

虽然未能查阅到旧报，但他对待一个晚辈的请求如此认真，令人感动。

未想到，不到一年，1998 年 9 月间，一次因我而起的关于巴金的激烈争论，将曾先生、罗孚先生两位老人卷入其中。

曾先生早在抗战期间便认识巴金。1942 年，二十五岁的曾先生曾在桂林，帮助王鲁彦先生编辑《文艺杂志》。巴金是王鲁彦挚友，也是《文艺杂志》的积极撰稿者，先后为《文艺杂志》创作《还魂草》《长夜》《某夫妇》《灯》等小说、散文。在此期间，曾先生与巴金有了交往，从此，巴金一直是他所敬重、爱戴并有深厚感情的前辈。后来，他曾写过多篇记叙对巴金印象的文章，尤其对晚年巴金所写的《随想录》予以很高评价，作为历史过来人，他深知承受过精神之苦的巴金，晚年的所思、所忧，是当今中国值得珍视的精神财富、文化财富。

时在 1997 年，广州花城出版社出版我的一套《李辉文集》五卷。一位我非常熟悉的内地杂文作者，突然在香港《开放》杂志上发表文章，从读拙著而展开议论。清代乾隆年间，曾编纂《贰臣传》，选录一批曾在明朝做官，后又在清朝做官的官吏，因此，所谓“贰臣”，通常是指既在前朝做官又在后朝做官的人。在文章中，他借这一特定的概念，激烈抨击巴金等同时代的许多知识分子，将 1949 年前后他们的思想变化和生存状态，简单地、粗暴地归之为“贰臣”，实有语不惊人死不休的阵势。

作为历史过来人，曾先生无法接受以这种方式抨击他所爱戴的巴金。于是，这位性情中人，拍案而起，奋笔直书，予以反驳。文章发表之前，他寄来校样并附下面一信：

李辉兄：

别来又易春秋，想忙中一切都好！

今寄奉由耀明兄将发于《明报月刊》的两篇文章，十月一日出版。于频是我以笔名批斥朱建国的，他作了回应，看来我得再写文章，对朱打着“清高”幌子，实则贩卖“左毒”的言行痛加驳斥，想来您不会同意他标榜的“新贰臣”标准吧？

寄上的文章，我以《谈贰臣传》为题，是排版时的清样，发表时耀明改为《巴金岂是失节的贰臣？》，因复印字迹不清，（传真）所以附上我原题的清样以资对照。

我十月初率一个作家访问团应浙江作协叶文玲之邀，去浙作一周的参观访问，十月七日各团员分别回港或去上海，我拟七日去上海作一次讲学活动，十月中旬才回香港。

也许我会到了内地打电话与您交谈。

祝

文安

应红均此问好

曾敏之

98.9.24

其间，我们通过电话，聊了很久。一个多月后，他又写来一信：

李辉先生：

您好！

来信收到了，您与应红德、法之行，收获必丰。

关于朱建国的荒谬文章，我仍再与批判。罗孚也撰文，今寄奉剪报（刊于十一月号《明报月刊》），供参考。

祝

俪安

曾敏之

98.11.2

在香港发生的这一激烈争论，渐渐平息。

十几年已然过去。现实情况是，巴金留给我们的精神遗产，他在《随想录》中提出的诸多命题，并没有因为时间的推移，或者因简单、粗暴的贬低，被人们遗忘，更没有过时。相反，近几年，越来越多的人愿意走进历史深处，追寻真相，直面历史，此时，在曾先生他们发出的声音里，可以听到巴金呼吁之声的回响。

2003年岁末时节，我在香港《大公报》发表一篇书话《〈随想录〉三十年》，从自己收藏的几本巴金签名本，谈《随想录》的版本变化。曾先生读报后，当即剪报寄我，信中谈到巴金：

辉兄：

您好！

寄奉剪报，请审阅。

巴老的《随想录》，出版竟已三十年，岁月流金，真令人感念。我珍藏他签名惠赠绿装的由三联书店出版社的（《随想录》），曾精读了一遍，抚今思昔，仍不胜家国之忧也。

辛亥革命一百周年，看来颇重视纪念活动。我早于明报刊过短文《鲁迅看辛亥革命》，曾奉，不知我的提法有损纪念之义否？希予明教。

祝

俪安

敏之

2010.12.13

显然，在这位九十三岁的老人心中，巴金与《随想录》，无疑占据着一个重要位置，并给他温暖和激励，令他仍旧拥有热情与朝气。

三

一次意外见到曾先生，是在 2009 年夏天。

我应《南方都市报》之邀，前往广州文化讲坛做一演讲。演讲结束，才发现九十二岁的曾先生也坐在台下。他告诉我，这些年，他长

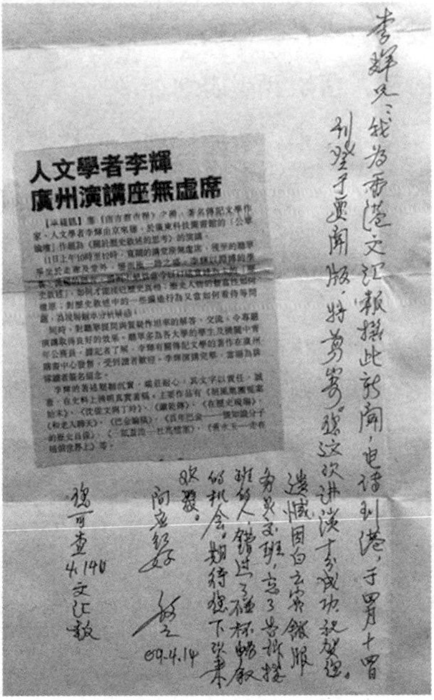

曾敏之将 2009 年我在广州的演讲消息发表于香港《文汇报》

在曾敏之家里看整理出来的书信

住广州，看到报纸上的预告，就专门来了。见到年过九十高龄的他，在台下居然坐了两个多小时动也不动，我很感动。闲聊几句后，如在香港时一样，他执意要请我吃饭，还说，再约几位广州文友。他约好时间，留给我酒店地址。

第二天，我如期前往酒店，找到说好的包间，可是空无一人。他没有手机，打到他家，保姆又不会说普通话，无法沟通。我等了好久好久，无奈中只好悻悻而去。几个小时后，我的手机响了。原来他们去的人多，临时换了一个包间。他们没有想到，服务员未能告知我。他忘记带我的手机号，大家只能等，等了很久才开席。电话中，曾先生说，他担心我人生地不熟，出了什么故障。对我的爽约缺席，曾先生没有一丁点儿的抱怨，这更让我懊恼，愧疚。

这便是曾先生，总是设身处地为他人着想，真诚待人，宽于待人。在他的身上，我看到了巴金的遗风。

几年过去，2013 年，我与曾先生通信最多，主要与他向巴金故居捐献信件相关。

年初，我写信给曾先生，并附寄一份新出的《人民日报》的《大地》副刊。副刊上，新开设一个专栏叫《名家书简》。我知道，他在文坛交往既广且深，一定会有一些有内容、有趣的往来书简。我请他抽时间挑选几封寄来，以为该专栏增光添彩。很快，他就回信，并寄来王辛笛、饶宗颐、白先勇等人写给他的信，让我挑选。

未曾想，就是这样一次约稿，渐渐延伸为他决定向巴金故居捐献一批书信的大事。

其一

关于将书信捐巴老故居，是最恰当的。过去捐过一批书信给中国现代文学馆，其中有巴老的。如今检出有多封，信虽短，却是手迹。与巴老有关的许多作家，是不是一并将他们的信都寄上？如萧乾、开垒、柯灵等都有，请您考虑裁夺。我拟抄一份名单提供您与小林商定，我可将长短原信以挂号快邮寄给您，烦您拨时间审阅一下，不必劳驾来穗，如仅是巴老的，就快邮寄上就行了，千万别惊动您们费时远来，故希见谅。

……

其二

今天收到快邮，十分感激您为书简处理的考虑，把所有的信件捐给巴老纪念馆是最好的安排。在我费力分类整理过程中，有一点特应材料，就是巴老的亲笔信都是短的，不敢夸大，以免误会。过去曾捐献中国文学馆包括许多朋友的信，都连同巴老的一并交去了。如今费老劲翻阅藏信，也包括各地区友人的，有长有短，我正以退化的眼力详读内容，以求慎重。今先寄名单请您审阅，并为安排提供指示。如小林他们不嫌杂乱，我就妥包快邮寄给您，烦您处理，好吗？

没有想到，曾先生非常爽快地答应将巴金来信，以及已经整理出来的其他数百封文人来信，一并捐献给巴金故居，这一过程还不到一个月。其中包括：巴金、白桦、白先勇、杜运燮、冯其庸、金耀基、

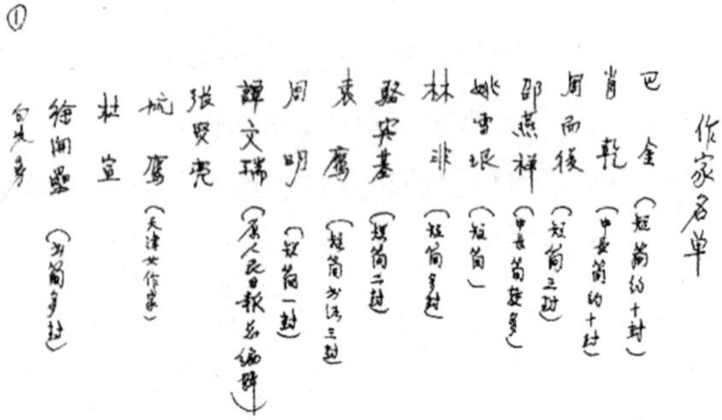
①
作家名单
巴金（短简约十封）
肖乾（中长简约十封）
周而復（短简三封）
邵燕祥（中长简甚多）
姚雪垠（短简）
林非（短简多封）
骆宾基（短简二封）
袁鹰（短简 [illegible] 三封）
周明（短简一封）
譚文瑞（原人民日报总编辑）
杭鹰（天津女作家）
张贤亮
杜宣
徐開壘（短简多封）
白先勇

曾敏之细心地归纳作家书信

金庸、柯灵、柯蓝、李锐、罗孚、吕剑、潘旭澜、秦牧、邵燕祥、舒巷城、饶芃子、王安忆、萧乾、痖弦、杨苡、姚雪垠、尹雪曼、袁鹰、张贤亮、周而复等，由此可见他对巴金的深厚情感。

接到曾先生来信后不久，正好我前往广州参加华语文学传媒大奖的颁奖会，故有机会前去看望老人。

九十六岁的曾先生，神清气爽，声如洪钟，一点儿也看不出已是年近百岁的老人。曾先生做事极为麻利认真，井井有条。他走进书房，拿出一个个卷宗，所有来信均按人分门别类放置得清清楚楚，并且，对每个人尽可能地写有简介，信件也大致按照时间顺序排列。他没有助手，保姆也只负责照顾起居，这些琐碎费力的整理工作，都是他一人处理。拿到卷宗，我只能感慨万分，为之叹服。当然，我也能感觉到，将这些书信捐给巴金故居，曾先生的确非常开心。

他执意留下我在家里吃饭。他摆上菜，拿出一瓶白酒，斟满两杯酒，我们两人对饮。举杯，干杯。九十六岁的他，酒量还是那么大，干杯还是那么豪爽，一个劲儿地想不断斟酒。我担心老人过于兴奋，几杯之后，坚决制止，强行将酒瓶从他手中夺走，他这才罢休。

简简单单的一次午餐，有如此难得的对饮，远胜过其他。那种兴奋，那种在他面前无拘无束的聊天，走笔至此，感受依然强烈。

事情没有结束。按照惯例，如今一般接受捐献的部门，应对捐献者略作经济奖励。我告诉曾先生，但他执意不肯，一再强调分文不取。既然如此，我想还是应该以别的方式予以弥补。起初我们提议，将这批书信整理后结集正式出版，曾先生很快来信，明确谢绝：

李辉同志：

收到寄来特快信，至为欣慰。您和周立民先生来舍下，未能善尽款待之谊，却得到您热情洋溢的愉快表示，令我既感且愧。

整理出来的名家书信，恐于杂乱中，有劳您们审阅取舍，如以扫描成册，手续之烦，可以想见。但是您和周先生却盛意促成，真是感激不尽。提到出版，我则惶恐不安，只要能置于巴老故居作纪念，我已由衷高兴了！回顾生平，不过七八十年的岁月，得到巴老的爱护教诲，引我走上不致谬误的人生长途，已是今生大幸事了！不敢承受出版书信专集，敬希体谅。

永玉的书信，我置于银行的保险箱，一时未能去取出来，改日另寄奉。您与永玉是知己，为他写传，是您友道高风，可敬可佩。我与永玉1948年结识于香港《大公报》，一度共患难于一次大震撼的不幸中。我走加拿大，他远适意大利，那些信是值得纪念的。推之当代，我们都能坚持志节以赴时艰，当无愧于史。

专此奉复，并祝俪安。

敏之

2013—5—8

此时，正好见到新出吴小如先生自书诗线装本，颇有收藏价值，想到曾先生善写旧体诗，书法也佳，我便寄去一册，希望他能从自己所写诗词中，挑选若干自书，为他照此办理，也出版一本线装本供读者欣赏。这一次，他仍旧明确谢绝。最终，我们什么事情也没有为曾先生做。如今，只好将所捐献的书信，一一扫描，印制若干册，权作存念。《曾敏之捐赠书信汇编》于2014年夏天印出，给曾先生寄去，他非常高兴。在这样一位至真至诚、淡泊名利的老人面前，我们还能说什么呢？

四

年底来临。2014年12月31日上午，正在开部门例会时，曾先生从广州家里打来电话，居然给我们夫妇拜年！真让我感动。他的声音洪亮，清晰。我问他身体如何，他说最近不好，住院后回家了。98岁老人，所谓不好，我也觉得无大碍。接完电话，我高兴地告诉同事，98岁的老人还亲自打电话拜年，身体真好！

谁料想，新年伊始，1月4日上班第一天，忽然接到香港画家范淳奇先生的微信："李先生：曾公敏之昨天走了！"

我简直不敢相信。我说怎么会呢，几天前还与他通过电话。范先生说："我也不敢相信。但确实在昨天睡梦中安详走的。元旦那天，也跟老人家通了电话的。是3号上午7点还未见曾公起床，保姆叫门才发现走了。"

睡梦中安详走去。年近百岁的老人，圆满地走完生命旅程。

几天后，在广州举行他的追悼会，我提前一天赶去，第二天，在追悼会上深深默哀。他的许多朋友从上海、香港等地来了。陆士清老师也来了。我们拥抱，为失去一位长者而难过不已。大约20天前，9月28日，我们班级同学回到复旦，中午与中文系老师聚会，又遇到了为曾敏之撰写传记的陆士清老师。

巧的是，9月28日这一天正好是钱谷融先生的生日。吃饭期间，唐金海老师拿出书写一个大大的寿字，请我们这些学生都在上面签名，准备在十月初庆贺钱谷融先生百年诞辰活动时，送给钱先生作为贺礼。

钱先生是我敬仰的老人。1998年，《李辉文集》出版时，在上海《文汇报》举办研讨会，徐中玉、钱谷融、贾植芳、邓云乡、唐振常等老先生都前来参加，令人感动。2018年春天，《朗读者》的策划人找到我，希望我推荐合适人选，我推荐了百岁老人钱谷融。与此同时，深圳福田图书馆今年举办的“穿越世纪的目光”系列讲座，我也推荐了钱先生。

可是，谁能想到，就在我们签名的这天晚上，钱先生竟然在他生日这天安然入睡，永远离开了我们。

两位老人都是平静地、安详地告别了这个世界。

斯人已去，其真诚、坦荡和热情，依旧留在我们心中……

完稿于2017年，北京看云斋

张　颖

——亲历风云变幻

重庆到北京，亲历风云变幻

刚认识张颖老人时，她总爱说：“我又不是什么名人，我自己的事有什么好写的。”不错，与许多声名显赫的人物相比，她的确不是名流，然而，又有多少人具有她那样丰富的特殊经历呢？

1937年，十五岁的张颖从广州前往延安，成为鲁艺戏剧系第一届毕业生。1939年，她被选派至重庆的八路军办事处，一去就是6年，其间以《解放日报》文化记者的公开身份，负责周恩来与戏剧界人士的联系，亲历了重庆文化界的瞬息万变。1944年，她在重庆与章文晋结识并相爱。抗战胜利后，国共谈判和美国特使军事调解期间，正是章文晋担任周恩来与马歇尔谈判的英文翻译，可以说，他们亲历了从重庆到南京国共停战谈判的全过程。1946年冬天，他们在南京梅园结婚。五六十年代，张颖又活跃于戏剧界，担任中国剧协书记处书记和《剧本》主编，亲历了文化界的一次次风雨，从戏剧界的反右运动，到“样板戏”的前前后后。其后，她被调离文化界，走进外交部，在一个新的特殊领域，与丈夫一起，亲历整个“文革”期间的外交风云。“文革”结束后，章文晋出任中美建交后的第一任大使，张颖以

章文晋张颖与孩子们

大使夫人身份同行，见证中美关系新的发展……

半个世纪风雨漩涡，半个世纪起承转合，构成张颖极不平凡的生活内容。她以特殊身份所亲历的一切，有着许多值得书写，也值得后人重视的故事。

我常爱对朋友说，老人们的记忆可能都有一个宝矿，只要愿意挖掘，就能在被冷落的寂寞角落里找到发亮的矿藏。光亮闪动，他们的晚年生活也就顿时起舞跳跃，多姿多彩，有滋有味。记忆中那些早已淡忘却又被激活的情景与细节，一旦见诸文字，遂成为整个民间记忆的一部分。因这些记忆在，历史就不再概念化，不再空洞无物，而变得鲜活生动，具体得触手可及了。

不可替代性的回忆

回忆往事，对于张颖，是新的尝试，但却是一次重要的转向。数十年在政治旋涡中主动或被动地旋转，晚年生活终于有了一个属于自己的开始。她清醒地意识到，作为历史过来人，她有责任把亲身经历的诸多往事，真实而具体地告诉后人。

于是，从她的回忆作品中，我们可以了解到诸多历史细节。她描写从延安到重庆时期的日常生活，具体而生动。如何在延安搭乘汽车，与博古、董必武等同一辆车前往重庆；年龄相仿的一群年轻男女，在重庆曾家岩八路军办事处和周公馆长大、成熟，彼此之间爱情的悲欢离合，如何在政治大背景下铺陈开来。这些回忆，避免了以往常见的空洞和概念化，而更注重细节的描述，这是在以往的历史叙述中很难读到的。由于是历史现场的目击者，她所描述的四十年代重庆左翼文化界对夏衍话剧《清明前后》的批评，60 年代上演话剧《霓虹灯下的哨兵》的曲折过程，江青到排演场直接指导“样板戏”的修改，都不是泛泛而谈，而是着眼于来龙去脉的勾勒。从上层人物的积极参与和微妙心理，到当事人之间错综复杂的关系，乃至自己身陷其中的是非恩怨，娓娓道来，有声有色。这些戏剧界重大事件的回忆，无疑为 20 世纪中国戏剧史乃至政治史，提供了重要的第一手资料，具有不可替代性。

记录亲身体验之事，描绘他人无法目睹之景，这正是张颖的回忆录写作的价值所在。她在细节中触摸历史，历史也因此而愈加可信，愈加丰满。

未曾想，这一契机，却使我与张颖老人从此建立了联系。我所熟悉的不少文化界老人，特别是黄苗子、郁风、丁聪等，早在重庆时期就与张颖认识，这样，我们聚会的场合，有时就多了这位老人。我很看重与她的接触，她亲历过的不少场景，与我的一些研究课题相关。譬如，我写田汉、郭沫若、夏衍等人物，她的回忆使我意识到，要全面认识历史环境中的一个人，是何等的艰难！ 90 年代，我偶然搜集到中国剧协流失出来的五六十年代杜高先生等人的一批档案，张颖正是这一时期的剧协领导之一，其中就有她的一份证明材料。她对当年的人与事，依然记忆清晰。从她那里，我获得一些解读这些档案的细

2008 年 2 月 11 日聚会，李辉与黄苗子、张颖合影

节，我整理出版《一纸苍凉——杜高档案原始文本》一书，也得到张颖的帮助。

称张颖为老人，恐怕并非她所愿。年过八十，她依然步履轻盈，看上去根本不像一位老人。“别看我八十多了，有人说从后面看，像是年轻人哩！”说起这一点，她总是颇为得意。她爱锻炼，每天打桥牌，散步一走就是几公里。她特别爱旅行，似乎闲不住，一生行走天下，老了，依然如年轻人一般渴望畅游天地间，总想填补旅行的空白。为此，她有时不免为之伤感：“我很多地方都想去，但人家一听我八十多岁了，就不敢陪我去。其实，我比六七十岁的人强得多！”

这就是一直充满活力的张颖！

六十年后再回重庆，往事纷繁如烟

依然年轻的张颖，更在于她的写作精神。

一般来说，像她这种经历和身份的人，对历史的看法，对一些重要政治人物的认识，很容易落入窠臼，而且一旦形成，就难以改变。但她却不同。她的思想与写作始终处在不断深化之中。读她的作品，即可以看出其写作思想的演变，愈到后来，笔锋愈加不落俗套，坦诚，大胆，有力。如近两年她写龚澎与乔冠华，如实道来，不虚饰，不溢美，不扭曲，还原历史场景中真实的人物性格，读来令人可信。她写夏衍，从40年代到80年代，几十年的个人交往，文坛、政坛的风云变幻，两相交融，同样写得坦诚而真实。

走进新千年，我建议她把所有写外交领域的文章结集出版，她考虑再三，同意了。我将书稿推荐给湖北人民出版社，于2005年1月出版，书名为《外交风云亲历记》。随后，她又继续写作《文坛风云亲历记》，由三联书店出版。

这一年3月，从三亚归京之后，她写来一信如下：

李辉同志：

你好，我去三亚玩了约半月回京。

这两天我又读完你的一本书《风雨人生》，差不多也是一口气读完了。“浪迹天涯”部分很吸引人，我以前对萧乾可说无所知，当然他的书文我是读过的，也很喜欢，但对他前半生的经历如此丰富多彩一点不知。而你写传像是用小说的写法，也许可以说是文学传记吧，很流畅，很亲切，很感人。读了你不少书后，十分感慨。我这一生是浪费了太多时间，没有干过像样的事，我这一代人，也如你后文所说的差不多，另一代“知青”吧。

在你督促下，我的自述稿，解放的部分基本写完了。由于我老不满意自己所写，所以一直没交给你看，我还在想怎样才会写得好些。我让百家给你传过去，有空你看看，提点意见，我好再改。或由你改写亦好。解放后的更难着笔，想法很多，经历亦算不少，但不知怎样处理更好。

我现在更知道，你的时间很宝贵，占你的时间颇不安。忘了说一点，你对“红卫兵”的看法，可能与你对背景的了解有关。我的看法不完全相同，王蒙的看法是否也有异？

祝贤伉俪快乐！

张颖

2005年3月1日

张颖在信中谈读我写的《萧乾传》的印象和对“红卫兵”的看法。她信中告知，她正在考虑如何完成《张颖自述》。当时，我正为大象出版社编辑一套“大象人物自述文丛”，非常希望她能如实写自己的亲历，从延安、重庆、北京，从文坛到外交……

这一年，适逢抗战胜利六十周年，重庆是张颖度过七年的地方，如果请她前去重温历史，一定非常有意思。于是，我带着吉林卫视的《回家》剧组，陪同八十三岁的张颖前往重庆。每到一个地方，她都兴奋不已。面对摄影机，多少细节，她如数家珍：“总理呀他就住在这儿，总理住这儿，就是这儿。我住在三楼，我在这儿。这边也有一个房子。不过这是总理和邓大姐住的。这下面呢是个小会客室……”

走进曾家岩五十号。张颖说，这是周恩来以个人名义在城北租下的一个院落，其实是中共南方局在重庆的另一个秘密办公地，当时称之为周公馆，南方局的文化工作委员会就设在这里，张颖也在此工作。走进一个房间，她回忆往事：

这个房子原来是隔成两间的，我就记得在这儿周总理给我发脾气。就是这个桌子，夏衍那个剧本，是写的上海，后来卖座不大好。他说，张颖你怎么不写一篇呢？他说写一篇吧介绍介绍。我说好，我就应了，但过了三天我也写不出来。后来有一天我来找总理汇报工作，他就问

2005 年 5 月，张颖前往重庆拍摄《回家》，再次走进八路军办事处和周公馆（1）

2005 年 5 月，张颖前往重庆拍摄《回家》，再次走进八路军办事处和周公馆（2）

我。他说张颖你的文章呢？我说怎么还记住了，我说没写。你怎么不写呀？我说不好写嘛？写不出来嘛？我这一讲完我就跑出去了。

他一看就往外一跑他就火了，一拍桌子站起来了，给我回来，给我回来。你这么多年在这儿工作了，这么一点组织性都没有呀？我是什么人呢？我是领导，能这么样吗？

当时我坐在这儿，眼泪好像直往下要掉。后来他就说，你还给我写，今天晚上就给我写出来。明天见报，就这样。

我心里觉得这不大讲理嘛，就跑出去了。就奔我的办公室，后来就在办公室我就写呀。原来那稿子写不下去还写。写到那时候已经比较晚了，后来办公室剩我一个人了，我就在那儿写。一边挺委屈的吧那个心里。

后来就有人上楼我也不知道。过了一会儿，有人站在我的后面。我没想到是谁，我一看，哟，总理站在那儿。我就一下马上站起来了。他就按我的肩膀坐下，坐下。他说这个有毛病嘛改了就好。怎么样呀写的？

我说写好了，但写得不好。他说那好不好没有关系嘛。马上去叫通信员拿稿，明天见报。

唯一的发过一次脾气。

纷繁的如烟往事，在张颖的回忆中，如此这般走进历史。

一年又是一年，每年我们总要见上几面，听她聊许许多多的故事。

转眼十年过去。2015 年 12 月，生于 1922 年的张颖老人，永远离开了我们，享年九十三岁。

她的故事，再也听不到了……

完稿于 2017 年 8 月初，北京看云斋

周有光与张允和

——同看这棵大树

最早知道周有光，是从刘尊棋那里听说的。

刘尊棋先生是新闻界老前辈，抗战期间，曾任美国驻华大使馆的中文部主任。1955年“肃反”期间，他受到审查，“文革”中被捕入狱，关押在位于湖南汨罗的监狱。平反之后，刘尊棋创办英文《中国日报》，任总编辑，与此同时，《简明大不列颠百科全书》引进中国，刘尊棋被任命为中方主席。1987年前后，我采访刘尊棋，从他那里我知道了周有光的大名，他们一起参与这套百科全书的工作。后来我为刘尊棋撰写一本传记《监狱阴影下的人生》。

“周百科”——我第一次从黄永玉先生那里听到这个称呼。这个称呼，与一个有趣的故事相关。

早在1949年7月，躲过生命一劫的沈从文，给远在香港的黄永玉写去一封长信，谈到自己融进新时代的感触。黄永玉将信发表于《大公报》，题目为《我们这里的人只想做事》。受沈从文来信影响，1953年新年伊始，黄永玉梅溪夫妇，带着刚刚出生的黑蛮离开香港，来到北京。在北京的张允和、张兆和两家与黄永玉一家喜相逢，合影留念。照相时，梅溪阿姨抱着黑蛮，正好站在周有光后面。谁知，黑蛮尿急，拍照过程中，竟然一泡尿撒在周有光头顶上，顿时成为大家的笑谈。

后来，每当听黄先生说到这件逸事，大家总是开怀一笑："谁能在'周百科'头上撒尿？黑蛮！"

周有光的确称得上"周百科"这个大名。80年代开始，三联书店出版他的系列作品《语文闲谈》，文章长短不一，从大历史到新词语，知识面之广，笔触之有趣，让人大开眼界。

一天，忽然收到张允和老人来信。原来是张兆和给姐姐张允和打电话，请她寄我几册她们新复刊的家庭杂志《水》：

李辉先生：

兆妹来电话，嘱寄《水》，前一号信及1—3期手边已无多余，容我复印后寄上。今寄给从文孙女红的第4期《水》转送。

祝

春来多福！

张允和

1997.02.20

第四期《水》，本来周有光、张允和两人已经签名，准备寄沈从文孙女沈红，妹妹一个电话，她改寄于我，让我颇有些受宠若惊。收到来信与杂志，我当即回信，并附寄一册新出的拙著《秋白茫茫》。十天后，张允和再来一信，告知其他几期《水》已经寄出：

李辉先生：

前天（97—02—26）收到您寄来的《秋白茫茫》，谢谢！昨天请三联书店寄上《水》的第一号信和四期《水》，想能在不日收到。

您的《火凤凰》《书边草》都是有精彩的书，我很欣赏你的大作。

我们的《水》，是地地道道的家庭刊的，是我们少年时代的玩意

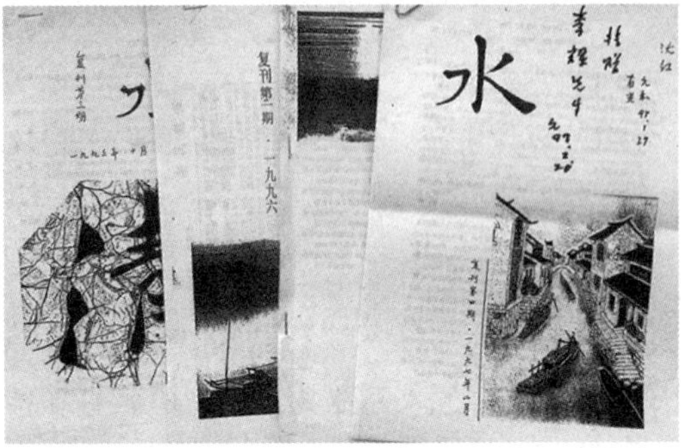

张允和寄来的前四本《水》，后来又寄来多种，一直留存

儿。年纪大了，生活无聊，才又想起复刊，作为十家姐弟的通讯，真正写的是家庭琐事，没有多大价值。不过正如我的侄女以韵来信说：“‘水’的各种文、字、画、蜡染、五线谱等表现的是个‘真’字。”

巴老处，在前次寄您第四期《水》，已寄他一份第四期《水》。昨日又寄全份，还寄巴老我的两篇所谓伤痕文学《小丑》和《小白兔》。

祝

文安！

张允和

97—03—01

收到四期《水》，细细翻阅，才知道，张家姐妹早在少年时代就编辑过《水》。常说书香门第，常说文化氛围，一本家庭杂志，将之体现得如此完美。半个多世纪过去，1996年，张允和兴致勃勃，重新回归，将文化余脉以家庭杂志形式再度延续，还有比这更美妙的事情吗？八十多岁的她自己写，妹妹弟弟写；第二代沈龙朱、沈虎雏等人写；第三代沈红等人写。点点滴滴，溪流成河，一本小小的《水》，好文章迭出，一种风生水起的感觉。

第一次前去朝阳门南小街后拐棒胡同周家，就是在1997年春天。

张允和与周有光坐在一起，一动一静，相映成趣。八十多岁的老人，说起昆曲，眉飞色舞。她对昆曲，可谓情有独钟。2000年新年伊始，她寄来一纸曲谜，有的设计，也颇为有趣：却惭脂粉无颜色（曲牌）——爱好是天然；兜圈儿跑全个世界（曲牌）——绕地游；放眼看，故园何处也（曲牌）——望乡……

与张允和一家来往多的是叶稚珊大姐。1999年6月，由张允和口述、叶稚珊编写的《张家旧事》，由汪家明主政的山东画报出版社出版。张允和讲得精彩，读此书，才第一次如此详尽地知道张家那些有趣的故事。当年7月，在三联韬奋中心举办这本书的发布会，来了不少人，听那些前辈谈张家故事，实在不可复制。遗憾的是，在这本《张家旧事》上面，只请作者和张中行、范用、黄宗江、姜德明签名。后来，去后拐棒胡同时，竟然忘记带上书，请张允和周有光夫妇签名。

重读《张家旧事》，张允和与周有光的恋爱往事，被老太太说得绘声绘色，令人忍俊不禁。

张允和认识周有光的妹妹在前，她们是乐益女子中学的同学，两家兄弟姊妹常有来往。后来，张允和考上上海中国公学，周有光考上上海光华大学。周有光到杭州工作后，他借问姐姐的情况给张允和写了第一封信。张允和说，拿到这封信她吓坏了，请一位年长女同学看。这位女同学看过之后对她说："嘿，这有什么稀奇，人家规规矩矩写信给你，你不写回信反而不好。"从此，两人鸿雁传信。

两人的恋爱季节，是从张允和到杭州之江大学借读期间开始的。张允和讲述他们两人在灵隐漫步时，一位老和尚偷听的有趣故事：

> 一个冬日的周末，我们相约在灵隐，天相当冷，我穿了一件式样比较考究的皮领大衣，上山的途中，我们低声交谈，但始终不敢手搀着手。一个老和尚一直跟在我们后边，我们走他也走，我们停他也停，

晚年周有光与张允和

我们的声音越来越小，他和我们的距离越来越近。多么不识相！走累了，我们在一棵大树下找到了一块能容下两个人坐的树根休息，老和尚竟也侧身坐了下来，凑近有光低声问："这个外国人来了几年了？"有光笑答"来了三年了"。"难怪中国话讲得那么好。"他的好奇心终于得到了满足。

原来我们的悄悄话全被他听去了。

（《张家旧事》）

一位耄耋之年的老人，对晚辈叶稚珊漫谈她与周有光之间的浪漫，诸多细节呈现出他们一生相濡以沫的感情。无论风风雨雨，无论人在何处，他们总是心灵相通，情感融为一体。一动一静，相互补充，他们从恋爱一直走到生命的最后。没有听说过有争吵，没有听说过有分歧，他们总是互相帮衬，或许这就是二人长寿的另外一个因素吧。

我去后拐棒胡同并不多，每次去，都有事情要办。2001年春天，我为大象出版社策划"大象人物日记文丛"时，专门前去看望张允和老人，她不止一次与我谈过，曾经有一套关于昆曲的日记。那天，她拿出来，让我翻阅，里面出现的昆曲票友，如俞平伯等，无一不让人神往。我想，如果整理予以出版，多有意思。老人当场答应。

张家四姐妹，我只见过张允和、张兆和、张充和三位。张兆和性格与这两位姐妹性格颇为不同。张兆和说话细声细语，颇为矜持，如果来信，也是一板一眼，有事说事。张允和性情活泼，这一点上张充和可与之媲美。一次张充和来到北京，正好在黄苗子、郁风家中相遇，她坐在沙发上说了几句，然后，干脆坐在地上聊天。后悔的是，当时怎么没有想到请她赐一幅墨宝？

张允和答应整理昆曲日记，谁料想，一年多后，2002年8月14日，她因突发心脏病逝世，享年九十三岁。

这一年的年底，12月28日，是沈从文百年诞辰，我应邀去现代

周有光在使用文字处理机

文学馆做一个关于沈从文的演讲。记得在张兆和生日前后，我前去看望，正好她 50 年代教过的几位学生也来了。此时的张兆和已经患老年痴呆症，但尚能简单交流。我指着书架上的沈从文的照片，问老太太认识他吗，老人看了半天，说了一句："我应该认识。"岁月就是如此无情。未曾想，这成了我们的最后一次见面。不到半年，张兆和于 2003 年 2 月 16 日逝世，与姐姐张允和一样，也是享年九十三岁。

熟悉的两位张家姐妹，都走了。

回到 1997 年的春天。

那天，张允和说话时，周有光并不插嘴。他听力不好，我们聊天他也听不见，只是在一旁敲打着夏普文字处理机。我一看，竟然与我几年前用过的一模一样。我说，我也有这样一个文字处理机。老头儿抬起头，大声告诉我："是吗？你也用这个。这个处理机的拼音系统，是我设计的。"

真是一个巧合。

1989 年春天，以写报告文学见长的贾鲁生，在北京买了一台夏普文字处理机，觉得非常方便，鼓动我也去买一个。那家店位于东四邮局旁边，里面卖的文字处理机价格不菲，六千元左右，当年可是一个不得了的数字。自己写不好字，用处理机容易修改，打印下来，清清爽爽，禁不住他的鼓动诱惑。这种处理机，虽然不能算是电脑，但有了电脑的功能。屏幕可写四五行，根据自己需要，还能够储存百十个常用词汇。文章写好后，下载到硬盘，打印是用色带而非墨盒。这个处理机，我一直用到1996年，在买了一台奔腾586之后，才依依不舍与它告别。

有了这个处理机之后，我与一些老人的访谈整理，就方便了许多。《与巴金谈沈从文》《与汪曾祺谈沈从文》打印出来后，请他们校订。《与巴金谈沈从文》的校订原件，一直保留至今。电脑换了一代又一代，重看周有光用夏普文字处理机打印的原件，颇有亲切感。

周有光的夏普文字处理机，一直没有更换过。

2009年年初，忽然收到周有光先生来信，寄来几篇新写的文章，一看原件，还是夏普文字处理机打印的。

这个春天，《大地》副刊先后发表周有光两篇文章。一是《“简化”与“今译”之辨》，一是《窗外的大树》。两篇文章，我特别喜欢散文《窗外的大树》，完全可以将之称为美文。

这一年，周有光一百零三岁高龄，距张允和仙逝已有七年。一位百岁老人，心静如水，思绪却驰翔天外，与整个世界融为一体。周有光有属于他自己的世界，对夫人的思念之情，对新知识的捕捉，对现实与历史的思考，都足以让他神驰万里。夫人的去世，儿子的去世，都没有改变他的这种心理常态。长寿是基因所致，也是心理所致。两者，周有光兼而有之。

这篇散文中，周有光写到曾与张允和一起悠闲地度过晚年：

> 两椅一几，我同老伴每天并坐，红茶咖啡，举杯齐眉，如此度过了我们的恬静晚年。小辈戏说我们是两老无猜。老伴去世后，两椅一几换成一个沙发，我每晚在沙发上屈腿过夜，不再回到卧室去。
>
> （《窗外的大树》）

老伴去世之后，不再回到卧室睡觉，周有光有更多时间，凝望窗外那棵伴随他们夫妇多年的梧桐树。请让我们欣赏这篇年过百岁的老人写的美文吧！他用朴素而又韵味十足的文字，写眼中的梧桐树，写树上栖息的鸟，写天空，写四季轮转，写孤独之人面对世界的那种洒脱，那种处事不惊，那种沉浸于思索万物的天人合一的境界。

周有光写道：

> 我的小室窗户只有一米多见方。窗户向北，“亮光”能进来，“太阳”进不来。
>
> 窗外有一棵泡桐树，20多年前只是普通大小，由于不作截枝整修，听其自然生长，年年横向蔓延，长成荫蔽对面楼房十几间宽广的蓬松大树。
>
> 我向窗外抬头观望，它不像是一棵大树，倒像是一处平广的林木村落。一棵大树竟然自成天地，独创一个大树世界。
>
> 它年年落叶发芽，春华秋实，反映季节变化；摇头晃脑，报告阴晴风信，它是天然气象台。
>
> 我室内天地小，室外天地大。仰望窗外，大树世界开辟了我的广阔视野。
>
> ……
>
> 天天看鸟，我渐渐知道，人类还不如鸟类。鸟能飞，天地宽广无垠。人不能飞，两腿笨拙得可笑，只能局促于斗室之中。
>
> ……
>
> 我真幸福，天天神游于窗外的大树宇宙，鸟群世界。其乐无穷！
>
> （《窗外的大树》）

周有光为何要写这篇散文，是因为多年与之相伴的这棵大树要被砍掉搬走。“天空更加大了，可是无树无鸟，声息全无！我的窗外天

张家四姐妹 1936 年在苏州。左起：充和、兆和、允和、元和

地，大树宇宙，鸟群世界，乃至春华秋实、阴晴风信，从此消失！”文章以“从此消失”四个字戛然而止，留下令人回味无穷的空间。

文章发出，我当即寄给老人，他先后两次来信，并附寄文章。

李辉同志：

来信和所附《人民日报》副刊都收到，十分感谢！

我的杂文是老年涂鸦，定多不合时宜。

这里再附上一篇：《圣约翰大学的依稀杂忆》，请考虑，是否可用。

如不合用，请即弃之。

敬祝

工作快乐！

周有光

2009 年 8 月 26 日

2009 年年底周有光出版《朝闻道集》

李辉同志：

附上稿件一篇：《双文化论》。

这种枯燥稿件，当然不合副刊风格。

我的希望是，请您看了之后，给我提点批评意见。

谢谢！谢谢！

敬祝

工作快乐！

周有光

2009 年 9 月 2 日

遗憾的是，这两篇文章后来未能发表。他让我对《双文化论》提意见，我哪里有这水平？真是愧对老人厚爱。

三个月后，周有光于 12 月 2 日寄来他的新作《朝闻道集》，汇集这位一百零三岁老人的忧思之作。有意思的是，老人在扉页上幽默地写上“李辉兄、应红姐指正。周有光，时年 104 岁”。中国文人有习惯称比自己小的为“兄”，可是，一位百岁老人如此写，还是让人觉得有趣，且受之有愧。记得收到书，我拿给同事们看，大家都乐了。

当年听张兆和聊天，谈苏州九如巷三号小院她们四姐妹度过的快乐日子。一次，我去苏州，专门去寻访，张家弟弟张寰和在此居住。与几位姐姐不一样，他是在这个小院出生，一直在此生活。我去时，他还很健康，大约十年之后，2014 年，张寰和先生去世，享年九十六岁。张家人都高寿，与杨宪益一家、黄宗英一家一样。九如巷小院，南北两排厢房，白墙黑瓦，门前各有长长一排走廊，廊柱已显灰暗。院子中央一口老井，四周拾掇得干干净净，井水，映一片天空。井沿为青石板，高出地面约半尺，上面已磨出十多道或深或浅的绳沟。看旧物，遥想当年那些来来往往的人们。

叶圣陶先生当年曾说过：“九如巷张家的四个才女，谁娶了她们都会幸福一辈子！”

一百一十一岁生日的第二天周有光就走了。岁月很快，夫人去世已有十五年，现在，他前去与张允和重逢。随着他的离去，张家四姐妹和娶她们的四位连襟，都走了。曾经幸福的他们，在另外一个世界再相遇，另一种幸福重新开始。

周有光的学识、思想，我无能力叙说解读，我也不想把他作为一个符号或者象征来看待。在我眼里，他就是一个可爱的老人，与张允和是结伴同行一生恩爱的夫妻。

拉拉杂杂，写一些琐事，仅此而已。

完稿于 2017 年 1 月 19 日，北京看云斋

2002 年 9 月，我与张兆和老人的最后一次见面

北京张家两姐妹：张允和、张兆和

先生们

李　辉

记得 1978 年 2 月，我走进复旦大学中文系。秋天时节，我与陈思和说，我们开始研究巴金先生。

走进中文系资料室，我们见到贾植芳先生。1955 年贾先生被打成“胡风分子”，关押在提篮桥监狱多年。“文革”之前，贾先生回到复旦大学印刷厂，矮小的身体，一直推拉卷筒纸。“文革”结束，他回到中文系资料室，当时尚未平反。记得我走进资料室，说要看 20 世纪 60 年代初的《巴金文集》。贾先生说，你们应该看最初的版本。就这样，我们成为贾先生的弟子，一直在他和任敏师母的关照下，渐次走进巴金的视野。

从此，我们就与巴金先生结伴同行。

后来，我来到北京，成了《北京晚报》的副刊编辑。1987 年秋天，我又来到《人民日报》，还是做副刊编辑。

这许多年，我开始与老先生们接触。听他们的聊天，收到许多他们的来信。我与思和的《巴金论稿》，就是丁聪先生设计的巴金肖像。之后，我转而开始写萧乾的传记《浪迹天涯——萧乾传》。对我而言，最重要的经历莫过于采访不同的老先生，听他们谈自己起伏跌宕的往事，最终写下《胡风集团冤案始末》一书。之后，我又继续写《恩怨沧桑——沈从文与丁玲》的故事。大约几年之后，我在《收获》杂志上开始写不同的专栏，如《沧桑看云》专栏、《封面中国》专栏。一写多年，时间就这样过去了。

长达四十年间，我一直得到诸多先生的关怀与教诲，每念及于此，温暖常在心中。

我的这本《先生们》，是为前辈们所写，留存先生们的丰富细节。感受先生们潜移默化的影响，所写先生，交往或深或浅，不同侧面，不同印象，于我而言，他们的身影，在历史场景中依然清晰如初。

先生们，仍与我同行……

2019 年 12 月，写于北京看云斋